MOTIVATIONSFORSCHUNG · BAND 12
Hilflosigkeit, Depression und Handlungskontrolle

MOTIVATIONSFORSCHUNG

HERAUSGEGEBEN VON PROF. DR. HEINZ HECKHAUSEN, MÜNCHEN

BAND 12

Hilflosigkeit, Depression und Handlungskontrolle

von

Dr. Joachim C. Brunstein

Erlangen

VERLAG FÜR PSYCHOLOGIE · DR. C. J. HOGREFE
GÖTTINGEN · TORONTO · ZÜRICH

Hilflosigkeit, Depression und Handlungskontrolle

von

Dr. Joachim C. Brunstein

VERLAG FÜR PSYCHOLOGIE · DR. C. J. HOGREFE
GÖTTINGEN · TORONTO · ZÜRICH

Joachim Brunstein studierte von 1976–83 Psychologie, Pädagogik und Philosophie in Gießen. 1980 besuchte er die Universitäten von Pennsylvania und California, wo er seine Arbeiten zur gelernten Hilflosigkeit begann. 1983/84 war er am Zentrum für psychosomatische Medizin in Gießen tätig. 1986 promovierte er als Stipendiat der Studienstiftung des Deutschen Volkes an der Universität Gießen. 1986 ging er zu Prof. Heckhausen ans MPI nach München, wo er über "persönliche Anliegen und Alltagshandeln" arbeitete. Seit 1988 ist er Mitarbeiter von Prof. Olbrich in Erlangen

---

Die Reihe MOTIVATIONSFORSCHUNG umfaßt bisher folgende Veröffentlichungen

Band 1
Motivation unter Erfolgsrisiko
von Prof. Dr. Klaus Schneider unter Mitwirkung von Horst Gallitz und Klaus Meise

Band 2
Leistung und Chancengleichheit
von Prof. Dr. Heinz Heckhausen

Band 3
Motivation und Berufswahl
von Dr. Uwe Kleinbeck

Band 4
Häusliche Umwelt und Motiventwicklung
von Dr. Clemens Trudewind

Band 5
Studienmotivation und Studienverhalten
von Dr. Bernd-Achim Wilcke

Band 6
Die Messung des Leistungsmotivs
von PD. Dr. Heinz-Dieter Schmalt

Band 7
Aggression und Katharsis
von Dr. Horst Zumkley

Band 8
Leistungsbewertung und Lernmotivation
von Dr. Falko Rheinberg

Band 9
Fähigkeit und Motivation in erwartungswidriger Schulleistung
herausgegeben von Prof. Dr. Heinz Heckhausen

Band 10
Motivationsförderung im Unterricht
von Dr. Gerburgis Weßling-Lünnemann

Band 11
Zweck und Tätigkeit
von Prof. Dr. Falko Rheinberg

© by Verlag für Psychologie · Dr. C. J. Hogrefe, Göttingen 1990
Alle Rechte, insbesondere das der Übersetzung in fremde Sprachen vorbehalten
Nachdruck und Vervielfältigungen jeglicher Art nur mit
ausdrücklicher Genehmigung des Verlages
Printed in The Netherlands

Druck und Bindearbeit:
Offsetdrukkerij Kanters B.V., Alblasserdam/Niederlande
ISBN 3 8017 0326 6

Für Gaby

Inhaltsverzeichnis

VORWORT DES HERAUSGEBERS — XI

VORWORT DES VERFASSERS — XIII

TEIL I:
DIE THEORIE DER GELERNTEN HILFLOSIGKEIT

KAPITEL 1: GRUNDELEMENTE DER METHODOLOGIE WISSENSCHAFTLICHER FORSCHUNGSPROGRAMME — 1

KAPITEL 2: DAS URSPRÜNGLICHE MODELL DER GELERNTEN HILFLOSIGKEIT — 6

Unerwartete Befunde in Konditionierungsexperimenten — 6

Das Konzept der Unkontrollierbarkeit — 8

Variationsexperimente und ‚yoked control design' — 9

Die Formulierung der Theorie — 11

Das Erwartungsmodell als Ausgangstheorie eines Forschungsprogramms — 14

KAPITEL 3: GELERNTE HILFLOSIGKEIT BEIM MENSCHEN: FRÜHE BEFUNDE UND EMPIRISCHE ANOMALIEN — 17

Empirische Evidenz — 17

    Gelernte Hilflosigkeit in Humanexperimenten — 18

    Gelernte Hilflosigkeit als Modell der Depression — 19

Methodische und empirische Inkonsistenz — 23

    Experimentelle Artefakte — 24

    Systematische Fehler und Konfundierungen im triadischen Versuchsplan — 25

    Die fehlende Validität der Erwartungsmessung — 29

    Die Vernachlässigung der Aufgabenanforderungen — 31

Steigerung statt Minderung der Leistungsfähigkeit ... 33
Die Schlüsselrolle der Mißerfolgsattribution ... 34

Empirische Anomalien und theoretischer Fortschritt in der Hilflosigkeitsforschung ... 37

KAPITEL 4: DAS ATTRIBUTIONSMODELL DER GELERNTEN HILFLOSIGKEIT ... 39

Die Reformulierung der Theorie ... 39

Das Depressionsmodell der reformulierten Theorie ... 42

Reinterpretationen der Modellrevision ... 43

Theoretischer Wandel im Forschungsprogramm ... 47

KAPITEL 5: EMPIRISCHE EVIDENZ FÜR DAS ATTRIBUTIONSMODELL ... 49

Die Messung und Entstehung von Attributionsstilen ... 49

Attributionen und die Generalisierung von Hilflosigkeit ... 52

Attribution und Depression: Untersuchungen zum Depressionsmodell der reformulierten Hilflosigkeitstheorie ... 54

    Attribution als Symptom der Depression ... 54

    Attribution als Ursache der Depression ... 56

    Attribution in Therapie und Prävention der Depression ... 58

KAPITEL 6: ANALYSE DES THEORETISCHEN FORTSCHRITTS DES FORSCHUNGSPROGAMMS ... 62

Kontingenz, Kontrolle und Attribution ... 62

Kausalhypothesen in der Genese der gelernten Hilflosigkeit ... 65

Attribution und Anpassung: Die adaptive Bedeutung wahrgenommener Unkontrollierbarkeit ... 67

Attribution und Handeln ... 69

Funktionale Aspekte der gelernten Hilflosigkeit ... 73

Zusammenfassung ... 75

KAPITEL 7: ANALYSE DES EMPIRISCHEN FORTSCHRITTS DES FORSCHUNGSPROGRAMMS 77

Wahrnehmungen und Erwartungen der Unkontrollierbarkeit: Das Kerndefizit der Hilflosigkeitstheorie 77

    Beurteilungen der Kontrolle im Paradigma des Kontingenz-Lernens 78

    Die Verdrängung der Unkontrollierbarkeit 82

Die ätiologische Funktion von Ursachenzuschreibungen: Kritische Befunde zur reformulierten Hilflosigkeitstheorie 85

    Attributionen als Prädiktoren der Leistung 86

    Attributionsstil als Risikofaktor der Depression 88

    Depressionen und Attributionen für reale Lebensereignisse 90

    Die ökologische Validität des Attributionsmodells 92

Zusammenfassung 95

KAPITEL 8: AD HOC ERKLÄRUNGEN FÜR EMPIRISCHE ANOMALIEN 98

Die paradoxe Reduktion auf die Erwartungshypothese 99

Die kognitive ‚black box' 101

Die Relativierung der attributionstheoretischen Vorhersagen 103

Zusammenfassung 104

KAPITEL 9: FORTSCHRITT UND STAGNATION IM FORSCHUNGSPROGRAMM 105

TEIL II: HILFLOSIGKEIT UND HANDLUNGSKONTROLLE

KAPITEL 10: HANDLUNGSKONTROLLE UND DIE GENESE VON HILFLOSIGKEITSDEFIZITEN 109

Einführung 109

Lageorientierung als Risikofaktor der Hilflosigkeitsgenese 114

Befunde	114
Zusammenfassung	120
Diskussion	121
KAPITEL 11: HANDLUNGSKONTROLLE UND DIE GENERALISIERUNG VON HILFLOSIGKEITSDEFIZITEN	127
Einführung	127
Handlungsorientierung versus Lageorientierung als Einflußfaktoren der Testleistung	132
Befunde	135
Zusammenfassung	141
Diskussion	143
SCHLUSSBEMERKUNG	151
LITERATURVERZEICHNIS	153

VORWORT DES HERAUSGEBERS

Wie kein anderes Forschungsparadigma hat das der ‚gelernten Hilflosigkeit' seit den siebziger Jahren in weiten Bereichen der Psychologie Forschung angeregt und Aufsehen erregt. Seligman brachte das von ihm so benannte Phänomen auf den folgenden Nenner. Die induzierte Erfahrung, daß eigene Handlungen keinen Einfluß auf den Lauf der Dinge haben und die erwünschten Handlungsergebnisse ausbleiben, befestigt die Erwartung von der Unkontrollierbarkeit des Handlungsergebnisses. Nach der ursprünglichen Theorie sollte ein dreifaches ‚Defizit' die Folge sein. Ein ‚motivationales' Defizit besteht in verzögerten Ansätzen, noch handelnd einzugreifen. Ein ‚kognitives' Defizit besteht in der Schwierigkeit, später noch lernen zu können, daß in ähnlichen Situationen, die tatsächlich kontrollierbar sind, eigenes Handeln wirkungsvoll ist. Ein ‚emotionales' Defizit besteht in deprimierter, wenn nicht depressiver Gestimmtheit als Folge der Nutzlosigkeit eigenen Handelns.

Diese lapidaren Erklärungen erwiesen sich schon bald als unzulänglich, ohne daß es der Popularität der gelernten Hilflosigkeit Abbruch getan hätte. In einem neuen Erklärungsansatz wurde die Attributionstheorie bemüht, die Ende der siebziger Jahre ihren Höhepunkt erreicht hatte. Verantwortlich gemacht wurden nun internale, stabile und globale Ursachenfaktoren, denen die Versuchsperson ihr Mißlingen zuschreibt. Damit spielten individuelle Persönlichkeitsunterschiede eine zunehmende Rolle in der Hilflosigkeitsforschung. Die Erforschung der Depression erhielt neue Impulse.

Die attributionstheoretische Sichtweise brachte zwar manche Einsichten, konnte aber auch keine schlüssige Antwort auf die Frage geben, warum es nach Hilflosigkeitserfahrung zu anschließender Leistungseinbuße in einer Testaufgabe kommt. Weiterführend war die Erkenntnis, daß es nach erfahrener Hilflosigkeit leicht zu einem ‚funktionalen Defizit' kommen kann. Nach einer tiefgreifenden Mißerfolgserfahrung hängt man noch in Gedanken der eigenen Unzulänglichkeit nach, was die anstehende Bearbeitung der Testaufgabe beeinträchtigt. Hilflosigkeit wird zum Problem der Handlungskontrolle.

Das sind drei Stadien in einer Forschungsentwicklung, die weit verwickelter ist, als hier angedeutet werden konnte. Zu einem Zeitpunkt, in dem die Hilflosigkeitsforschung selbst für die Eingeweihten unübersichtlich geworden ist, kommt die vorliegende Monographie von Joachim Brunstein zur rechten Zeit, um die Hilflosigkeitsforschung in ihrer gesamten Entwicklung bis auf den gegenwärtigen Stand in ein klares Licht zu tauchen. Es gibt derzeit keinen vergleichbaren Versuch, dem eine solche Klärung gelungen wäre. Der Autor ist nicht nur ein Kenner der umfangreichen Literatur. Er hat auch durch eigene Arbeiten zum neuesten Erkenntnisstand beigetragen. Seine Befunde bestätigen, daß der Hilflosigkeitseffekt nicht auf Attributionsvoreingenommenheiten, sondern auf einem funktionalen Defizit der Handlungskontrolle beruht. Ein solches funktionales Defizit wird — einmal erzeugt — erneut wirksam, wenn es durch Schwierigkeiten beim Lösen der Testaufgaben reaktiviert wird.

München, im Mai 1988   Heinz Heckhausen

VORWORT DES VERFASSERS

Hilflosigkeitsforschung beschäftigt sich mit der Frage, wie lernfähige Organismen auf Situationen reagieren, in denen sie keine Möglichkeit haben, positive Ereignisse selbst herbeizuführen oder negative Ereignisse selbst zu verhindern. Hilflos sind wir dann, wenn wir mit all unseren Handlungsmöglichkeiten ohne Einfluß auf das Auftreten solcher Ereignisse bleiben, wenn wir nichts dazu beitragen und ebensowenig etwas unterlassen können, um erstrebenswerte Ziele zu verwirklichen oder bedrohliche Gefahren abzuwenden. In der Hilflosigkeitsforschung wird betont, daß solche Erfahrungen mit schwerwiegenden Beeinträchtigungen in der Leistungsfähigkeit einhergehen können, daß sie häufig zu Depressionen führen, daß sie Risiken für das Auftreten von psychosomatischen Erkrankungen mit sich bringen, und daß sie die erfolgreiche Bewältigung kritischer Lebenssituationen behindern können. Eine der beeindruckendsten Hypothesen dieses Forschungsgebiets stellt die Annahme dar, daß Hilflosigkeit gelernt und generalisiert werden kann. Erfahrungen der Unkontrollierbarkeit bleiben unter Umständen nicht auf Situationen beschränkt, die sich tatsächlich unserem Einfluß entziehen, sondern sie werden auch auf Situationen übertragen, in denen bestehende Einflußmöglichkeiten nicht mehr wahrgenommen werden. In der Hilflosigkeitsforschung geht es um ein Thema, das heute als beliebter Kalenderspruch kursiert und als wertvolle Lebensweisheit Franz von Assisi zugeschrieben wird: ‚Gott, gib mir Gelassenheit, Dinge hinzunehmen, die ich nicht ändern kann, Dinge zu ändern, die ich ändern kann, und die Weisheit, das eine vom anderen zu unterscheiden.' Gerade das Fehlen jener Weisheit ist es, das den Begründer der Hilflosigkeitsforschung, Martin E.P. Seligman, seit nunmehr zwanzig Jahren beschäftigt hat und mittlerweile zum Thema vieler Hundert Artikel in wissenschaftlichen Fachzeitschriften geworden ist.

In diesem Buch wird ein Überblick zur Entwicklung der Hilflosigkeitsforschung in der wissenschaftlichen Psychologie gegeben. Der Leser wird mit den Ausgangspunkten dieses Forschungsbereichs ebenso vertraut gemacht, wie mit dem aktuellen Stand der Hilflosigkeitsforschung und ihren vielfältigen Anwendungen in der klinischen Psychologie. Die Darstellung orientiert sich an einer wissenschaftstheoretischen Position, nämlich an der Methodologie wissenschaftlicher Forschungsprogramme, wie sie von Imre Lakatos (1982a,b) ausgearbeitet wurde. Lakatos vertrat die Auffassung, daß sich wissenschaftliche Fortschritte nach rationalen Maßstäben rekonstruieren lassen, ohne daß dabei Rückgriffe auf psychologische oder soziologische Prozesse bei den beteiligten Wissenschaftlern erforderlich wären. Ebenso grenzte er die Methodologie wissenschaftlicher Forschungsprogramme von der Position ab, daß wissenschaftliche Erkenntnisse bereits aus dem prosaischen Wechselspiel von Hypothesen formulieren und Hypothesen testen gewonnen werden könnten. Erkenntnisfortschritte werden nach Lakatos vor allem in Forschungsprogrammen erzielt, die den Wissenschaftler dazu anregen, seine theoretischen Hypothesen weiterzuentwickeln und zunehmend raffinierter und gehaltvoller zu gestalten.

Im ersten Teil werden die Grundstrukturen und der Entwicklungsgang der Theorie der gelernten Hilflosigkeit rekonstruiert. Die methodologischen Regeln bleiben als Leitlinien dieser Rekonstruktion im Hintergrund. Nicht die wissenschaftstheoretische Position, sondern ihre Anwendung auf eine psychologische Theorie steht im Vordergrund des Interesses. Zum besseren Verständnis werden allerdings im ersten Kapitel die Grundkonzepte der Methodologie wissenschaftlicher Forschungsprogramme vorgestellt. Außerdem werden im Verlauf der Darstellung Zusammenfassungen zum Entwicklungsstand der Theorie gegeben, die auf diesen Grundkonzepten beruhen. Dabei wird nicht nur gezeigt, daß die Theorie der gelernten Hilflosigkeit ein wissenschaftliches Forschungsprogramm in der Psychologie darstellt, sondern es werden auch ihre theoretischen und empirischen Fortschritte analysiert sowie Zeichen ihrer Stagnation erörtert.

Wissenschaftliche Erkenntnisfortschritte beruhen nicht nur auf der Fortentwicklung einzelner Theorien, sondern werden gerade auch durch die Rivalität zwischen verschiedenen theoretischen Standpunkten angeregt. Im zweiten Teil dieses Buches wird mit Kuhls Modell der Handlungskontrolle eine alternative Erklärung für das Auftreten von Hilflosigkeitssymptomen behandelt, die mit der traditionellen Theorie der gelernten Hilflosigkeit in Konkurrenz getreten ist. Da es sich hierbei um eine vergleichsweise junge Theorie handelt, wird die vorliegende empirische Evidenz ausführlicher erörtert und durch den Bericht neuerer Befunde ergänzt.

Mit dem vorliegenden Buch verbindet der Verfasser nicht nur die Absicht, einen vertieften Einblick in die Hilflosigkeitsforschung zu vermitteln. Vielmehr soll auch gezeigt werden, daß wissenschaftstheoretische Konzepte, die vor allem in den Naturwissenschaften Verbreitung gefunden haben, ebenso in der psychologischen Forschung sinnvoll zur Anwendung kommen können. Gerade angesichts des wiedererwachten Interesses an der Geschichte der Psychologie wird es notwendig, wissenschaftstheoretische Positionen in das Nachdenken über die Entwicklung psychologischer Theorien miteinzubeziehen.

Mit einem Wort Kants muß die Wissenschaftsphilosophie ohne die Geschichte der Wissenschaft leer, die Wissenschaftsgeschichte ohne die Philosophie der Wissenschaft jedoch blind bleiben.

Abschließend möchte sich der Verfasser für die vielseitigen Anregungen und Hilfestellungen bedanken, die ihn bis zur Anfertigung dieses Buches begleitet haben. Mein Doktorvater, Herr Prof. Olbrich, hat mir während meiner Studienzeit viele Wege zur Hilflosigkeitsforschung geebnet und mir stets dabei geholfen, meine ursprünglich doch recht vagen Vermutungen zunehmend schärfer zu formulieren. Frau Prof. Petra Netter hat mich während meiner Doktorandenzeit am Psychologischen Institut der Universität Giessen betreut, und mir in einem angenehmen Diskussionsklima optimale Möglichkeiten für die Durchführung empirischer Studien eröffnet. Wichtige Anregungen zur Entwicklung meiner wissenschaftstheoretischen Positionen habe ich bei Herrn Prof. Kanitscheider erhalten, in dessen Seminaren ich erleben konnte, daß wissenschaftliche Diskussionen gerade dann besonders reizvoll werden, wenn Vertreter verschiedener Disziplinen zusammentreffen. Mein besonderer Dank gilt Herrn Prof. Heckhausen, der mich am Münchener Max-Planck-Institut nicht nur dazu ermutigt hat, die Absicht, dieses Buch zu schreiben, tatsächlich zu realisieren, sondern dessen kritische Kommentare mich auch immer wieder dazu veranlaßt haben, unklare Fragen neu zu überdenken.

Bei der Durchführung der empirischen Studien wurde ich durch viele interessierte und interessante Psychologiestudenten am Giessener Institut unterstützt. Für ihre Mitarbeit möchte ich vor allem Thomas Kalms, Heiner Muser, Renate Steding, Lothar Tremmel, Reiner Winterboer und Norbert Wirth danken. Die größte Mühe mit diesem Buch hatte wahrscheinlich Günter Maier, der mich unnachgiebig auf unverständliche Darstellungen aufmerksam machte und zudem die gesamte technische Abwicklung besorgte. Last not least gilt mein Dank der Studienstiftung des Deutschen Volkes, deren Stipendium es mir ermöglichte, über längere Zeit konzentriert an diesem Thema zu arbeiten.

München, im Mai 1989　　　　　　　　　　　　　　　　Joachim C. Brunstein

TEIL I
DIE THEORIE DER GELERNTEN HILFLOSIGKEIT

Im ersten Teil dieses Buches wird die Entwicklung der Theorie der gelernten Hilflosigkeit dargestellt und einer kritischen Bewertung unterzogen. Kriterien und Regeln zur Beurteilung von Theorien sind Bestandteile von Methodologien. Die folgende Rekonstruktion der Hilflosigkeitsforschung beruht auf der von Imre Lakatos (1982a, b) entwickelten Methodologie der wissenschaftlichen Forschungsprogramme. Lakatos' Arbeiten haben jüngst auch in der Psychologie Beachtung gefunden und Diskussionen zum Erkenntnisfortschritt, zur Wissenschaftsgeschichte und zur Wissenschaftspraxis angeregt (Barker & Gholson, 1984a, b; Beilin, 1984; Dar, 1987; Gholson & Barker, 1985; Overton, 1984; Serlin & Lapsley, 1985). Zum besseren Verständnis werden zu Beginn die wichtigsten Annahmen und Begriffe der Methodologie wissenschaftlicher Forschungsprogramme im Überblick erläutert.

KAPITEL 1

GRUNDELEMENTE DER METHODOLOGIE WISSENSCHAFTLICHER FORSCHUNGSPROGRAMME

Lakatos' Methodologie der wissenschaftlichen Forschungsprogramme verbindet zwei grundlegende Fragen der Epistemologie. Erstens die Frage nach dem ‚Abgrenzungskriterium': Welche Bedingungen muß eine Theorie erfüllen, um als wissenschaftliche Theorie anerkannt zu werden? Zweitens die Frage nach dem ‚Fortschrittskriterium': Welchen Bedingungen muß eine Theorie genügen, um als wissenschaftlicher Fortschritt gegenüber anderen Theorien gelten zu können? Lakatos hat diese beiden Kriterien anhand von Reihen wissenschaftlicher Theorien definiert. Erfüllt eine Abfolge solcher Theorien spezifische Bedingungen, wird sie als wissenschaftliches Forschungsprogramm ausgewiesen. Die Anerkennung einer Theorieserie als Forschungsprogramm kennzeichnet Lakatos' Abgrenzungskriterium: ‚Meine Darstellung impliziert ein neues Abgrenzungskriterium zwischen ‚reifer Wissenschaft', die aus Forschungsprogrammen besteht, und ‚unreifer Wissenschaft', die aus einem geflickten Pattern von Versuch und Irrtum besteht' (1982a, S. 86f.).

Somit muß zunächst geklärt werden, welche Anforderungen Theorieserien erfüllen müssen, um als Forschungsprogramm anerkannt zu werden. Die Frage nach dem Fortschritt wissenschaftlicher Theorien hat Lakatos auf den Entwicklungsstand von Forschungsprogrammen bezogen. Daher werden im Anschluß die Kriterien vorgestellt, welche nach Lakatos für die Beurteilung von Forschungsprogrammen maßgeblich sind.

Ein Forschungsprogramm läßt sich durch zwei Merkmale kennzeichnen. Erstens durch eine formale Struktur, welche die Aussagen jeder Theorie in einen ‚harten Kern' und in einen ‚Schutzgürtel' unterteilt. Zweitens durch eine ‚Heuristik', welche die Entwicklung und Veränderung von Theorien in einem Forschungsprogramm bestimmt. Der harte Kern stellt die theoretische Konstante eines Forschungsprogramms dar. Er beinhaltet Annahmen, die konventionell, per Entschluß als unwiderlegbarer Bestandteil des Programms festgelegt werden. Der harte Kern läßt sich als Kristallisationspunkt gemeinsamer Überzeugungen der Vertreter eines Forschungsprogramms auffassen. Diese Überzeugungen gelten als unverzichtbare und indisponible Bestandteile des Forschungsprogramms. Eine Serie von Theorien wird zu einem Forschungsprogramm aggregiert, indem in jedem neuen Entwurf einer Theorie die Annahmen des harten Kerns erhalten bleiben. Jede Folgetheorie ist mit ihren Vorläufern durch dieselben Kernannahmen verbunden.

Die Kontinuität des harten Kerns wird als Instruktion in der ‚negativen Heuristik' eines Forschungsprogramms festgelegt. Die negative Heuristik verbietet, mit den Worten von Lakatos (1982a, S. 47), ‚den Modus tollens gegen diesen ‚harten Kern' zu richten.' Treten bei der Überprüfung einer Theorie Widersprüche und empirische Anomalien auf, so wird ihnen ein Zugriff, oder besser Angriff auf die Kernannahmen versperrt. Selbst dann, wenn theoretische Erneuerungen oder Veränderungen erforderlich werden, bleiben die Kernannahmen des Forschungsprogramms erhalten. Die negative Heuristik erfüllt eine konservative Funktion, welche die Entfaltung von Theorien sichern und die voreilige Aufgabe neuer Ideen verhindern soll.

Die Entwicklung eines Forschungsprogramms erfolgt aber nicht nur konservativ, sondern in erster Linie progressiv. Ein erfolgreiches Forschungsprogramm verfügt über die Fähigkeit, empirische Anomalien zu absorbieren und sie in seinen theoretischen Fortschritt einzubinden. Diese Aufgabe erfüllt das zweite Strukturelement eines Forschungsprogramms, der sogenannte Schutzgürtel. Der Schutzgürtel besteht aus einem Gewebe von Hilfshypothesen, Anfangsbedingungen und Beobachtungstheorien, welche als widerlegbare und entbehrliche Bestandteile von Theorien aufgefaßt werden. Im Schutzgürtel eines Programms werden zunehmend komplexere Modelle der Wirklichkeit entwickelt, welche den harten Kern vor Widerlegungen schützen sollen. Nicht der harte Kern, sondern die Annahmen des Schutzgürtels stehen im Mittelpunkt der empirischen Prüfung und können jederzeit durch gehaltvollere Hypothesen ersetzt werden. Die Theorien eines Forschungsprogramms gleichen sich somit in ihren Kernannahmen, sie unterscheiden sich jedoch in den Annahmen ihres Schutzgürtels.

Der Schutzgürtel dient aber nicht nur der Verteidigung des harten Kerns. Vielmehr steht er im Mittelpunkt des theoretischen Fortschritts eines Forschungsprogramms. Diese Funktion bezeichnete Lakatos als ‚positive Heuristik' eines Forschungsprogramms. Die positive Heuristik läßt sich als ein Reservoir von Entwicklungsideen verstehen, welche die Umgestaltung und Erneuerung des Schutzgürtels anleiten. Sie besteht aus Vorschlägen und Hinweisen, wie die widerlegbaren Fassungen des Forschungsprogramms modifiziert und raffinierter gestaltet werden können. Die positive Heuristik skizziert den Bau des Schutzgürtels und treibt die Entwicklung des Forschungsprogramms voran. Neue Theorien können relativ unabhängig von der aktuellen empirischen Befundlage entworfen werden. Nach Lakatos (1982a, S. 49ff.) wird ein Wissenschaftler, der an einer Idee zur Weiterentwicklung seines Forschungsprogramms arbeitet, davor bewahrt, sich durch empirische Anomalien verwirren zu lassen. Seine Aufmerksamkeit konzentriert sich vielmehr auf die Entfaltung seiner Modelle und auf die Vorhersage neuer Tatsachen. Die Wahl seiner Probleme wird durch die Heuristik seines Forschungsprogramms bestimmt. Anomalien werden hingegen der Hoffnung anheimgestellt, durch theoretische Fortschritte in Bestätigungen des Programms verwandelt zu werden.

Zusammenfassend besteht ein Forschungsprogramm aus einer Serie von Theorien, die durch einen gemeinsamen harten Kern miteinander verbunden sind. Theoretische Veränderungen werden nur im Schutzgürtel des Forschungsprogramms vorgenommen. Im Schutzgürtel werden Modelle zur Simulierung der Wirklichkeit entwickelt, die empirisch geprüft werden können. Empirische Anomalien richten sich auf den Schutzgürtel des Programms und werden vom harten Kern abgelenkt. Die positive Heuristik eines Forschungsprogramms stimuliert ständige Neukonstruktionen des Schutzgürtels. Dabei werden bestehende Modelle durch zusätzliche Annahmen bereichert oder durch neue, vielversprechendere Modelle ersetzt.

Nach welchen Kriterien läßt sich nun der Entwicklungsstand eines Forschungsprogramms einschätzen? Nach Lakatos muß ein Forschungsprogramm unter Beweis stellen, daß es über ein ‚heuristisches Potential' verfügt (Lakatos, 1982a, S. 51 u. S. 68). Mit dem Begriff des heuristischen Potentials bezeichnete er die Fähigkeit eines Forschungsprogramms, im Verlauf seiner Entwicklung Widerlegungen zu erklären und neue Tatsachen zu produzieren. Jede neue Theorie sollte die Erfolge ihrer Vorläufer reproduzieren und zumindest einige ihrer empirischen Probleme lösen können. Vor allem aber muß sie im Vergleich zu ihren Vorgängern empirischen Überschußgehalt aufweisen. Dies bedeutet, daß sie zur Entdeckung von Tatsachen führt, die im Lichte einer früheren Theorie nicht zu erwarten gewesen wären. Lakatos hat die Kriterien und Begriffe zur Beurteilung des Fortschritts von Forschungsprogrammen in einem Normenkatalog prägnant zusammengefaßt:

‚Wir nennen eine solche Reihe von Theorien *theoretisch progressiv* (die Reihe ‚*bildet eine theoretisch progressive Problemverschiebung*'), wenn jede neue Theorie einen empirischen Überschußgehalt ihrer Vorläuferin gegenüber besitzt, d.h. wenn sie eine neue, bis dahin unerwartete Tatsache voraussagt. Wir nennen eine theoretisch progressive Reihe von Theorien auch *empirisch progressiv* (die Reihe ‚*bildet eine empirisch progressive Problemverschiebung*'), wenn sich ein Teil dieses empirischen Überschusses auch bewährt, d.h. wenn jede neue Theorie uns wirklich zur Entdeckung einer neuen Tatsache führt. Und schließlich heiße ich eine Problemverschiebung *progressiv*, wenn sie sowohl theoretisch als auch empirisch progressiv ist, und *degenerativ*, wenn dies nicht der Fall ist. Wir ‚akzeptieren' Problemverschiebungen als ‚wissenschaftlich' nur dann, wenn sie zumindest theoretisch progressiv sind: sind sie das nicht, dann ‚verwerfen' wir sie als ‚pseudo-wissenschaftlich" (1982a, S. 33).

Ein Forschungsprogramm schreitet in dem Maß voran, wie es gelingt durch neue Theorien auch neue Tatsachen erfolgreich vorherzusagen. Ist dies nicht mehr der Fall, kann der theoretische Fortschritt mit dem empirischen Wachstum nicht mehr Schritt halten, so stagniert das Forschungsprogramm. Der Schwung seiner positiven Heuristik ist erlahmt. An die Stelle neuer Hypothesen und Vermutungen treten inhaltlose ad hoc Erklärungen, durch die Widersprüche zwischen Theorie und Empirie mit sprachlichen Kunstkniffen überdeckt werden. Ad hoc Hypothesen leisten keinen Beitrag, den empirischen Gehalt des Forschungsprogramms zu vermehren, und sie sagen nichts Neues vorher. Ihre häufige Verwendung stellt ein wichtiger Indikator für die Stagnation eines Forschungsprogramms dar.

Aber selbst stagnierende Programme können jederzeit wiederbelebt werden — durch einen heuristischen Vorstoß in ihrem Schutzgürtel. Die Methodologie der wissenschaftlichen Forschungsprogramme beinhaltet keine ‚Alles-oder-Nichts' Entscheidung über die Weiterführung oder Aufgabe von Theorien. Lakatos (1982a) hat anhand zahlreicher Beispiel demonstriert, wie das vordergründig irrationale Festhalten am harten Kern eines aussichtslos erscheinenden Programms langfristig zu bedeutenden wissenschaftlichen Erfolgen geführt hat. Stagnierende Programme können jedoch durch alternative Programme überholt werden. Lakatos hat betont, daß wissenschaftliche Fortschritte nicht nur innerhalb einzelner Forschungsprogramme, sondern vor allem durch die Proliferation konkurrierender Forschungsprogramme erzielt werden. ‚Ein Forschungsprogramm, das mehr als sein Rivale auf progressive Weise erklärt, ‚hebt' diesen Rivalen ‚auf', und der Rivale kann eliminiert (oder, wenn man will, ‚zur Seite gestellt') werden' (Lakatos, 1982b, S. 118).

In der folgenden Abhandlung wird die Theorie der gelernten Hilflosigkeit als wissenschaftliches Forschungsprogramm erörtert. In jedem Kapitel wird die Entwicklung und der Stand der Hilflosigkeitsforschung anhand der von Lakatos entwickelten Konzepte diskutiert. Da Lakatos seine Aufmerksamkeit vorwiegend auf Forschungsprogramme in der Mathematik und theoretischen Physik richtete, werden an einigen Stellen Akzentverschiebungen vorgenommen. So wird zum Beispiel die Bedeutung empirischer Probleme für den Fortschritt eines Forschungsprogramms stärker gewichtet, als dies in der orthodoxen Fassung der Methodologie wissenschaftlicher Forschungsprogramme der Fall war. Außerdem wird die Frage der Rivalität konkurrierender Programme in der Darstellung der Hilflosigkeitstheorie nur sehr sparsam behandelt. Ein alternativer Erklärungsansatz wird erst im zweiten Teil des Buches vorgestellt.

KAPITEL 2

DAS URSPRÜNGLICHE MODELL DER GELERNTEN HILFLOSIGKEIT

In den folgenden fünf Abschnitten wird der Beginn der Hilflosigkeitsforschung in der Psychologie dargestellt. Im Mittelpunkt steht die Formulierung des ursprünglichen Hilflosigkeitsmodells durch Seligman (1975). Zunächst werden die theoretischen Konzepte und experimentellen Methoden der Hilflosigkeitsforschung erörtert. Danach wird Seligmans Modell als Ausgangstheorie eines wissenschaftlichen Forschungsprogramms vorgestellt.

Unerwartete Befunde in Konditionierungsexperimenten

Die Entwicklung einer eigenständigen Hilflosigkeitsforschung verdankt ihren Ursprung unerwarteten und überraschenden tierexperimentellen Beobachtungen, welche Martin E.P. Seligman, Steven F. Maier und J. Bruce Overmier im Rahmen drei-jähriger Forschungsarbeiten (1964–1967) an der ‚University of Pennsylvania' machten. Gegenstand ihrer Untersuchungen stellte der Zusammenhang zwischen Angstkonditionierung und Vermeidungslernen dar.

Die lerntheoretische Grundlage dieser Experimente bildete zunächst die von O.H. Mowrer (1939; 1947) formulierte Zwei-Phasen-Theorie der Angst. In der ersten Phase wird Angst nach den Prinzipien des klassischen Konditionierens gelernt. Ein aversiver unkonditionierter Stimulus (UCS) löst eine interne unkonditionierte Schmerz-Furcht-Reaktion (UCR) aus. Wird ein neutraler Stimulus mit einem aversiven UCS gekoppelt, so erwirbt er die Qualität eines konditionierten Stimulus (CS) und löst nachfolgend Angst als konditionierte Reaktion (CR) aus. Angst stellt somit die erlernbare Komponente der Schmerz-Furcht-Reaktion dar. Mowrer hat diese Phase der Angstkonditionierung als ‚signal learning' bezeichnet. In der zweiten Phase wird Angst als verhaltensauslösender Stimulus und als verstärkungswirksamer Trieb aufgefaßt. In Mowrers Ansatz werden Fluchtreaktionen (nach Applizierung des aversiven UCS) und Vermeidungsreaktionen (zwischen dem Auftreten von CS und UCS) nach den Prinzipien des instrumentellen Konditionierens erlernt. Nach dem Auftreten der CS-CR Sequenz wird jede operante Reaktion negativ verstärkt, welche zu einer Reduzierung des Angstzustandes und somit zur Beseitigung des CS und zur Abwendung des UCS führt. Die Phase des Vermeidungslernens hat Mowrer als ‚solution learning' bezeichnet. Sie verdeutlicht die Warnfunktion des konditionierten Signals und die Schutzfunktion der gelernten Angstreaktion.

Die ersten von Seligman, Maier und Overmier durchgeführten Versuche beruhten auf einer raum-zeitlichen Trennung der beiden von Mowrer konzipierten Lernphasen (vgl. Seligman, 1975, S. 21f.). Als Versuchstiere wurden Mischlingshunde eingesetzt. In der Phase der Angstkonditionierung wurden die Tiere in einem Pawlowschen Geschirr fixiert. Dort erhielten sie eine Serie zufällig über die Zeit verteilter Elektroschocks. Als Vorsignal wurde ein akustischer Reiz verwendet. Die Versuchstiere konnten die Stromstöße weder beenden noch vermeiden. 24 Stunden nach dieser Vorbehandlung wurden die Flucht- und Vermeidungsreaktionen der Hunde in einer ‚shuttle-box' untersucht. Diese Lernapparatur besteht aus einem Versuchskäfig, welcher durch eine Hürde in zwei Kammern unterteilt wird. Die Versuchstiere erhielten erneut Stromschläge, welche sie durch Überspringen der Barriere beenden konnten. Außerdem wurden die Schocks durch das zuvor klassisch konditionierte Warnsignal zehn Sekunden vor der Schockapplizierung angekündigt. Übersprangen die Versuchstiere während dieses Zeitintervalls die Hürde, konnten sie die Schocks gänzlich vermeiden. Die überraschende Beobachtung von Seligman, Maier und Overmier bestand nun in der Entdeckung, daß die Versuchstiere nach der Vorbehandlung im Pawlowschen Geschirr weder Flucht- noch Vermeidungsreaktionen erlernten. Zunächst rasten die Hunde nach Einsetzen der Schocks im Käfig umher. Nach einigen Versuchsdurchgängen legten sie sich in einer Versuchskammer nieder und ertrugen winselnd Stromschläge von bis zu einer Minute Dauer. Auch dann, wenn die intrumentelle Reaktion per Zufall ausgeführt wurde, war kein Lernprozeß zu verzeichnen.

Damit stellte sich den drei Experimentatoren die Frage, warum die von ihnen eingeführte Vorbehandlung zu einer Be- oder Verhinderung instrumenteller Lernprozesse geführt hatte. Eine erste Erklärungsmöglichkeit bot die Annahme, daß die Passivität der Versuchstiere in der ‚shuttle-box' als Folge einer traumatisierenden Wirkung der vorauslaufenden Schockbehandlung auftritt. In dieser Traumahypothese wird das Versagen instrumentellen Lernens als Funktion der aversiven Qualität des Stressors (Schocks) während der Phase der klassischen Konditionierung betrachtet. Zum zweiten mußte die Frage berücksichtigt werden, in welchem Maß sich das beobachtete Phänomen im Rahmen der lerntheoretischen Angstkonzeption aufklären läßt. Zunächst schienen die Beobachtungen jedoch im Widerspruch zu Mowrers Zwei-Phasen-Theorie zu stehen. Die Versuchstiere hatten ja gerade keine Vermeidung der klassich konditionierten CS-CR Sequenz gelernt. Allerdings hatten Mowrer und Viek bereits 1948 darauf hingewiesen, daß die Intensität einer Angstreaktion bei gleichbleibenden Eigenschaften der aversiven Stimulation durch die Möglichkeit, wirksame Flucht- und Vermeidungsreaktionen auszuführen, beeinflußt wird. Entsprechend wäre die Vorbehandlung im Pawlowschen Geschirr als extreme Form der experimentellen Angstinduktion aufzufassen. In der von Mowrer und Viek vorgelegten Untersuchung („An experimental analogue of fear from a sense of helplessness') wurden bereits zentrale konzeptuelle und prozedurale Grundlagen der tierexperimentellen Hilflosigkeitsforschung vorweggenommen. Trotz des beträchtlichen Einflusses dieser Arbeit versuchten Seligman, Maier und Overmier, ihre Befunde außerhalb des lerntheoretischen Angstparadigmas zu erklären.

Das Konzept der Unkontrollierbarkeit

Die für die Entwicklung der Hilflosigkeitsforschung entscheidende theoretische Leistung bestand in der Einführung des Konzeptes der Unkontrollierbarkeit. Hierdurch wurde zunächst eine wichtige Unterscheidungsdimension zwischen klassischem und operantem Konditionieren betont. In einem Pawlowschen Experiment werden konditionierte Reaktionen untersucht. CRs stellen Reaktionen dar, welche keinen Einfluß auf das Auftreten der applizierten Stimuli nehmen. In diesem Sinn bleiben alle in einem Pawlowschen Experiment auftretenden Reaktionen wirkungslos, gleich ob es sich um klassisch konditionierte, anders gelernte oder spontan auftretende handelt. Demgegenüber werden in einer instrumentellen Lernanordnung operante Reaktionen untersucht. Operante Reaktionen erzielen eine Wirkung auf die Umgebung. Sie treten zunächst spontan auf und werden in ihrer Auftretenswahrscheinlichkeit durch positive und negative Konsequenzen modifiziert. Klassisches und instrumentelles Konditionieren unterscheiden sich somit durch die Möglichkeit, das Auftreten von Ereignissen durch willkürliche Reaktionen zu beeinflussen (vgl. Alloy & Seligman, 1979; Seligman, 1975, S. 11ff.).

Seligman hat das Konzept der Unkontrollierbarkeit verstärkungstheoretisch elaboriert und formalisiert. Unkontrollierbarkeit läßt sich im Hinblick auf die Art des eingesetzten Verstärkungsplans und somit auf die Kontingenzrelation zwischen verstärkten Reaktionen (R) und verstärkenden Konsequenzen (C) spezifizieren. Seligman (1975, S. 13ff.) ging von der Annahme aus, daß alle lernfähigen Organismen zwei Informationsquellen der R-C Kontingenz simultan auswerten:

erstens die Wahrscheinlichkeit p(C/R), welche angibt, mit welcher Wahrscheinlichkeit C auftritt, wenn R ausgeführt wird; zweitens die Wahrscheinlichkeit p(C/R̄), welche angibt, mit welcher Wahrscheinlichkeit C auftritt, ohne daß R zuvor ausgeführt wurde. Aus der ersten Wahrscheinlichkeit entwickelt sich die Dimension der partiellen Verstärkung: gilt p(C/R)=0, so findet Extinktion, gilt p(C/R)=1, so findet kontinuierliche Verstärkung statt. Die zweite Dimension, p(C/R̄), bezeichnete Seligman als differentielle Verstärkung anderer Reaktionen. Ein für die Hilflosigkeitsforschung besonders interessanter Fall liegt dann vor, wenn beide Wahrscheinlichkeiten gleich groß sind: p(C/R)=p(C/R̄). Die Wahrscheinlichkeit, daß C auftritt, bleibt konstant, gleich ob R ausgeführt oder unterlassen wird. Reaktion und Konsequenz sind voneinander unabhängig („response-outcome independence'). Mit den Worten Seligmans stehen R und C in einer Beziehung der Nonkontingenz. Erstreckt sich diese Nonkontingenz auf alle Reaktionen im Repertoire eines Organismus, so ist die Konsequenz für diesen Organismus unkontrollierbar:

> When the probability of an outcome is the same whether or not a given response occurs, the outcome is independent of that response. When this is true of all voluntary responses, the outcome is uncontrollable.
> Conversely, if the probability of an outcome when some response occurs is different from the probability of an outcome when that response doesn't occur, then that outcome is dependent on that response: the outcome is controllable. (Seligman, 1975, S. 16f.).

Auf dieser Grundlage gelangten Seligman, Maier und Overmier zu der Hypothese, daß die Beeinträchtigung des instrumentellen Lernens nicht durch die aversive Qualität der experimentellen Vorbehandlung, sondern durch die Unkontrollierbarkeit der Stressoren im Pawlowschen Geschirr verursacht worden war. Im klassischen Konditionieren sind aversive Stimuli unkontrollierbar, während sie im instrumentellen Konditionieren kontrollierbar sind. Für einen externen Beobachter verhalten sich Versuchstiere in der ‚shuttle box' so, als ob sie sich nicht in einer Anordnung des instrumentellen Lernens, sondern erneut in einer Phase des klassischen Konditionierens befänden.

Variationsexperimente und ‚yoked control design'

Seligman, Maier und Overmier setzten zwei Vorgehensweisen ein, um Effekte der Unkontrollierbarkeit von Effekten der aversiven Stimulation isolieren zu können. Zunächst variierten sie alle experimentellen Bedingungsfaktoren ihrer Versuchsanordnung. Dabei stellten sie fest, daß weder Veränderungen der Intensität und Dauer der aversiven

Stimuli noch der Austausch der Lernapparaturen zu veränderten Befunden führten. Weiterhin zeigte sich, daß die Versuchstiere auch dann beim instrumentellen Lernen versagten, wenn in den beiden Versuchsphasen unterschiedliche Warnsignale verwendet wurden oder gänzlich auf klassisch konditionierte Stimuli verzichtet wurde. Die meisten dieser Variationsexperimente wurden von Overmier und Seligman (1967) vorgestellt. Schließlich wurden die Befunde bei einer Vielfalt unterschiedlicher Tierarten repliziert.

Ein zweiter Weg, um die Hypothese der Unkontrollierbarkeit überprüfen zu können, bestand in der Entwicklung eines triadischen Versuchsplans. Dabei wurde die erste Gruppe von Versuchstieren einer aversiven Vorbehandlung ausgesetzt. Für diese Gruppe waren die aversiven Stimuli zwar unvermeidbar; sie konnten jedoch durch instrumentelle Reaktionen beendet werden (‚escape group': E). Die zweite Gruppe (‚yoked control group': YC) wurde bezüglich Dauer, Intensität und zeitlicher Abfolge der aversiven Stimulation gegenüber der ersten Gruppe vollständig parallelisiert. Jedem Tier der E-Gruppe wurde ein Tier der YC-Gruppe mit einer hinsichtlich aller Reizparameter identischen Vorbehandlung zugeordnet. Der Unterschied zwischen beiden Gruppen bestand nur in der Möglichkeit, aversiven Stimuli zu entfliehen. Für die YC-Gruppe waren die aversiven Stimuli unkontrollierbar. Die Stressoren konnten durch keine instrumentelle Reaktion beendet oder verändert werden. Die dritte Gruppe erhielt keine Vorbehandlung (‚normal control group': NC). Anschließend wurden die Flucht- und Vermeidungsreaktionen der Tiere in einer neuen, instrumentellen Lernanordnung überprüft.

Mithilfe dieses Versuchsplans sollte nachgewiesen werden, daß nicht die traumatisierende Wirkung der aversiven Reize, sondern die Erfahrung, daß diese Reize unabhängig von eigenen Reaktionen auftreten, nachfolgende Lernbeeinträchtigungen verursacht. Soweit bedeutsame Unterschiede zwischen den Gruppen E (unvermeidbare, aber kontrollierbare Schocks) und YC (unvermeidbare und unkontrollierbare Schocks) auftreten, können sie auf die Unkontrollierbarkeit der Vorbehandlung zurückgeführt werden. Weiterhin würde die Traumahypothese dann widerlegt werden, wenn sich keine Unterschiede zwischen den Gruppen E und NC ergeben würden.

Genau diesen Nachweis legten Seligman und Maier (1967) vor. Jeder Gruppe wurden acht Versuchshunde zugeordnet. Den Gruppen E und YC wurden 64 Stromschläge ohne Vorsignal im Pawlowschen Geschirr verabreicht. Die NC-Gruppe erhielt keine Vorbehandlung. Die instrumentelle Lernleistung wurde in der ‚shuttle box' untersucht. Als Kriterien wurden Latenzzeiten und die Anzahl der Durchgänge ohne

Überspringen der Hürde gemessen. Die Ergebnisse bestätigten die Hypothesen. Die YC-Gruppe zeigte schlechtere Lernleistungen als die beiden Vergleichsgruppen. Demgegenüber ergaben sich zwischen den Gruppen E und NC keine bedeutsamen Unterschiede.

Die Formulierung der Theorie

Auf der Grundlage dieser Befunde wurde die Theorie der gelernten Hilflosigkeit entwickelt. Maier, Seligman und Solomon (1969) sowie Seligman, Maier und Solomon (1971) legten erste Modellfassungen vor. Eine differenziertere und ausgereifte Version wurde später von Seligman (1975) sowie Maier und Seligman (1976) ausgearbeitet. Der Begriff ‚gelernte Hilflosigkeit' sollte zum einen die beobachteten Lernbeeinträchtigungen anschaulich beschreiben; zum anderen wurde damit auf die theoretische Begründung für das Auftreten dieser Defizite verwiesen.

Abbildung 1 verdeutlicht die Aussagen des ursprünglichen Modells der gelernten Hilflosigkeit. Seligman und Maier gingen von der Annahme aus, daß dann, wenn ein Organismus mit Ereignissen konfrontiert wird, welche unabhängig von seinen Reaktionen auftreten, dieser Organismus auch lernt, daß die Ereignisse unkontrollierbar sind. In frühen Versionen der Theorie wurde die Auffassung vertreten,

1. **OBJEKTIVE NONKONTINGENZ**

↓ Kognitive Repräsentation

2. **WAHRNEHMUNG GEGENWÄRTIGER UND VERGANGENER NONKONTINGENZ**

↓ Generalisierung

3. **ERWARTUNG ZUKÜNFTIGER NONKONTINGENZ**

↓ Determination

4. **HILFLOSIGKEITSDEFIZITE**

↓ Manifestation

5. **BEEINTRÄCHTIGTE LERN- UND LEISTUNGSFÄHIGKEIT**

Abb. 1: Die ursprüngliche Theorie der gelernten Hilflosigkeit.

daß objektive Nonkontingenz zwischen Reaktionen und Konsequenzen unmittelbar im Format einer Erwartung zukünftiger Unkontrollierbarkeit repräsentiert und generalisiert wird.

Maier und Seligman (1976) führten später eine Differenzierung zwischen objektiver, wahrgenommener und erwarteter Nonkontingenz ein. Zwei Gruppen empirischer Befunde waren hierfür ausschlaggebend. Zum einen konnte demonstriert werden, daß objektive Kontingenzbedingungen und subjektive Kontingenzüberzeugungen unterschiedlich ausfallen können (z.B. Glass & Singer, 1972). Nicht die situative Anregungsbedingung, sondern die tatsächlich wahrgenommene Unkontrollierbarkeit von Ereignissen wurde daher als Ausgangspunkt von Hilflosigkeitsprozessen deklariert. Zum anderen hatte sich in den Experimenten von Seligman und Mitarbeitern gezeigt, daß bei circa einem Drittel der Tiere, welche mit unkontrollierbaren Schocks vorbehandelt worden waren, keine Lernbeeinträchtigungen in der ‚shuttle box' auftraten. Seligman erklärte diese Abweichung mit der individuellen Lerngeschichte seiner Versuchstiere (Seligman & Maier, 1967; Seligman, Rosselini & Kozac, 1974). Fehlende Lerndefizite nach nonkontingenter Vorerfahrung wurden als Effekt einer Immunisierung interpretiert, welche auf frühere, positive Kontrollerfahrungen zurückzuführen seien. Trotz wahrgenommener Nonkontingenz der aktuellen Situation sollte durch frühere Kontrollerfahrungen die Bildung der Erwartung zukünftiger Unkontrollierbarkeit unterbunden und das Auftreten von generalisierten Defiziten verhindert werden. Um diese Hypothese überprüfen zu können, wurde eine zusätzliche Versuchsgruppe im triadischen Plan eingesetzt. Dabei wurden Hunde in einer Präventionsphase, welche der Hilflosigkeitsinduktion vorangestellt wurde, mit kontrollierbaren Schocks behandelt. Tatsächlich zeigten diese Tiere später keine Defizite beim instrumentellen Lernen.

Alle Modelle der gelernten Hilflosigkeit verbindet die Annahme, daß Erwartungen der Unkontrollierbarkeit Beeinträchtigungen der Lern- und Leistungsfähigkeit verursachen. Mit dem Ziel, eine anschauliche Taxonomie der beobachteten Defizite vorzulegen, wurde in Anlehnung an Mowrer (1960) sowie Cofer und Appley (1964) der Hilflosigkeitsbegriff eingeführt. In einer Klassifikation der Hilflosigkeitssymptome unterschied Seligman drei Defizittypen:

This, then, is our theory of helplessness: the expectation that an outcome is independent of responding (1) reduces the motivation to control the outcome; (2) interferes with learning that responding controls the outcome; and, if the outcome is traumatic, (3) produces fear as long as the subject is uncertain of the uncontrollability of the outcome, and then produces depression. (1975, S. 55f.)

Diese drei Symptomgruppen der gelernten Hilflosigkeit nehmen einen jeweils unterschiedlichen theoretischen Status ein. Emotionale Defizite lassen sich als Begleit- und Folgeerscheinung der Hilflosigkeit auffassen. Die Konfrontation mit aversiven Ereignissen soll zunächst zum Auftreten von Angstreaktionen führen. Erst dann, wenn die Erwartung entwickelt wird, daß aversive Ereignisse unkontrollierbar sind, resultiert die für Hilflosigkeit charakteristische depressive Affektlage.

Damit wird gleichzeitig auf die Relevanz des motivationalen Defizits hingewiesen. In einem Zustand der Hilflosigkeit wird Angst reduziert. Die aktivierende Funktion der Angst ist mit Wahrnehmungen und Erwartungen der Unkontrollierbarkeit inkompatibel. Die Erwartung, daß instrumentelle Reaktionen ohne Einfluß auf aversive Stressoren bleiben werden, führt zu einem Anreizverlust, streßbewältigendes Verhalten zu initiieren. Motivationale Defizite stellen somit mehr als bloße Epiphänomene der gelernten Hilflosigkeit dar. Sie dienen vielmehr einer unmittelbaren Erklärung von Aktivitätsverlusten in Situationen der gelernten Hilflosigkeit. Alternative Hypothesen, in denen die motorische Passivität nach unkontrollierbaren Ereignissen auf verstärkungstheoretische Prinzipien („gelernte Inaktivität') oder neurochemische Prozesse zurückgeführt wurde („streß-induzierte Inaktivität'), blieben demgegenüber unberücksichtigt (vgl. Glazer & Weiss, 1976; Levis, 1976; Maier & Jackson, 1979; Weiss, Glazer & Pohorecky, 1975).

Die dritte Gruppe der Hilflosigkeitssymptome, die kognitiven oder assoziativen Defizite, stellen gemeinsam mit der Erwartungskonzeption das Grundgerüst der Hilflosigkeitstheorie dar. Hat ein Organismus gelernt, daß Konsequenzen unabhängig von seinen willkürlichen Reaktionen auftreten, und generalisiert er diese Erfahrung auch auf zukünftige Ereignisse, so wird er neue Situationen selbst dann als nonkontingent wahrnehmen, wenn sie objektiv kontrollierbar sind. Unter dem Einfluß der erwarteten Nonkontingenz werden somit auch kontrollierbare Ereignisse als unkontrollierbar verkannt. Maier und Jackson (1979, S. 169) haben die Bedeutsamkeit des kognitiven Defizits für die Theorie der gelernten Hilflosigkeit besonders hervorgehoben:

What distinguishes the learned helplessness hypothesis from alternatives is the assertion that the organism learns act-outcome independence during exposure to inescapable shock and that this expectancy interferes with the organisms' subsequent learning of response-shock termination relationships. That is, this position argues for the existence of associative interference in addition to any activity deficits which may occur.

Kognitive und motivationale Defizite können nicht immer direkt beobachtet werden. Daher werden in Untersuchungen zur gelernten

Hilflosigkeit häufig Maße der Performanz als Kriterien eingesetzt. Treten nach einer Hilflosigkeitsinduktion Beeinträchtigungen der Lern- und Leistungsfähigkeit auf, so werden diese Defizite als Manifestation kognitiver und motivationaler Symptome aufgefaßt.

Das Erwartungsmodell als Ausgangstheorie eines Forschungsprogramms

Das ursprüngliche Modell der gelernten Hilflosigkeit läßt sich als Ausgangspunkt eines Forschungsprogramms innerhalb einer bestimmten Forschungstradition kennzeichnen. Nach Alloy und Seligman (1979, S. 220) steht das Modell der gelernten Hilflosigkeit in der Tradition kognitiver Lerntheorien, insbesondere von Erwartungstheorien des Lernens innerhalb des von E.C. Tolman (1926; 1932) begründeten ‚zweckorientierten' Behaviorismus. Es weist gemeinsame konzeptuelle Grundlagen mit den auf der gleichen Forschungstradition beruhenden Lerntheorien von Bolles (1972) und Rotter (1954; 1966) auf: Lernprozesse resultieren im Aufbau von Erwartungen über R-C Kontingenzen, wobei objektive Kontingenzbedingungen als Informationsquelle dienen, und Erwartungen die Ausführung des zielgerichteten Verhaltens steuern.

Um das ursprüngliche Modell der gelernten Hilflosigkeit als Ausgangstheorie eines wissenschaftlichen Forschungsprogramms zu qualifizieren, ist es erforderlich, seine strukturalen und funktionalen Merkmale zu spezifizieren. Der harte Kern des Programms wird durch die Erwartungskonzeption repräsentiert und läßt sich als ‚Theorie der Defizite' auffassen: die Bildung der Erwartung zukünftiger Unkontrollierbarkeit impliziert das Auftreten von Hilflosigkeitsdefiziten. Sie stellt eine hinreichende Bedingung für die Entwicklung kognitiver, motivationaler und emotionaler Symptome dar. Besondere Bedeutung kommt hierbei dem kognitiven bzw. assoziativen Defizit zu, das nach Alloy und Seligman (1979, S. 234) im Zentrum der Hilflosigkeitstheorie steht und sie von nicht-kognitiven Lerntheorien abgrenzt.

Weiterhin wird bereits in der frühen Entwicklung der Hilflosigkeitstheorie die Konstruktion eines Schutzgürtels um diese Kernaussage deutlich. Innerhalb dieser Theoriestruktur wurde eine zunehmend differenziertere ‚Theorie der Generalisierung' entwickelt. Während Maier, Seligman und Solomon (1969) noch davon ausgingen, daß die Konfrontation mit nonkontingenten Konsequenzen unmittelbar als Erwartung zukünftiger Unkontrollierbarkeit abgespeichert wird, unterschieden Maier und Seligman (1976) zwischen objektiver, wahrgenommener und erwarteter Nonkontingenz. Der Schutzgürtel der ursprünglichen Erwartungstheorie wird somit durch zwei Zusatzannahmen repräsentiert: (a) die wahrgenommene (Non-)Kontingenz muß keine identische Abbildung der objektiven Kontingenzbedingungen darstellen; (b) die erwartete (Non-)Kontingenz für zukünftige Ereignisse und die wahrgenommene (Non-)Kontingenz für vergangene Ereignisse müssen nicht übereinstimmen.

Die Heuristik eines Forschungsprogramms soll sowohl Elemente der Kontinuität als auch Elemente der Innovation in der Theoriebildung sicherstellen. Als negative Heuristik verbietet sie die Aufgabe von Kernannahmen. Diese Verbotsregel richtet sich in der Hilflosigkeitstheorie auf das Konzept der Erwartung zukünftiger Unkontrollierbarkeit. Die ‚Theorie der Defizite' stellt einen unverzichtbaren und per Konvention auch unwiderlegbaren Bestandteil des Forschungsprogramms dar. Demgegenüber dient die positive Heuristik der Stimulation und Selektion von Entwicklungsideen, welche für die Ausgestaltung des Schutzgürtels eines Forschungsprogramms eingesetzt werden können. Hierbei erfüllt sie eine doppelte Funktion. Erstens sollen modellwidrige Befunde vom Schutzgürtel absorbiert und vom harten Kern abgelenkt werden. Im Fall der Hilflosigkeitstheorie konnte dieser Schutzgürtel nur im Bereich der vorauslaufenden Bedingungen der Erwartungsbildung lokalisiert werden. Die Kernaussage wird gegen einen Angriff durch empirische Anomalien geschützt, indem solche Befunde auf die fehlende Herausbildung der Erwartung zukünftiger Unkontrollierbarkeit zurückgeführt werden. Damit wird behauptet, daß die Anfangsbedingung, um die ‚Theorie der Defizite' anwenden zu können, nicht erfüllt worden sei. Mit der Abgrenzung zwischen objektiver, wahrgenommener und erwarteter Nonkontingenz wurde eine ‚ceteris-paribus'-Klausel in die Hilflosigkeitstheorie eingeführt. Treten nach einer Hilflosigkeitsinduktion keine Defizite auf, so wurde auch keine Erwartung der Unkontrollierbarkeit entwickelt. Als Ursache sind unberücksichtigte Störfaktoren verantwortlich zu machen.

Die zweite Funktion der positiven Heuristik besteht in der Weiterentwicklung des Schutzgürtels. Neue Modelle sollen zur Entdeckung neuer Tatsachen führen und ehemalige Anomalien in Bestätigungen der neuen Theorie verwandeln. Die positive Heuristik der Theorie der gelernten Hilflosigkeit richtet sich auf Fortschritte in der ‚Theorie der Generalisierung'. Ihr Aufforderungsgehalt lautet: Spezifiziere Bedingungen, welche für die Bildung von Erwartungen der Unkontrollierbarkeit relevant sind! Eine frühe progressive Problemverschiebung wurde durch die Einführung des Immunisierungskonzeptes erzielt.

Diese Hilfshypothese wurde im Schutzgürtel zwischen Wahrnehmungen und Erwartungen von Nonkontingenz plaziert. Sie beinhaltete eine Erklärung, warum aktuelle Wahrnehmungen der Unkontrollierbarkeit nicht generalisiert werden. Und sie ermöglichte die Überprüfung neuer Hypothesen, welche sich vorläufig empirisch bewähren konnten.

KAPITEL 3

GELERNTE HILFLOSIGKEIT BEIM MENSCHEN: FRÜHE BEFUNDE UND EMPIRISCHE ANOMALIEN

If a cognitive account of the behavior of dogs was viable, then surely a cognitive account of human helplessness should be more viable.' Mit dieser Schlußfolgerung begründeten Peterson und Seligman (1980, S. 5) rückblickend den Beginn der Hilflosigkeitsforschung mit Menschen. Erste Untersuchungen waren bereits 1971 publiziert wor-den (Fosco & Geer, 1971; Thornton & Jacobs, 1971). Einen entscheidenden Einfluß auf die Popularisierung und Expansion der Hilflosigkeitsforschung nahm vor allem Seligmans (1975) zusammenfassende Monographie: ‚Helplessness: On depression, development, and death.'

Empirische Studien zur gelernten Hilflosigkeit beim Menschen wurden zunächst unter Beibehaltung der tierexperimentellen Erklärungshypothesen durchgeführt. Nicht die theoretische Progression des Forschungsprogramms, sondern die Auslotung seines empirischen Potentials im Bereich des Humanverhaltens stand im Vordergrund des Interesses. In den drei folgenden Abschnitten werden sowohl Befunde besprochen, welche Seligmans Modell der gelernten Hilflosigkeit unterstützten, als auch solche empirischen Anomalien diskutiert, welche bereits die spätere Reformulierung seiner Theorie ankündigten.

Empirische Evidenz

Die Anwendung der Hilflosigkeitstheorie im Humanbereich wurde durch eine Forschungsstrategie bestimmt, die auf zwei Zielsetzungen ausgerichtet war. Erstens sollte grundsätzlich nachgewiesen werden, daß das Phänomen der gelernten Hilfosigkeit auch beim Menschen auftritt. Zweitens sollte gezeigt werden, daß gelernte Hilflosigkeit eine experimentelle Analogie für depressive Störungen darstellt. Seligmans (1972, 1973) Vorschlag, gelernte Hilflosigkeit als Labormodell der Depression einzusetzen, fiel mit der ‚Humanisierung' seiner Forschungsarbeiten unmittelbar zusammen. Damit gelang es ihm, die ökologische Relevanz der Hilflosigkeitstheorie hervorzuheben und ihre Attraktivität in der klinischen Psychologie zu steigern.

Gelernte Hilflosigkeit in Humanexperimenten

Erste Studien, durch die das Phänomen der gelernten Hilflosigkeit beim Menschen demonstriert werden sollte, waren durch den Versuch gekennzeichnet, tierexperimentelle Verfahren direkt nachzuempfinden. Charakteristisch ist ein Experiment von Hiroto (1974). Dabei wurden drei Probanden-Gruppen gebildet. Zwei Gruppen wurden einer aversiven Vorbehandlung ausgesetzt. Als Stressoren wurden sehr laute und schrille Töne (3kHz, 110db) eingesetzt. Für die erste Gruppe waren die Töne zwar unvermeidbar, sie konnten jedoch durch einen Knopfdruck beendet werden. Für die zweite Gruppe waren die Töne hingegen weder vermeidbar noch kontrollierbar. Die Betätigung des Knopfes blieb wirkungslos. Eine Kontrollgruppe erhielt keine Vorbehandlung. Anschließend wurde das instrumentelle Verhalten der Probanden anhand einer sogenannten ‚hand shuttle box' (Turner & Solomon, 1962) überprüft. Es wurden erneut aversive Töne vorgegeben, welche nun für alle Versuchspersonen durch die manuelle Betätigung eines Schiebemechanismus abgestellt werden konnten. Jedem Ton ging ein Lichtsignal von fünf Sekunden Dauer voraus. Während dieses Zeitintervalls konnte der aversive Stimulus vermieden werden. Als Kriterium wurden Latenzzeiten gemessen. Die Ergebnisse entsprachen den tierexperimentellen Befunden. Probanden mit unkontrollierbarer Vorbehandlung wiesen längere Latenzzeiten auf als die beiden Vergleichsgruppen und zeigten im Gruppendurchschnitt keine Vermeidung der aversiven Töne. Demgegenüber traten zwischen Probanden der Kontrollgruppe und Probanden mit kontrollierbarer Vorbehandlung keine bedeutsamen Unterschiede auf.

In einer weiterführenden Studie von Hiroto und Seligman (1975) sollte gezeigt werden, daß gelernte Hilflosigkeit beim Menschen auch dann generalisiert wird, wenn sich die Aufgabenstellungen während der Induktion von Unkontrollierbarkeit (Trainingsphase) und der nachfolgenden Überprüfung des Hilflosigkeitstransfers (Testphase) deutlich unterscheiden. Zu diesem Zweck wurden zwei Aufgabentypen eingesetzt, der eine eher instrumenteller (Inst), der andere eher kognitiver Art (Kog). Die instrumentellen Aufgaben wurden aus Hirotos Experiment übernommen. Als kognitive Aufgaben wurden in der Trainingsphase Diskriminationsprobleme und in der Testphase Anagramme vorgegeben. Hierbei wurde die Unkontrollierbarkeit aversiver Stressoren mit der Unlösbarkeit kognitiver Aufgabenstellungen gleichgesetzt. Die Generalisierung der gelernten Hilflosigkeit wurde in vier Bedingungskombinationen von Training und Test überprüft: Inst-Inst, Inst-Kog, Kog-Inst, Kog-Kog. Jeder Bedingung lag ein triadischer Versuchsplan zugrunde. Die Resultate bestätigten die Hypothese der

Autoren. Beeinträchtigungen der Lern- und Leistungsfähigkeit traten nicht nur innerhalb gleichartiger, sondern auch generalisiert über verschiedenartige Aufgabentypen auf. Hiroto und Seligman zogen hieraus die Schlußfolgerung, daß die Induktion von gelernter Hilflosigkeit zum Aufbau transsituational konsistenter Erwartungen der Unkontrollierbarkeit führt.

Auch die Immunisierungshypothese der Hilflosigkeitsforschung wurde in Humanexperimenten überprüft. Die Befundlage fiel jedoch verworren aus und erschien über lange Zeit wenig erfolgversprechend (Thornton & Powell, 1974; Jones, Nation & Massad, 1977). Daher wurde für Interventionsstudien ein modifizierter Forschungsansatz entwickelt. Statt das Auftreten von Erwartungen der Unkontrollierbarkeit bereits präventiv, vor Beginn der Hilflosigkeitsinduktion zu unterbinden, wurde die Wirkung quasi-therapeutischer Eingriffe erprobt. Unmittelbar nach Abschluß der Trainingsphase erhielten die Probanden Aufgaben, deren erfolgreiche Bearbeitung sichergestellt war. Dieser Intervention lag die Absicht zugrunde, Erwartungen der Hilflosigkeit nachträglich aufzulösen. Erfahrungen der Kontrollierbarkeit sollten die Probanden veranlassen, ihre negativen Erwartungen noch vor Beginn der Testphase zu revidieren. Tatsächlich konnten Klein und Seligman (1976; Exp.1) zeigen, daß die erfolgreiche Bearbeitung einer längeren Aufgabenserie, welche zwischen Training und Test eingeschoben wurde, die Übertragung von Hilflosigkeitsdefiziten auf eine neue Situation verhinderte.

Gelernte Hilflosigkeit als Modell der Depression

Zwischen 1973 und 1978 wurde eine Serie experimenteller Studien durchgeführt, in denen gelernte Hilflosigkeit als Modell depressiver Störungen erprobt wurde. Hilflosigkeitsforschung im Bereich der Depression versteht sich als Teilgebiet der experimentellen Psychopathologie (Maser & Seligman, 1977). Damit wird die Frage aufgeworfen, welchen Beitrag ein experimentelles Labormodell zum Verständnis klinischer Störungen, zur Klärung ihrer Symptomatologie, zur Erschließung ihrer Ätiologie und zur Planung und Evaluation präventiver und therapeutischer Maßnahmen leisten kann. Abramson und Seligman (1977, S. 5) erörterten Forschungsprinzipien, nach denen das Modell der gelernten Hilflosigkeit bei Depressionen angewendet werden sollte, und stellten folgende Kriterien für die Beurteilung von Labormodellen auf:

1. Is the experimental analysis of the laboratory phenomenon thorough enough to describe the essential features of its causes as well as its preventives and cures?

2. Is the similarity of symptoms between the model and naturally occuring psychopathology convincingly demonstrated?

3. To what extent is similarity of physiology, cause, cure, and prevention found?

4. Does the laboratory model describe in all instances a naturally occuring psychopathology or only a subgroup? Is the laboratory phenomenon a model of a specific psychopathology, or does it model general features of all psychopathologies?

Während die erste Forderung von Vertretern der Hilflosigkeitstheorie positiv beantwortet wurde, standen die Kriterien 2 und 3 im Mittelpunkt der von Seligman entwickelten Forschungsstrategie (1975; Miller, Rosellini & Seligman, 1977). Erstens sollte gezeigt werden, daß nicht-depressive Personen nach einer Hilflosigkeitsinduktion vergleichbare Defizite zeigen wie depressive Personen ohne Hilflosigkeitsinduktion. Zweitens sollte auch nachgewiesen werden, daß sich ähnliche Symptome bei Hilflosigkeit und Depression auf gleichartige Ursachenfaktoren, nämlich auf Erwartungen zukünftiger Unkontrollierbarkeit zurückführen lassen. Drittens sollte demonstriert werden, daß Interventionen, welche zur Reduzierung von Hilflosigkeitsdefiziten beitragen, auch bei Symptomen der Depression wirksam sind. Die vierte Frage richtet sich auf die Nosologie psychischer Störungen. Seligman (1975; 1978) schlug vor, das Modell der gelernten Hilflosigkeit zur theoriegeleiteten Klassifikation der heterogenen Symptomgruppe depressiver Störungen einzusetzen. Er verzichtete auf eine terminologische Identifikation der ‚helplessness depression' mit bereits bekannten Diagnoseklassen der Depression. Er vertrat die Auffassung, daß hilflosigkeitsspezifische Formen der Depression über das gesamte Kontinuum klinischer bis subklinischer Ausprägungsgrade verteilt sind.

Die empirischen Befunde lassen sich nach den drei aufgeführten Aufgabenstellungen ordnen. In der Regel wurden studentische Probanden untersucht, welche nach einer Symptomskala (Beck, 1967; BDI) in depressive versus nicht-depressive Versuchspersonen unterschieden wurden. Zunächst konnten Miller und Seligman (1975) sowie Klein, Fencil-Morse und Seligman (1976) nachweisen, daß hilflose Probanden nach induzierter Unkontrollierbarkeit und depressive Personen ohne Vorbehandlung vergleichbare Leistungsdefizite in Experimenten zur gelernten Hilflosigkeit entwickelten.

Nachfolgend wurde überprüft, ob Parallelen in der Symptomatologie bei Hilflosigkeit und Depression durch gemeinsame ätiologische Faktoren bedingt werden. Damit wurde die Kernannahme der Hilflosigkeitstheorie, die Erwartung zukünftiger Unkontrollierbarkeit verursache das Auftreten von kognitiven Defiziten, in den Mittelpunkt empirischer Studien gerückt. Um kognitive Hilflosigkeitssymptome bei Depressiven nachweisen zu können, adaptierten Miller und Seligman (1973; 1976) eine Methode, die ursprünglich von Rotter entwickelt worden war (Rotter, Liverant & Crowne, 1961). Rotter hatte in zahlreichen Untersuchungen festgestellt, daß Erfolg und Mißerfolg bei fähigkeitsabhängigen Aufgaben zu vergleichsweise stärkeren Erwartungsveränderungen führen, als dies bei offensichtlich zufallsabhängigen Aufgaben der Fall ist. Positive und negative Resultate, welche in einer Serie vergleichbarer Aufgabenstellungen erzielt werden, haben nur dann einen bedeutsamen Einfluß auf die die Einschätzung der subjektiven Erfolgswahrscheinlichkeit, wenn sie als Indikatoren der eigenen Leistungsfähigkeit aufgefaßt werden. Spielen hingegen Glück und Pech eine entscheidende Rolle in der Bearbeitung einer Aufgabenserie, so besteht nach Erfolgs- oder Mißerfolgsrückmeldungen kein Anlaß, subjektive Erfolgseinschätzungen zu verändern.

Miller und Seligman (1976, S. 7f.) zogen aus diesen Befunden drei Schlußfolgerungen. (a) Fähigkeitsabhängige Aufgaben sind durch Kontingenz, zufallsabhängige Aufgaben hingegen durch Nonkontingenz gekennzeichnet. (b) Im Hilflosigkeitsmodell der Depression wird die Annahme vertreten, daß Personen, welche Hilflosigkeit gelernt haben, ebenso wie Personen, die depressiv sind, objektiv kontingente Situationen verkennen und als nonkontingent wahrnehmen. Daraus folgt (c), daß kognitive Defizite bei Hilflosigkeit und Depression durch die Messung von Erwartungsveränderungen in fähigkeits- und zufallsabhängigen Aufgaben festgestellt werden können. Miller und Seligman erwarteten, daß sich Depressive und Hilflose im Vergleich zu Nicht-Depressiven und Nicht-Hilflosen durch geringere Erwartungsveränderungen in Fähigkeitsaufgaben auszeichnen würden. Sie sollten fähigkeitsabhängige und somit kontingente Anforderungen als zufallsbedingt und damit nonkontingent auffassen. Demgegenüber sollten in Zufallsaufgaben mit objektiver Nonkontingenz keine Gruppenunterschiede auftreten.

Miller und Seligman manipulierten die Variable ‚Fähigkeitsabhängigkeit' versus ‚Zufallsabhängigkeit' durch die Auswahl verschiedener Aufgabentypen, in denen das Resultat offensichtlich vom Geschick und Können oder aber vom Glück und Pech der Versuchsperson abhing. Die Erfolgsbilanz wurde für beide Aufgabentypen mit jeweils 50% positiven und negativen Rückmeldungen konstant gehalten. Jede Aufgabe wurde in mehreren Durchgängen bearbeitet. Vor jedem Durchgang schätzten die Probanden ihre Erfolgschancen neu ein.

Mit dieser Vorgehensweise konnten Miller und Seligman (1973) die Annahme bestätigen, daß Depressive bei fähigkeitsabhängigen Aufgaben geringere Erwartungsveränderungen zeigen als Nicht-Depressive. Unter Zufallsbedingungen traten hingegen keine Gruppenunterschiede auf. In einer weiteren Untersuchung wurde ein systematischer Vergleich zwischen depressiven und hilflosen Probanden durchgeführt (Miller & Seligman, 1976). Für beide Gruppen wurde die prognostizierte Verminderung der Erwartungsvariation bei Fähigkeitsaufgaben festgestellt. Allerdings trat dieser Effekt nur bei Mißerfolgsrückmeldungen auf. Schließlich überprüften Miller, Seligman und Kurlander (1975) sowie Abramson, Garber, Edwards und Seligman (1978) die Hypothese, kognitive Defizite seien als ein spezifisches Merkmal depressiver Störungen aufzufassen. In diesen Studien wurden neben Depressiven auch hoch ängstliche und schizophrene Probandengruppen berücksichtigt. Die Autoren fanden, daß reduzierte Erwartungsveränderungen nur bei depressiven Probanden auftraten. Miller und Seligman bewerteten diese Befunde als Bestätigung für die Erwartungshypothese des Hilflosigkeitsmodells.

Abschließend wurde die Fragestellung behandelt, ob positive Erfahrungen der Kontrolle bei Depressiven in gleichem Maße wie bei Probanden nach einer Hilflosigkeitsinduktion Erwartungen der Unkontrollierbarkeit auflösen und das Auftreten von Defiziten verhindern können. Hierzu führten Klein und Seligman (1976) eine umfassende Untersuchung durch, welche alle Komponenten der von Abramson und Seligman (1977) begründeten Forschungsstrategie um faßte. Es wurden zwei Experimente mit triadischen Versuchsplänen durchgeführt. Die Probanden wurden nach dem BDI in eine depressive und in eine nicht-depressive Gruppe unterteilt. In beiden Teilstudien wurde eine Erfolgsintervention zwischen Training und Test eingeführt. Während in Experiment 1 Vermeidungsreaktionen in der ‚hand shuttle box' als Kriterium definiert wurden, führten Klein und Seligman in Experiment 2 Erhebungen zum Auftreten des kognitiven Defizits durch. Klein und Seligman überprüften die folgenden Hypothesen. Erstens werden Nicht-Depressive nach einer Hilflosigkeitsinduktion sowie Depressive ohne Vorbehandlung gleichermaßen (a) Defizite in der Testleistung zeigen und (b) reduzierte Erwartungsveränderungen bei Fähigkeitsaufgaben angeben. Zweitens wird die Erfolgsintervention bei Hilflosen und Depressiven gleichermaßen (a) Beeinträchtigungen der Lernleistung verhindern und (b) das Auftreten von kognitiven Defiziten bei Fähigkeitsaufgaben unterbinden. Die Studie von Klein und Seligman führte zu einer vollen Bestätigung dieser Vorhersagen. Damit stellte sie die überzeugendste empirische Unterstützung für das ursprüngliche Hilflosigkeitsmodell der Depression dar.

Methodische und empirische Inkonsistenz

Im vorhergehenden Kapitel wurde gezeigt, daß sich Seligmans (1975) Theorie der gelernten Hilflosigkeit als Ausgangstheorie eines wissenschatlichen Forschungsprogramms auffassen läßt. In diesem Kapitel wurde deutlich, daß die Anwendung dieser Theorie durch die Explikation einer Forschungsstrategie gesteuert wurde. Diese Strategie erfüllte den Zweck, das heuristische Potential der Hilflosigkeitstheorie auszuschöpfen und ihre Gültigkeit in Humanexperimenten unter Beweis zu stellen. Das Forschungsinteresse konzentrierte sich dabei in zunehmendem Maße auf die Absicht, Seligmans Theorie als Modell der Depression zu etablieren.

Unter diesen Zielsetzungen wurde ein kohärentes Netzwerk empirischer Forschungsfragen entworfen. Nachdem Hilflose und Depressive vergleichbare Defizite im Laborexperiment gezeigt hatten, wurden Parallelen in der Ätiologie und Therapie demonstriert. Soweit einzelne Forschungsansätze empirisch unfruchtbar blieben, wurden alternative Wege beschritten. Ein typisches Beispiel stellte die Ersetzung präventiver Maßnahmen durch quasi-therapeutische Interventionen in Studien zur Immunisierungshypothese dar. Ebenso wurden charakteristische Untersuchungsmethoden für Hilflosigkeitsexperimente entwickelt. Um Symptome der Hilflosigkeit eindeutig auf die Unkontrollierbarkeit von aversiven Ereignissen zurückführen zu können, wurde der triadische Versuchsplan entwickelt. Die Messung von Erwartungsveränderungen nach Erfolg und Mißerfolg stellte einen ersten Versuch dar, direkten Zugriff auf das kognitive Hilflosigkeitsdefizit zu erhalten.

Die Überprüfung der Hilflosigkeitstheorie beim Menschen hatte aber nicht nur Bestätigungen zur Folge. Vielmehr traten zahlreiche empirische Anomalien auf. Im folgenden werden zwei Typen von Anomalien unterschieden: methodische und empirische Inkonsistenz (vgl. Lakatos, 1982a, S. 42ff.). Methodische Inkonsistenz verweist auf Fehler in der Interpretation von Messungen. Erweist sich eine Beobachtungstheorie als falsch, so lassen sich Befunde, die in ihrem Lichte interpretiert wurden, weder als bewährende noch als falsifizierende Prüfinstanz aufrechterhalten. Im einfachsten Sinne handelt es sich hierbei um methodische Artefakte und Validitätsverstöße. Demgegenüber bezieht sich empirische Inkonsistenz auf Fehler in einer explanatorischen Theorie, mit deren Hilfe beobachtete und gemessene Tatsachen erklärt werden sollen. Aussagen zur empirischen (In-)Konsistenz setzen voraus, daß die methodische Konsistenz von Beobachtungen und Messungen anerkannt wird. Anschließend werden jeweils drei typische

Beispiele für methodische und empirische Inkonsistenz im Forschungsprogramm der ursprünglichen Hilflosigkeitstheorie diskutiert.

Experimentelle Artefakte

Hiroto und Seligman (1975) hatten aus ihren Befunden die Schlußfolgerung gezogen, daß gelernte Hilflosigkeit über verschiedenartige Situationen generalisiert wird. Gegen die meisten der bisher berichteten Studien lassen sich methodische Einwände erheben, welche diese Interpretation in Zweifel ziehen. In der Regel wurden Trainings- und Testphasen als gemeinsame Bestandteile eines Experiments vorgestellt. Die Aufgaben wurden unter demselben Versuchsleiter in demselben Versuchsraum bearbeitet. Somit könnte die unzureichende Abgrenzung zwischen Training und Test zu experimentellen Artefakten beigetragen haben. Nicht die Entwicklung einer generalisierten Erwartung zukünftiger Unkontrollierbarkeit, sondern das Mißtrauen gegenüber Versuchsanordnung und Experimentator wären dann für das Auftreten von Defiziten verantwortlich.

Daß solche Artefakte in Hilflosigkeitsexperimenten eine bedeutsame Rolle spielen können, zeigten Untersuchungen von Cole und Coyne (1977) sowie Dweck und Reppucci (1973). Cole und Coyne fanden, daß eine Generalisierung von gelernter Hilflosigkeit bereits dann ausbleibt, wenn die Testphase des Experiments als neue und eigenständige Studie ausgegeben wird. Entgegen der Annahme von Hiroto und Seligman (1975) würde gelernte Hilflosigkeit demzufolge ein situationsspezifisches Phänomen darstellen. Dweck und Reppucci untersuchten den Einfluß des Versuchsleiters auf die Generalisierung von Defiziten in einem pädagogischen Kontext. Grundschüler erhielten von zwei Lehrern Intelligenzaufgaben. Bei einem dieser Lehrer waren die Aufgaben stets lösbar, bei dem anderen hingegen stets unlösbar. In einer späteren Versuchsphase stellte der Mißerfolgslehrer vergleichbare, jetzt allerdings lösbare Aufgaben. Die Schüler zeigten bedeutsame Leistungsdefizite, obgleich sie ihre Lösungsfähigkeiten unmittelbar zuvor beim Erfolgslehrer unter Beweis gestellt hatten. Schlechte Aufgabenleistungen stellten hier das Resultat negativer Vorerfahrungen mit der Person des Lehrers dar. Dieser Befund verdeutlicht, daß Versuchsleiter erheblichen Einfluß auf das Auftreten von Leistungsdefiziten in Hilflosigkeitsstudien nehmen können. Die Wahrnehmung von Nonkontingenz begründet sich dann in Zweifeln an der Vertrauenswürdigkeit des Experimentators und an der Echtheit der vorgelegten Aufgabenstellungen.

Systematische Fehler und Konfundierungen im triadischen Versuchsplan

Church (1964) hat in einer bereits klassischen Arbeit grundsätzliche Einwände gegen das ‚yoked control design' in Konditionierungsexperimenten erhoben. Levis (1976) und Costello (1978) übertrugen diese Kritik auf den triadischen Versuchsplan in Hilflosigkeitsstudien. Um ihre Position verstehen zu können, müssen drei Gesichtspunkte beachtet werden. Erstens besteht das kritische Merkmal des ‚yoked control design' in der Paarbildung zwischen Individuen der ‚escape group' (E; unvermeidbare, aber kontrollierbare Stressoren) und der ‚yoked control group' (YC; unvermeidbare und unkontrollierbare Stressoren). Ein Individuum der E-Gruppe bestimmt vollständig die Dauer und zeitliche Verteilung von Stressoren bei einem Individuum der YC-Gruppe. Zweitens erzeugen aversive Stimuli Streß. Individuen können sich im Ausmaß solcher Streßeffekte unterscheiden. Dieser differentialpsychologische Aspekt geht auf Unterschiede in der individuellen Streßtoleranz zurück (hohe Toleranz = ST+, niedrige Toleranz = ST-). Drittens nahmen Levis (1976) und Costello (1978) an, daß hohe Streßniveaus zu Beeinträchtigungen der Leistungsfähigkeit führen können. Aufgrund dieser Überlegungen läßt sich zeigen, daß der triadische Versuchsplan systematischen Verzerrungen unterliegt.

Für die Paarbildung der Gruppen E und YC lassen sich vier Kombinationen angeben. Zwei sind versuchstechnisch unbedenklich: beide Individuen eines Paars verfügen über ST+ oder über ST-Niveaus. Die zwei verbleibenden Kombinationen sind hingegen durch Diskrepanzen in der individuellen Streßtoleranz gekennzeichnet. Wird einem ST- Individuum der Gruppe E ein ST+ Individuum der Gruppe YC zugeordnet, so sollte das Streßniveau des Individuums der E-Gruppe vergleichsweise höher sein und seine Leistung niedriger ausfallen. Dieser Unterschied dürfte jedoch gering bleiben. Hohe Streßanfälligkeit sollte die Initiierung instrumenteller Fluchtreaktionen intensivieren. Bei häufigen und frühzeitigen Fluchtreaktionen würde der Stressor nur kurzzeitig wirksam werden und das Streßniveau bei beiden Individuen niedrig gehalten. Kritisch ist hingegen die vierte Kombinationsmöglichkeit: ein ST- Individuum der Gruppe YC trifft auf ein ST+ Individuum der Gruppe E. Hohe Streßtoleranz sollte beim Individuum der E-Gruppe zu verzögerten Fluchtreaktionen führen. Ein Individuum, welches Bedingungen der Unkontrollierbarkeit ausgesetzt wird, würde daher über längere Zeit mit aversiven Stimuli konfrontiert. Aufgrund seiner niedrigen Streßtoleranz erreicht es ein hohes Streßniveau. Als Folge sind deutliche Leistungsdefizite zu erwarten.

Individuelle Unterschiede werden im triadischen Versuchsplan nicht randomisiert, sondern resultieren in einem systematischen Fehler. Auch beim Einsatz einer ‚yoked control' Gruppe bleibt die Unkontrollierbarkeit von Stressoren mit ihrer aversiven Wirkung konfundiert. Entgegen Seligmans (1975, S. 26, Anm.3) Annahme gewährleistet das ‚yoked control design' keine zufriedenstellende Trennung von Effekten der Unkontrollierbarkeit und Effekten der aversiven Qualität von Hilflosigkeitsinduktionen.

Mit der zunehmenden Bevorzugung von kognitiven gegenüber instrumentellen Aufgaben traten weitere methodische Probleme in Hilflosigkeitsstudien auf. An die Stelle unkontrollierbaren Lärms traten unlösbare Diskriminationsprobleme. Die ‚hand shuttle box' wurde gegen Anagrammserien ausgetauscht. Diskriminationsaufgaben bestehen aus einer Serie von Abbildungen, in denen über mehrere Durchgänge zwei Stimuluskonfigurationen dargeboten werden. Die Versuchsperson hat die Aufgabe, ein Stimuluselement zu ermitteln, welches willkürlich als besonders wichtig bezeichnet wird. In jedem Durchgang entwickelt sie eine vorläufige Lösungshypothese. Sie prüft diese Hypothese, indem sie diejenige Konfiguration auswählt, welche nach ihrer Auffassung das wichtige Element enthält. Der Versuchsleiter beanwortet ihre Entscheidung mit einer ‚Richtig' oder einer ‚Falsch' Rückmeldung. Nach dem letzten Durchgang teilt der Proband seine endgültige Lösungshypothese mit, welche vom Versuchsleiter als zutreffend oder als unzutreffend bewertet wird.

Die Trainingsphase von Hilflosigkeitsexperimenten war nun durch folgendes Vorgehen gekennzeichnet (vgl. Hanusa & Schulz, 1977; Hiroto & Seligman, 1975; Roth & Bootzin, 1974; Roth & Kubal, 1975). Während einer Mißerfolgsaufgabe wurden ‚Richtig' und ‚Falsch' Rückmeldungen nonkontingent, nämlich per Zufall verabreicht. Am Ende der Aufgabe wurde die Lösungshypothese als falsch bezeichnet. Demgegenüber wurden Rückmeldungen während einer Erfolgsaufgabe kontingent zu den Entscheidungen der Probanden erteilt. Die Lösung der Aufgabe wurde sichergestellt, indem Hilfestellungen gewährt wurden, oder sehr viele Durchgänge zur Ermittlung der Aufgabenlösung zur Verfügung standen.

Bei diesem Vorgehen wurde die Kontingenz versus Nonkontingenz der Aufgabenbedingungen sowohl mit dem Resultat auch mit der Schwierigkeit der Aufgabenstellungen konfundiert. Die Konfundierung mit dem Aufgabenresultat ist offensichtlich. Nonkontingente Aufgaben werden stets mit Mißerfolg, kontingente Aufgaben hingegen stets mit Erfolg abgeschlossen. Auch die Konfundierung mit der Aufgabenschwierigkeit läßt sich leicht verdeutlichen. Einerseits erscheinen (nonkontingente) Mißerfolgsaufgaben schwieriger als (kontingente) Erfolgsaufgaben. Andererseits unterscheiden sich kontrollierbare von unkontrollierbaren Aufgabenbedingungen in der Häufigkeit von ‚Richtig' und ‚Falsch' Rückmeldungen des Versuchsleiters. Während bei nonkontingenten Aufgaben durchschnittlich die Hälfte der Rückmeldungen ‚Richtig' und ‚Falsch' ausfällt, liegt der Anteil positiver Rückmeldungen bei kontingenten Aufgaben deutlich höher. Levine (1966) hat darauf hingewiesen, daß negative Rückmeldungen in Diskriminationsaufgaben mit erhöhten Anforderungen an die Informationsverarbeitung verbunden sind und zu einem Anstieg der Aufgabenschwierigkeit führen. Zusammenfassend führen diese methodischen Probleme zu der Schlußfolgerung, daß die Ursache für das Auftreten von Leistungsdefiziten in Hilflosigkeitsexperimenten vieldeutig bleiben muß. Unter Bedingungen der Hilflosigkeit wurden nicht nur unkontrollierbare Aufgaben vorgegeben, sondern es wurden auch andauernde Erfahrungen des Mißerfolgs induziert und Anforderungen mit höherem Schwierigkeitsniveau gestellt.

Um diese Konfundierungsprobleme lösen zu können, wurden mehrere Vorschläge unterbreitet. Der Einfluß der Aufgabenschwierigkeit wurde kontrolliert, indem der Anteil der ‚Richtig' und ‚Falsch' Rückmeldungen in nonkontingenten und kontingenten Aufgaben einem ‚yoking' Verfahren unterzogen und in beiden Aufgabentypyen einander angeglichen wurde (Cohen, Rothbart & Phillips, 1976). Ebenso wurde versucht, Effekte der Nonkontingenz von Effekten der Mißerfolgsinduktion abzugrenzen. So wurden zum Beispiel experimentelle Techniken entwickelt, welche es gestatteten, Erfolgs- und Mißerfolgsresultate einerseits sowie die Kontingenz versus Nonkontingenz der Versuchsleiter-Rückmeldungen andererseits als unabhängige Faktoren zu manipulieren. Eine wichtige Zielsetzung dieser Experimente bestand darin nachzuweisen, daß nonkontingente Erfolge in gleicher Weise wie nonkontingente Mißerfolge zum Auftreten von generalisierten Hilflosigkeitsdefiziten führen können (Benson & Kennelly, 1976; Griffith, 1977; Tiggemann, Barnett & Winefield, 1983; Winefield, Barnett & Tiggemann, 1985).

In keinem dieser Ansätze gelang es jedoch, die bestehenden Konfundierungsprobleme aufzulösen. Die Absicht der Experimentatoren wurde durch die Wahrnehmung der Versuchsteilnehmer vereitelt. Nach nonkontingenten Erfolgen glaubten die Probanden, ein erhebliches Maß persönlicher Kontrolle ausgeübt zu haben. Unter Bedingungen der Kontrollierbarkeit erlebten sie sich als erfolgreicher und kompetenter. Auch bei gleicher Häufigkeit von ‚Richtig' und ‚Falsch' Rückmeldungen schätzten sie nonkontingente Aufgaben deutlich schwieriger ein, als dies unter Bedingungen der Kontingenz der Fall war.

Ebenso scheiterten Versuche, nonkontingente Erfolge und Mißerfolge als äquivalente Bedingungen des Hilflosigkeitstransfers nachzuweisen. Entweder traten nach positiven Resultaten keine Leistungsdefizite auf, obgleich die Probanden Unkontrollierbarkeit wahrgenommen hatten (Benson & Kennelly, 1976), oder es wurden Leistungsdefizite festgestellt, obwohl die Probanden keine reduzierten Kontrollwahrnehmungen entwickelt hatten (Griffith, 1977). Diese Ergebnisse widersprachen den Annahmen der Theorie der gelernten Hilflosigkeit. Eine Erklärung bieten die beiden folgenden Argumente, wobei sich das erste auf das Ausbleiben, das zweite hingegen auf das Auftreten von Leistungsdefiziten nach nonkontingenten Erfolgen bezieht (vgl. Heckhausen, 1980, S. 502f.).

Werden Versuchspersonen in einem Experiment dauerhaften Mißerfolgen ausgesetzt, so lernen sie, daß sie trotz großer Anstrengungen scheitern (,ich kann nichts tun'). Die Übertragung dieser Aufgabeneinstellung auf eine neue, nun aber kontrollierbare Anforderungssituation führt zu einer Verminderung der Leistung und wird durch erneute Fehlschläge zusätzlich bestätigt. Wird hingegen dauerhaft Erfolg induziert, so lernen die Probanden, daß sie auch bei geringem Aufwand gut abschneiden (,ich brauche nichts zu tun'). Soweit diese Aufgabeneinstellung generalisiert wird, stellen sich in einer neuen Anforderungssituation jedoch erwartungswidrige Erfahrungen ein. An die Stelle der gewohnten Erfolgsüberflutung treten plötzlich bedrohliche Mißerfolge. Unangemessene Aufgabeneinstellungen nach nonkontingenten Erfolgen erweisen sich daher im Vergleich zu Erwartungen der Unkontrollierbarkeit nach Mißerfolgserlebnissen als instabil und korrigierbar. Im Gegensatz zu generalisierten Wahrnehmungen der Hilflosigkeit werden in diesem Fall vergangene und gegenwärtige Situationen diskriminiert. Die Fehleinstellung, ,ich brauche nichts zu tun', bricht angesichts des bevorstehenden Desasters zusammen, und der unangemessene Transfer von Nonkontingenz-Überzeugungen wird aufgelöst.

Natürlich können auch nonkontingente Erfolgserfahrungen schädliche Auswirkungen haben. So z. B., wenn ,erfolgsverwöhnte' Probanden keine ausreichende Möglichkeit erhalten, neue Erfahrungen zu sammeln und Fehleinstellungen zu korrigieren. Darüber hinaus bieten anforderungsfreie Erfolgsgeschenke keine Gelegenheit, Lösungskompetenzen und Bewältigungsstrategien für schwierige Problemsituationen zu erwerben. Soweit solche Fähigkeiten für die Bewältigung neuartiger Anforderungen wichtig sind, müssen ,erfolgsverwöhnte' Personen zwangsläufig und unabhängig vom Ausmaß der ursprünglich wahrgenommenen Kontrolle ins Hintertreffen geraten.

Die fehlende Validität der Erwartungsmessung

Prinzipielle Einwände wurden auch gegen Miller und Seligmans (1973; 1976) Interpretation von Erwartungsveränderungen in fähigkeits- und zufallsabhängigen Aufgaben erhoben. Miller und Seligman hatten dieses Verfahren eingesetzt, um Wahrnehmungen der Nonkontingenz direkt messen zu können. Die Grundlage der folgenden Kritik bildete die Kontroverse zwischen den Erwartungsmodellen in Rotters (1966; Rotter, Liverant & Crowne, 1961) sozialer Lerntheorie und in Weiners Attributionstheorie der Leistungsmotivation (Weiner, Heckhausen, Meyer & Cook, 1972; Weiner, Nierenberg & Goldstein, 1976).

Im Mittelpunkt der Erwartungskonzeption Rotters steht die Kontingenz zwischen Reaktionen und Bekräftigungen. Als grundlegende Dimension der Erwartungshaltung führte Rotter eine Unterscheidung zwischen internaler versus externaler Kontrolle ein. Im ersten Fall können Bekräftigungen durch die Handlungen der Person beeinflußt werden. Im zweiten Fall werden Bekräftigungen durch äußere Instanzen gesteuert. Sie werden als schicksalhaft oder zufallsbedingt aufgefaßt. Dieses ‚locus of control' Konzept wurde von Rotter zunächst auf der Seite der Situation, später auch auf der Seite der Person spezifiziert. Kontingente und fähigkeitsabhängige Aufgaben wurden von nonkontingenten und zufallsabhängigen Aufgaben unterschieden. Individuelle Unterschiede in der Präferenz von internalen versus externalen Kontrollauffassungen wurden auf einer Persönlichkeitsskala gemessen.

Rotters Erwartungskonzeption weist vom Standpunkt der Attributionsforschung zwei grundsätzliche Konfundierungen auf (vgl. Heckhausen, 1986). Erstens werden Internalität und Kontrolle konfundiert. Auch wenn das Auftreten von positiven oder negativen Ereignissen von der Person abhängt, läßt sich noch keine Schlußfolgerung über die Kontrollierbarkeit dieser Ereignisse ziehen. Grundfähigkeiten und Persönlichkeitseigenschaften stellen internale Faktoren dar, welche von einem Individuum nicht beliebig gesteuert werden können. Umgekehrt lassen sich externe Bekräftigungsinstanzen angeben, welche kontrolliert werden können. So zum Beispiel, wenn sozialer Einfluß auf mächtige Partner ausgeübt wird. Zweitens wird Internalität mit der Stabilität von Ursachenfaktoren konfundiert. Fähigkeit stellt nach Weiner nicht nur eine internale, sondern auch eine stabile Ursache für Erfolg und Mißerfolg dar. Dementsprechend sind Zufallsfaktoren sowohl durch hohe Externalität als auch durch hohe Variabilität gekennzeichnet. Weiner (1972) vertrat im Gegensatz zu Rotter die Auffassung, daß die Höhe der Erwartungsveränderung nicht durch die Internalität, sondern durch die Stabilität von Ursachenzuschreibungen bestimmt wird. Internalität sollte hingegen das Auftreten von affektiven Reaktionen auf das erzielte Handlungsresultat beeinflussen. In den Studien von Weiner, Heckhausen und Mitarbeitern fanden diese Hypothesen Unterstützung. Weiner gelangte daraufhin zu der Schlußfolgerung, daß Rotters Internalitätskonzept der Erwartungsveränderung hinfällig sei und aufgegeben werden sollte (Weiner, Nierenberg & Goldstein, 1976, S. 64f.).

Diese Befunde fanden auch in der Hilflosigkeitsforschung Beachtung. Reduzierte Erwartungsveränderungen nach Erfolgen und Mißerfolgen in fähigkeitsabhängigen Aufgaben ließen sich nicht länger als Indikatoren für kognitive Defizite auffassen. Die Interpretation der Erwartungsmessung mußte aufgegeben werden. Dieser Sachverhalt läßt sich besonders deutlich am Beispiel der Anstrengungsattribution erläutern. Anstrengung stellt sowohl eine internale als auch eine variable Ursache für Handlungsergebnisse dar. Gemäß Weiners Stabilitätshypothese führt diese Ursachenzuschreibung zu geringen Veränderungen der subjektiven Erfolgsaussichten. Attributionen auf Anstrengung und Zufall resultieren somit in ähnlichen Erwartungsprofilen. Im Gegensatz zu Glück und Pech unterliegt die eingesetzte Anstrengung jedoch der willkürlichen Steuerung. Handlungsergebnisse, welche vom Anstrengungsaufwand bedingt werden, sind für die Person kontrollierbar. Geringfügige Erwartungsveränderungen nach Anstrengungsattributionen wären in den Studien von Miller und Seligman jedoch irrtümlicherweise als Indikatoren für Wahrnehmungen der Unkontrollierbarkeit interpretiert worden.

Diese Einwände wurden durch die empirische Befundlage bestätigt. In zahlreichen Untersuchungen konnten die Ergebnisse von Miller und Seligman nicht mehr repliziert werden (z.B. McNitt & Thornton, 1978; Smolen, 1978; Willis & Blaney, 1978). Daraufhin trennten sich Abramson, Seligman und Teasdale (1978) in der Reformulierung der Hilflosigkeitstheorie von Rotters Methode der Erwartungsmessung. Mit diesem ersatzlosen Verzicht stellte sich allerdings die Frage, auf welche Weise kognitive Defizite in Hilflosigkeitsstudien nachgewiesen werden können. Vorübergehend gewann die direkte Befragung von Probanden an Bedeutung (z.B. Krantz, Glass & Snyder, 1974; Roth & Bootzin, 1974; Roth & Kubal, 1975). Versuchspersonen, welche Leistungsdefizite nach Mißerfolgsinduktionen entwickelt hatten, erlebten aber nicht nur Hilflosigkeit, Kontrollverlust und persönliche Inkompetenz. Vielmehr fühlten sie sich auch frustrierter, ärgerlicher und aggressiver als andere Probanden. Bei allen Selbsteinschätzungen war ein genereller Trend zu negativistischen Beurteilungen zu verzeichnen. Für die Feststellung kognitiver Hilflosigkeitssymptome blieben diese Befunde bedeutungslos. Die Hilflosigkeitsforschung verfügte zeitweise über keine adäquate Methode, um die Erwartungshypothese ihres Aussagekerns empirisch fruchtbar machen zu können.

Die Vernachlässigung der Aufgabenanforderungen

In einer Reihe von Untersuchungen wurde deutlich, daß die Generalisierung von Hilflosigkeit durch Merkmale der experimentellen Aufgaben beeinflußt wird. Im Mittelpunkt dieser Studien stand die wahrgenommene Schwierigkeit oder Komplexität der gestellten Anforderungen. In der Regel ließen sich Hilflosigkeitsdefizite nur dann nachweisen, wenn den Aufgaben der Trainings- und der Testphase mittlere oder geringe Schwierigkeitsgrade zugeschrieben wurden. Ein besonderes Kennzeichen dieser Arbeiten bestand im Entwurf mikrotheoretischer Alternativen zum ursprünglichen Modell der gelernten Hilflosigkeit.

Douglas und Anisman (1975) konnten zeigen, daß Leistungsdefizite im Test nur dann auftreten, wenn die Mißerfolgsaufgaben des Trainings einfach erscheinen. Nach komplexen Trainingsaufgaben traten hingegen keine Leistungsverschlechterungen auf. Douglas und Anisman begründeten diesen Effekt mit der Kongruenz versus Inkongruenz von Erwartungen und Handlungsergebnissen. Bei niedriger Komplexität sollten die Versuchspersonen erwarten, daß sie erfolgreich abschneiden werden. Durch die Hilflosigkeitsinduktion erleben sie jedoch fortlaufenden Mißerfolg. Die Frage, auf welche Weise erwartungswidrige Aufgabenergebnisse zu Leistungsbeeinträchtigungen beim Bearbeiten neuer Aufgaben führen, blieb in der Arbeit von Douglas und Anisman allerdings unbeantwortet.

Frankel und Snyder (1978) gaben Probanden, welche eine Serie von unlösbaren Diskriminationsproblemen bearbeitet hatten, die Instruktion, daß die bevorstehenden Anagrammaufgaben entweder mittlere oder aber hohe Schwierigkeitsgrade aufweisen würden. Nur bei mittlerer subjektiver Schwierigkeit traten Leistungsdefizite auf. Frankel und Snyder führten dieses Ergebnis auf selbstwertdienliche Tendenzen zur Anstrengungsvermeidung zurück. Im Rahmen des sogenannten ‚Egotismus'-Ansatzes werden Mißerfolgserfahrungen als Bedrohung des Selbstwertgefühls interpretiert. Nachfolgende Aufgabenstellungen werden im Hinblick auf erneute Mißerfolgsrisiken überprüft. Dabei wird festgestellt, in welchem Ausmaß mit einer wiederholten Gefährdung des Selbstkonzepts gerechnet werden muß. Aufgaben mit hoher Schwierigkeit erweisen sich hierbei als unproblematisch. Mißerfolge können auf überhöhte Anforderungen, Erfolge hingegen auf persönliche Fähigkeiten zurückgeführt werden. Aufgaben mittlerer Schwierigkeit kommt hingegen sowohl bei Erfolg als auch bei Mißerfolg hohe Selbstbewertungsrelevanz zu. Soweit trotz hoher Anstrengung Mißerfolge auftreten, liegt es nahe, daß unzureichende Fähigkeiten für das schlechte Abschneiden verantwortlich sind. Ist der Anstrengungseinsatz jedoch gering, so bleiben Mißerfolge im Hinblick auf die eigenen Fähigkeiten ohne negative Selbstbewertungsfolgen. Mit dieser Strategie der Anstrengungsvermeidung erklärten Frankel und Snyder Leistungsdefizite in Hilflosigkeitsexperimenten.

Peterson (1978) legte eine theoretische Alternative zum Modell der gelernten Hilflosigkeit vor, in der die Komplexität sowohl der Trainingsaufgaben als auch der Testaufgaben berücksichtigt wurde. Im Mittelpunkt seiner Arbeit stand die Übertragung der Hypothesentheorie Levines (1971; Levine, Rotkin, Jankovic & Pitchford, 1977) auf den Verlauf von Hilflosigkeitsstudien. Peterson ging von zwei Grundannahmen aus. Erstens bestritt er, daß die Konfrontation mit unlösbaren Aufgaben zu Wahrnehmungen der Unkontrollierbarkeit führt. Vielmehr nahm er an, daß Personen unter dieser Bedingung zu der Überzeugung gelangen, daß komplexere Lösungsstrategien zur erfolgreichen Bearbeitung erforderlich sind. Zweitens ging er davon aus, daß diese Lösungseinstellung beibehalten wird, wenn neue Aufgaben vorgelegt werden (vgl. Luchins, 1942). Peterson erwartete, daß Lösungseinstellungen dann zu Leistungsminderungen führen, wenn sie vom tatsächlichen Komplexitätsgrad der neuen Aufgaben abweichen.

Petersons Untersuchung führte zur Bestätigung dieser Erwartungen. Probanden, welche unlösbare Diskriminationsprobleme bearbeitet hatten, zeigten nur dann Leistungsdefizite beim Bearbeiten einer neuen, aber gleichartigen Aufgabenstellung, wenn bereits einfache Lösungsprinzipien zum Erfolg führten. In einem weiteren Versuchsteil wurde die Aufgabeneinstellung durch Instruktionen manipuliert. Die Entwicklung komplexer Lösungswege im Trainingsabschnitt sollte durch den Hinweis unterbunden werden, daß ein Teil der Versuchsleiter-Rückmeldungen per Zufall verabreicht würde. Tatsächlich zeigten die Probanden nunmehr Defizite beim Bearbeiten komplexer Testaufgaben.

Diese Untersuchungen stellten in zweifacher Hinsicht eine Herausforderung der Hilflosigkeitstheorie dar. Zum einen traten gerade dann keine Generalisierungseffekte auf, wenn Wahrnehmungen der Unkontrollierbarkeit durch die Versuchsbedingungen besonderes angeregt werden sollten, nämlich bei hoher Schwierigkeit und Komplexität. Zum anderen verdeutlichte die Entwicklung konkurrierender Theorieansätze, daß Hilflosigkeitseffekte auf der Grundlage alternativer Konzeptionen erfolgreich prognostiziert und erklärt werden konnten.

Steigerung statt Minderung der Leistungsfähigkeit

Bereits in frühen Studien zur gelernten Hilflosigkeit beim Menschen wurden Befunde berichtet, welche den Vorhersagen des Modells von Seligman direkt entgegenliefen. Anstatt Leistungseinbußen zu zeigen, führten Probanden nach Hilflosigkeitsinduktionen in verstärktem Maße kontrollbezogene Reaktionen aus und steigerten ihr Leistungsniveau (z.B. Roth & Bootzin, 1974; Thornton & Jacobs, 1972). Diese erwartungswidrigen Ergebnisse wurden unter dem Begriff ‚facilitation'-Effekte zusammengefaßt.

Wortman und Brehm (1975) stellten einen theoretischen Ansatz vor, mit dem sie gegensätzliche Leistungstrends nach Erfahrungen der Unkontrollierbarkeit aufklären wollten. Ihr Vorschlag beruhte auf einer Integration, durch die die Theorie der gelernten Hilflosigkeit von Seligman (1975) und die Theorie der psychologischen Reaktanz von Brehm (1972) in ein gemeinsames Phasenmodell eingebunden wurden. Brehm bezeichnete Reaktanz zunächst als einen Motivationszustand, der als Reaktion auf drohende oder reale Einschränkungen der persönlichen Freiheit ausgebildet wird und auf die Beibehaltung oder Wiederherstellung des ursprüglichen Freiheitsspielraums zielt.

Wortman und Brehm legten eine neue Definition des Reaktanzbegriffs vor. In den Mittelpunkt stellten sie die Erfahrung, Kontrolle über persönlich bedeutsame Ereignisse zu verlieren. Reaktanz und Hilflosigkeit faßten sie als zwei aufeinanderfolgende Motivationsphasen auf, welche sich auf einem Kontinuum zunehmender Erfahrungen der Unkontrollierbarkeit einordnen lassen. Reaktanz tritt dann auf, wenn das Ausmaß der erwarteten Kontrolle vom Ausmaß der real erlebten Kontrolle deutlich unterschritten wird. Durch solche Abweichungen wird nach Wortman und Brehm die Motivation angeregt, Kontrolle wiederherzustellen und drohenden Kontrollverlust abzuwenden. Mit diesem Motivationsschub geht eine phasentypischen Steigerung der Anstrengung und Leistung einher. Bleiben jedoch alle Bemühungen erfolglos, so wird die zweite, hilflosigkeitsspezifische Phase des Prozesses eingeleitet. Sowohl die Erwartung, Kontrolle ausüben zu können, als auch die Motivation, besondere Anstrengung einzusetzen, sinken ab. Es treten die für Hilflosigkeit typischen Leistungsdefizite auf. Die Intensität der beiden Phasen, Reaktanz und Hilflosigkeit, wird nach Wortman und Brehm durch die persönliche Bedeutsamkeit der zu meisternden Anforderung bestimmt.

Roth und Kubal (1975) berichteten Ergebnisse einer Studie, welche Rückschlüsse auf die Gültigkeit des Phasenmodells von Wortman und Brehm gestatteten. Manipuliert wurde sowohl die Intensität der induzierten Unkontrollierbarkeit als auch die Wichtigkeit der Aufgabenstellung. Die Versuchspersonen hatten Aufgaben zum Diskriminationslernen und zur Begriffsbildung zu bearbeiten. In den beiden Versuchsabschnitten glaubten sie, an zwei verschiedenen Experimenten teilzunehmen. Obgleich die erwartete Interaktion zwischen der Intensität der Hilflosigkeitsinduktion und der Bedeutsamkeit der Aufgaben keine statistische Signifikanz erreichte, konnte ein Teil der Annahmen von Wortman und Brehm empirisch bestätigt werden. Zum einen erzielten Probanden nach einer schwachen Hilflosigkeitsinduktion höhere Testleistungen als Probanden nach einer starken Hilflosigkeitsinduktion. Zum anderen führte hohe Aufgabenwichtigkeit nach einer ausgedehnten Trainingsphase zu Leistungsverschlechterungen, während sie nach einer kurzen Trainingsphase mit Leistungssteigerungen einherging.

Diese Ergebnisse verdeutlichen bereits, daß Seligman die Frage der Genese der gelernten Hilflosigkeit vernachlässigt hatte. Das Auftreten von Steigerungen statt Minderungen der Leistung blieb im Rahmen seiner Theorie ungeklärt. Trotzdem erzielte das Phasenmodell von Wortman und Brehm keine nachhaltige Wirkung auf die empirische Hilflosigkeitsforschung. Während sich die Generalisierung der gelernten Hilflosigkeit auf zwei unterschiedliche Situationen bezieht, beschränkte sich der Ansatz von Wortman und Brehm auf die Bewältigung einzelner Anforderungssituationen. Damit blieb die Frage unbeantwortet, unter welchen Bedingungen Reaktanz und Hilflosigkeit auf neuartige Situationen übertragen werden.

Die Schlüsselrolle der Mißerfolgsattribution

Besondere Bedeutung für die theoretische Weiterentwicklung der Hilflosigkeitsforschung kam einer Gruppe von Experimenten zu, welche den Einfluß von Ursachenzuschreibungen auf die Genese und den Transfer von Hilflosigkeitsdefiziten klären sollten. Frühe Attributionsstudien waren durch die Gegenüberstellung der Ursachenfaktoren Fähigkeit versus Anstrengung (Dweck, 1975; Dweck & Bush, 1976; Dweck, Davidson, Nelson & Enna, 1978; Dweck & Reppucci, 1973) sowie Fähigkeit versus Schwierigkeit gekennzeichnet (Hanusa &

Schulz, 1977; Klein, Fencil-Morse & Seligman, 1976; Tennen & Eller, 1977; Wortman, Panciera, Shusterman & Hibscher, 1976). In beiden Untersuchungsgruppen wurde angenommen, daß Fähigkeitsattributionen eine bedeutsame Vermittlungsfunktion in der Entwicklung von Hilflosigkeitssymptomen erfüllen.

Die Unterscheidung zwischen Fähigkeit und Anstrengung in der Ursachenerklärung bezieht sich auf die Frage, ob die Konfrontation mit unlösbaren Aufgaben überhaupt zur Wahrnehmung von Unkontrollierbarkeit führt. Solange Anstrengungsfaktoren für Mißerfolge verantwortlich gemacht werden, sollte Hilflosigkeit weder gelernt noch generalisiert werden. Diese Ursachenzuschreibung beinhaltet, daß negative Resultate durch gesteigertes Bemühen überwunden werden können. Demgegenüber verweisen Attributionen auf unzureichende Fähigkeiten darauf, daß weitere Fehlschläge unvermeidbar sind. Nur dann, wenn persönliches Unvermögen als Ursache des Scheiterns betrachtet wird, sollten Mißerfolgserfahrungen mit Wahrnehmungen der Unkontrollierbarkeit einhergehen.

Carol S. Dweck legte mehrere Studien vor, welche zur Bestätigung dieser Annahmen beitrugen. Als Probanden wurden zumeist Schüler und Schülerinnen ab dem zehnten Lebensjahr untersucht. Die Befunde lassen sich in drei Punkten zusammenfassen (vgl. Dweck & Licht, 1980; Dweck & Wortman, 1982). Erstens gaben Schüler, welche Leistungsdefizite in Mißerfolgssituationen entwickelten, bevorzugt stabile Ursachenfaktoren an und führten ihr schlechtes Abschneiden auf mangelnde Fähigkeiten zurück. Demgegenüber präferierten Schüler, welche Mißerfolge mit gesteigerter Leistungsbereitschaft beantworteten, Attributionen auf unzureichende Anstrengung. Dabei wiesen sie motivationalen Faktoren eine entscheidende Bedeutung für die Ermittlung der Aufgabenlösung zu und zeigten eine hohe Bereitschaft, persönliche Verantwortung für unbefriedigende Leistungsresultate zu übernehmen (Dweck & Reppucci, 1973). Zweitens konnte Dweck (1975) demonstrieren, daß Schüler, welche von ihren Lehrern als besonders hilflos klassifiziert worden waren, deutliche Leistungsverbesserungen erzielten, nachdem sie an einem Interventionsprogramm zur anstrengungsbezogenen Reattribuierung von Mißerfolgsergebnissen teilgenommen hatten. Drittens standen Geschlechtsdifferenzen in der Anfälligkeit für Hilflosigkeitsepisoden in systematischem Zusammenhang mit individuellen Attributionsmustern. Schülerinnen, welche ausgeprägte Leistungsdefizite nach Mißerfolgserfahrungen entwickelten, führten ihr Scheitern überwiegend auf unzureichende intellektuelle Fähigkeiten zurück. Ihre männlichen Mitschüler bevorzugten demgegenüber Anstrengungsfaktoren und steigerten in

Mißerfolgssituationen Ausdauer und Effizienz (Dweck & Bush, 1976; Dweck et al., 1978).

Die Unterscheidung zwischen Fähigkeit und Schwierigkeit bezieht sich auf die Frage, ob Hilflosigkeit, welche zuvor gelernt wurde, auf neuartige Situationen übertragen wird. Schwierigkeitsattributionen betonen die Besonderheit der Anforderung und die Spezifität der gestellten Aufgabe. Hilflosigkeit bliebe in diesem Fall auf die ursprüngliche Mißerfolgssituation begrenzt. Wird jedoch das schlechte Abschneiden in der Bearbeitung von Aufgaben der persönlichen Inkompetenz angelastet, so steigt das Risiko für die Generalisierung von Hilflosigkeitsdefiziten. Die Grenzen dieser Übertragung werden durch den Geltungsbereich der angezweifelten Fähigkeiten bestimmt.

Erste Studien, welche der Überprüfung dieser Hypothesen dienten, wiesen bedeutende methodische Mängel auf (vgl. Heckhausen, 1980, S.504ff.). Die Manipulation von Ursachenzuschreibungen erfolgte über Instruktionen, welche Konsensusinformationen zum Abschneiden relevanter Vergleichsgruppen enthielten. Unter Schwierigkeitsbedingungen wurde mitgeteilt, daß nur sehr wenige Probanden die Aufgaben gelöst hätten. Demgegenüber sollte die Mitteilung, fast alle Versuchsteilnehmer seien erfolgreich gewesen, das Auftreten von Fähigkeitsattributionen für Mißerfolge begünstigen. Angaben dieser Art dürften jedoch kaum die erwünschte Wirkung auf die Ursachenzuschreibung erzielen. Wer bei Aufgaben versagt, die alle anderen lösen können, wird für dieses Mißgeschick eher Pech als persönliches Unvermögen verantwortlich machen. Neue Aufgaben bieten die beste Gelegenheit, die Scharte auszuwetzen. Daher ist es wenig verwunderlich, daß Autoren, welche dieses Vorgehen wählten (z.B. Hanusa & Schulz, 1977), erhöhte statt verminderte Testleistungen unter Fähigkeitsbedingungen feststellen mußten.

Eine aufschlußreichere Studie legten Tennen und Eller (1977) vor. In Anlehnung an die bereits erörterte Arbeit von Roth und Kubal (1975) variierten sie das Ausmaß des Hilflosigkeitstrainings. Die Ursachenzuschreibung beeinflußten sie, indem sie eine Serie von Mißerfolgsaufgaben als ‚zunehmend leichter' versus ‚zunehmend schwieriger' bezeichneten. Im ersten Fall sollte die eigene Fähigkeit, im zweiten Fall die Schwierigkeit der Aufgaben zur Ursachenerklärung herangezogen werden. Als wichtigstes Resultat der Untersuchung berichteten Tennen und Eller, daß selbst nach einer ausgedehnten Induktion von Unkontrollierbarkeit nur dann Leistungsdefizite auftraten, wenn Mißerfolge durch persönliches Unvermögen verursacht schienen. Wurden hingegen Ursachenzuschreibungen auf die Schwierigkeit der Aufgaben nahegelegt, so fiel das Leistungsniveau nach einer intensiven Hilflosigkeitsinduktion deutlich höher aus. Probanden, welche dieser Bedingung zugewiesen worden waren, übertrafen sogar die Testleistung der Kontrollgruppe.

Empirische Anomalien und theoretischer Fortschritt in der Hilflosigkeitsforschung

Nach Peterson und Seligman (1980) machte das zunehmende Auftreten empirischer Anomalien in der Hilflosigkeitsforschung eine Revision der ursprünglichen Erwartungstheorie erforderlich. Während in der tierexperimentellen Forschung heftige Einwände gegen den kognitiven Charakter der Hilflosigkeitstheorie vorgetragen wurden (z.B. Levis, 1976), konzentrierte sich die Kritik im Humanbereich gerade auf die Vernachlässigung kognitiver Faktoren, welche für die Entstehung und Generalisierung der gelernten Hilflosigkeit von entscheidender Bedeutung seien (z.B. Wortman & Brehm, 1975).

Retrospektive Beurteilungen werden gewöhnlich im Licht einer neuen Theorie vorgenommen. Daher bergen sie die Gefahr, die Fortentwicklung einer Theorie als zwingende Konsequenz der empirischen Falsifikation ihrer Vorläufer aufzufassen. Entgegen diesem Bild einer anomaliegesteuerten Theorieentwicklung werden theoretische Fortschritte in der Methodologie wissenschaftlicher Forschungsprogramme als kreative Konstruktionsprozesse aufgefaßt. Die psychologischen Wurzeln, die Motive und Einsichten, welche die Konstruktion veranlassen, entziehen sich einer vollständigen rationalen Analyse. Die Maßstäbe, welche die Konstruktion leiten, sind hingegen als Bestandteil der Heuristik eines Forschungsprogramms rekonstruierbar.

Damit stellt sich die Frage, welchen Einfluß empirische Anomalien auf die Reformulierung der Hilflosigkeitstheorie ausübten. Unter zwei Bedingungen erfüllten sie eine wichtige Anregungsfunktion: erstens wenn sie mit der Formulierung von Hilfshypothesen und Entwicklungsideen verbunden waren; zweitens wenn diese Hilfshypothesen und Entwicklungsideen mit der Kernannahme des Forschungsprogramms vereinbar und für die Neugestaltung seiner Schutzzone verwertbar waren.

Diese Forderungen wurden durch frühe Attributionsstudien zur gelernten Hilflosigkeit erfüllt. Zum einen konnte demonstriert werden, daß Ursachenerklärungen eine wichtige Funktion in der Generalisierung von Hilflosigkeitsdefiziten erfüllen. Experimentell induzierte Informationen zur Aufgabenschwierigkeit, zur Komplexität der Anforderungen und zum Abschneiden relevanter Vergleichsgruppen stellten Instruktionen dar, welche direkten Einfluß auf die Attribution von Hilflosigkeitserlebnissen nahmen. Eine attributionstheoretische Revision des ursprünglichen Modells von Seligman stellte somit die Integration empirischer Anomalien in einem neuen Theorieentwurf in Aussicht. Zum anderen ließen sich Ursachenerklärungen als vermittelnde Variablen des Hilflosigkeitstransfers in den Schutzgürtel des Forschungsprogramms einbetten. Ursachenerklärungen für abgeschlossene Erlebnisse beeinflussen Erwartungen für bevorstehende Ereignisse (Weiner, 1972). Ein Attributionsmodell eröffnete die Perspektive, zu differentiellen Vorhersagen des Hilflosigkeitstransfers zu gelangen. Die Berücksichtigung von Ursachenerklärungen diente der Spezifizierung, unter welchen Bedingungen auch in neuen Aufgabensituationen Unkontrollierbarkeit erwartet wird.

KAPITEL 4

DAS ATTRIBUTIONSMODELL DER GELERNTEN HILFLOSIGKEIT

Bandura (1977) und Wortman und Brehm (1975) hatten bereits frühzeitig Anregungen für eine attributionstheoretische Neuorientierung in der Hilflosigkeitsforschung gegeben. In dichter zeitlicher Abfolge legten Abramson, Seligman und Teasdale (1978), Miller und Norman (1979) sowie Roth (1980) Attributionsmodelle der gelernten Hilflosigkeit vor. Obgleich in diesen drei Revisionsvorschlägen verwandte Positionen vertreten wurden, fand nur der Ansatz von Abramson, Seligman und Teasdale nachhaltige Beachtung.

In den folgenden vier Abschnitten werden die zentralen Aussagen dieses Attributionsmodells behandelt. Im Mittelpunkt steht die Reformulierung der Hilflosigkeitstheorie und ihre Anwendung auf den Bereich depressiver Störungen. Darüberhinaus werden aktuelle Interpretationen zur Modellrevision von Abramson, Seligman und Teasdale (1978) vorgestellt und Fragen nach der theoretischen Wandlung des Forschungsprogramms erörtert.

Die Reformulierung der Theorie

Das Attributionsmodell der gelernten Hilflosigkeit beruht auf zwei Grundannahmen. Erstens setzten Abramson, Seligman und Teasdale (1978) voraus, daß sich Personen, welche Situationen der Unkontrollierbarkeit erlebt haben, die Frage stellen, auf welche Ursachenfaktoren ihre gegenwärtige Hilflosigkeit zurückzuführen ist. Zweitens nahmen Abramson, Teasdale und Seligman an, daß die Ursachenzuschreibung, welche zur Erklärung der wahrgenommenen Hilflosigkeit herangezogen wird, vorherbestimmt, (a) über welche Situationen und Zeiträume Erwartungen der zukünftigen Unkontrollierbarkeit generalisiert werden, und (b) in welchem Ausmaß Hilflosigkeitserfahrungen mit dem Auftreten negativer Selbstwertgefühle verbunden sind. Abbildung 2 gibt einen Überblick zu diesem Attributionsmodell.

Abramson, Seligman und Teasdale (1978) unterschieden drei Dimensionen der Ursachenerklärung für Hilflosigkeitsepisoden. Die erste Dimension, die Globalität der Hilflosigkeitsattribution, beschreibt die Wirkungsbreite von Ursachenfaktoren. Diese können auf eine Vielzahl unterschiedlicher Situationen oder nur auf wenige und besondere Si-

1. **OBJEKTIVE NONKONTINGENZ**

↓ Kognitive Repräsentation

2. **WAHRNEHMUNG GEGENWÄRTIGER UND ZUKÜNFTIGER NONKONTINGENZ**

↓ Ursachenzuschreibung

3. **ATTRIBUTION DER WAHRGENOMMENEN NONKONTINGENZ**

↓ Prädiktion

4. **ERWARTUNG ZUKÜNFTIGER NONKONTINGENZ**

↓ Determination

5. **HILFLOSIGKEITSDEFIZITE**

↓ Manifestation

6. **BEEINTRÄCHTIGTE LERN- UND LEISTUNGSFÄHIGKEIT**

Abb. 2: Die reformulierte Theorie der gelernten Hilflosigkeit.

tuationen Einfluß nehmen (globale versus spezifische Ursachenfaktoren). Die zweite Dimension, die Stabilität der Hilflosigkeitsattribution, bezieht sich auf die Wirkungsdauer von Ursachenfaktoren. Diese können langfristig und dauerhaft wirksam werden oder ihren Einfluß nur kurzfristig und vorübergehend entfalten (stabile versus instabile Ursachenfaktoren). Durch die dritte Dimension, die Internalität der Hilflosigkeitsattribution, wird der Ursprung der Wirkung von Ursachenfaktoren bestimmt. Diese können sich auf Eigenschaften und Handlungsweisen der eigenen Person beziehen oder mit anderen Personen und äußeren Umständen assoziiert werden (internale versus externale Ursachenfaktoren).

Jeder dieser Attributionsdimensionen wurde von Abramson, Seligman und Teasdale (1978) eine spezifische Funktion für den Transfer und das subjektiven Erleben von gelernter Hilflosigkeit zugewiesen. Die Dimension der Globalität bestimmt die Generalisierung der gelernten Hilflosigkeit über verschiedenartige Situationen. Je globaler eine Hilflosigkeitsattribution ausfällt, desto ausgedehnter wird die Bandbreite neuer Situationen, auf die Erwartungen der Unkontrollierbarkeit gerichtet werden. Abramson, Seligman und Teasdale erwarteten, daß globale Erklärungen zum Auftreten von Hilflosigkeitssymptomen in verschiedenartigste Situationen führen (globale Defizite), während spezifische Erklärungen die Generalisierung einschränken und gegebenenfalls auf die ursprüngliche Hilflosigkeitssituation begrenzen (spezifische Defizite). Die Dimension der Stabilität bestimmt die Generalisierung der gelernten Hilflosigkeit über unterschiedliche Zeitspannen. Je stabiler eine Attribution für die ursprüngliche Hilflosigkeitssituation ausfällt, desto ausgedehnter wird der Zeitraum, in dem das Auftreten vergleichbarer Situationen mit Erwartungen der Unkontrollierbarkeit verbunden wird. Stabile Ursachenfaktoren gehen mit dauerhaften und wiederholt auftretenden Hilflosigkeitssymptomen einher (chronische Defizite), während instabile Ursachenfaktoren nur vorübergehend und kurzzeitig zum Auftreten von Hilflosigkeitssymptomen führen (transitorische Defizite). Die Dimension der Internalität bestimmt das Ausmaß der Selbstbewertungsrelevanz von Hilflosigkeitserfahrungen. Je internaler eine Attribution ausfällt, desto stärker wird das Selbstwertgefühl beeinträchtigt. Internale Erklärungen führen zu Defiziten in der Selbstwertschätzung (persönliche Hilflosigkeit), während externale Erklärungen zur Verminderung von Selbstwertbelastungen nach Hilflosigkeitsepisoden beitragen (universale Hilflosigkeit).

Diese Grundannahmen der Reformulierung ergänzten Abramson, Seligman und Teasdale (1978) durch einige Erläuterungen. Zwei der wichtigsten Anmerkungen lassen sich kurz zusammenfassen. Erstens ist in der zeitlichen Abfolge des Hilflosigkeitsprozesses zu beachten, daß Ursachenerklärungen nicht die Wahrnehmung, sondern ausschließlich die Generalisierung von Unkontrollierbarkeit beeinflussen (vgl. Abbildung 2). Die Klassifikationskriterien Globalität, Stabilität und Internalität stellen voneinander unabhängige Dimensionen der Ursachenzuschreibung dar. Der Transfer der gelernten Hilflosigkeit wird ausschließlich durch die Globalität und die Stabilität der Ursachenerklärung beeinflußt. Alle Formen der Hilflosigkeit verbindet das Auftreten von kognitiven und motivationalen Defiziten. Beeinträchtigungen des Selbstwertgefühls sollen hingegen nur nach internalen Hilflosigkeitszuschreibungen entwickelt werden. Die Bedingungen des emotionalen Defizits werden im Rahmen des revidierten Depressionsmodells erörtert.

Zweitens kommentierten Abramson, Seligman und Teasdale (1978) ausführlich die Unterscheidung zwischen persönlicher und universaler Hilflosigkeit. Als Informationsquelle der Internalitätszuschreibung dienen soziale Vergleichsprozesse mit relevanten anderen Personen. Ein Zustand der persönlichen Hilflosigkeit tritt dann auf, wenn die Wirkungslosigkeit der Handlungen auf die unzureichende Kompetenz der eigenen Person zurückgeführt wird. Personen einer relevanten Vergleichsgruppe werden demgegenüber ausreichende Handlungskompetenzen für die Ausübung von Kontrolle zugeschrieben. Im Gegensatz hierzu liegt universaler Hilflosigkeit die Einschätzung zugrunde, daß weder die eigene Person noch relevante Vergleichspersonen in der Lage gewesen wären, Kontrolle auszuüben. Mit der Unterscheidung zwischen persönlicher und universaler Hilflosigkeit griffen Abramson, Seligman und Teasdale eine Anregung des ‚self-efficacy' Ansatzes von Bandura (1977) auf und verabschiedeten sich vom ‚locus of control' Konzept Rotters. Folgt man dem Attributionsmodell der gelernten Hilflosigkeit, so können Personen sowohl internal als auch external hilflos werden. Im ersten Fall wird Hilflosigkeit durch die geringe Selbstwirksamkeit der Person erklärt, während sie im zweiten Fall auf die objektive Unbeeinflußbarkeit von Ereignissen und die fehlende Responsivität der Umwelt gegenüber persönlichen Anstrengungen zurückgeführt wird.

Das Depressionsmodell der reformulierten Theorie

Abramson, Seligman und Teasdale (1978) wiesen ausführlich auf Implikationen ihrer Reformulierung für das Depressionsmodell der Hilflosigkeitstheorie hin. Die folgenden vier Fragestellungen setzten sie in den Mittelpunkt ihrer Erörterung.

a) Unter welchen Bedingungen tritt das emotionale Defizit (depressive Affektlage) der gelernten Hilflosigkeit auf? Nach Abramson, Seligman und Teasdale (1978) führen Erwartungen der Unkontrollierbarkeit nur dann zur Entwicklung emotionaler Hilflosigkeitssymptome, wenn sie sich auf Ereignisse beziehen, die persönlich bedeutsam erscheinen und deren Eintreten mit hoher subjektiver Gewißheit erwartet wird. Soweit das Auftreten aversiver Ereignisse nicht beeinflußt werden kann, sollten die Wahrscheinlichkeit, mit der diese Ereignisse erwartet werden, und die Bedeutsamkeit, welche diesen Ereignissen zugemessen wird, die Intensität der depressiven Reaktion bestimmen.

b) Unter welchen Bedingungen treten Selbstwertdefizite als Bestandteil depressiver Symptome auf? Grundsätzlich stellen Selbstwertdefizite im revidierten Modell von Abramson, Seligman und Teasdale (1978) kein konstituierendes Element der Depression dar. Depressive Personen können sowohl durch persönliche als auch durch universale Hilflosigkeit gekennzeichnet sein. Das Auftreten von Selbstwertdefiziten wird durch internale Ursachenerklärungen für

Hilflosigkeitsepisoden bedingt. Durch das Konzept der persönlichen Hilflosigkeit sollte ein bekanntes Paradoxon der Depressionsforschung aufgelöst werden (vgl. Abramson & Sackheim, 1977): Warum fühlen sich depressive Personen für Ereignisse verantwortlich, wenn sie gleichzeitig davon überzeugt sind, keinen Einfluß auf das Auftreten dieser Ereignisse nehmen zu können? Einem Zustand der persönlichen Hilflosigkeit liegt zwar die Wahrnehmung zugrunde, keine Kontrolle über das Auftreten bedeutsamer Ereignisse ausüben zu können; diese Unkontrollierbarkeit wird jedoch der Inkompetenz der eigenen Person angelastet.

c) Gibt es spezifische Attributionspräferenzen für Erfolg und Mißerfolg bei depressiven Personen? Abramson, Seligman und Teasdale (1978) stellten die Vermutung an, daß sich Depressive durch die Tendenz kennzeichnen lassen, Mißerfolg auf internale, stabile und globale Ursachenfaktoren, Erfolg hingegen auf externale, instabile und spezifische Ursachenfaktoren zurückzuführen. Solche individuellen Präferenzen für spezielle Muster der Ursachenzuschreibung bezeichneten die Autoren der Modellrevision als Attributionsstile.

d) Welche Faktoren bestimmen die Dauer und Ausbreitung depressiver Hilflosigkeitsdefizite? Unter Anwendung der reformulierten Hilflosigkeitstheorie gelangten Abramson, Seligman und Teasdale (1978) zu der Schlußfolgerung, daß die Chronizität und Globalität depressiver Defizite durch die Stabilität und Globalität der Hilflosigkeitsattribution bestimmt werden.

Reinterpretationen der Modellrevision

Bereits erste Überprüfungen des Attributionsmodells von Abramson, Seligman und Teasdale (1978) lösten eine Diskussion über die angemessene Interpretation und Operationalisierung der reformulierten Hilflosigkeitstheorie aus. Im Mittelpunkt der Auseinandersetzung standen zwei Fragestellungen. Wie lassen sich die Annahmen der Reformulierung empirisch exakt spezifizieren und überprüfen? Und welcher theoretischer Status wird den Bedingungsvariablen der gelernten Hilflosigkeit im revidierten Modell zugeschrieben?

Die erste Fragestellung veranlaßte Peterson und Seligman (1980) sowie Pasahow, West und Boroto (1982) zu einer Reinterpretation, in der die Bedingungen des Hilflosigkeitstransfers konkretisiert werden sollten. Die Vorhersage von Symptomen der generalisierten Hilflosigkeit wurde aus der Interaktion korrespondierender Attributions- und Situationsdimensionen abgeleitet. Die Generalisierung wird zunächst durch die Globalität und Stabilität der Hilflosigkeitsattribution beeinflußt. Diesen Attributionsdimensionen werden zwei Situationsparameter gegenübergestellt: zum einen die wahrgenommene Ähnlichkeit und zum anderen der zeitliche Abstand zwischen ursprünglichen Hilflosigkeitssituationen und neuen, bevorstehenden Situationen. Je geringer die wahrgenommene Ähnlichkeit und je ausgedehnter der zeitliche Abstand zwischen diesen Situationen ausfällt, desto globaler und stabiler muß die Attribution der wahrgenommenen Unkontrollierbarkeit sein, damit ein Transfer der gelernten Hilflosigkeit stattfinden kann. Diese Aussage impliziert, daß die Generalisierung über ähnliche, zeitlich unmittelbar aufeinanderfolgende Situationen weitgehend unabhängig von der Attribuierung der ursprünglichen Hilflosigkeit erfolgt. Unter solchen Bedingungen sollten nicht nur Personen, welche eher globale und stabile Ursachenzuschreibungen vornehmen, sondern auch diejenigen Personen, welche eher situationsspezifische und zeitlich instabile Faktoren für die erlebte Unkontrollierbarkeit verantwortlich machen, Hilflosigkeit generalisieren. Durch diese interaktionistischen Vorhersagen wurde ein verbindlicher Maßstab für die Planung und Durchführung von Hilflosigkeitsstudien nach der Revision des Modells aufgestellt.

Die Frage nach dem theoretischen Status der Bedingungsvariablen in der Reformulierung von Abramson, Seligman und Teasdale (1978) wurde vorwiegend im Rahmen des Depressionsmodells der gelernten Hilflosigkeit erörtert. Die folgende Darstellung orientiert sich an Beiträgen von Alloy (1982), Halberstadt, Andrews, Metalsky und Abramson (1984), Metalsky, Abramson, Seligman, Semmel und Peterson (1982) sowie Peterson und Seligman (1984). Abbildung 3 verdeutlicht die dort diskutierten Zusammenhänge.

Die Genese depressiver Episoden beginnt mit dem Zusammentreffen kritischer Lebensereignisse und individueller Attributionsstile. Soweit Lebensereignissen eine hohe negative Valenz zugeschrieben wird, und Attributionsstile durch die Präferenz internaler, stabiler und globaler Ursachenzuschreibungen für aversive Situationen gekennzeichnet sind, soll die Wahrscheinlichkeit für das Auftreten depressiver Symptome ansteigen. Die Ursachen aversiver Erlebnisse werden der eigenen Person zugeschrieben. Sie werden als zeitstabile Einflußfaktoren erlebt, welche sich in zahlreichen Lebensbereichen negativ auswirken. Entsprechend den Vorhersagen der reformulierten Theorie sollten internale Attributionen zum Auftreten von Selbstwertdefiziten führen. Stabile und globale Ursachenzuschreibungen begünstigen die Bildung der Erwartung zukünftiger Unkontrollierbarkeit und tragen zu einem Transfer motivationaler und kognitiver Defizite bei. Depressive Reak-

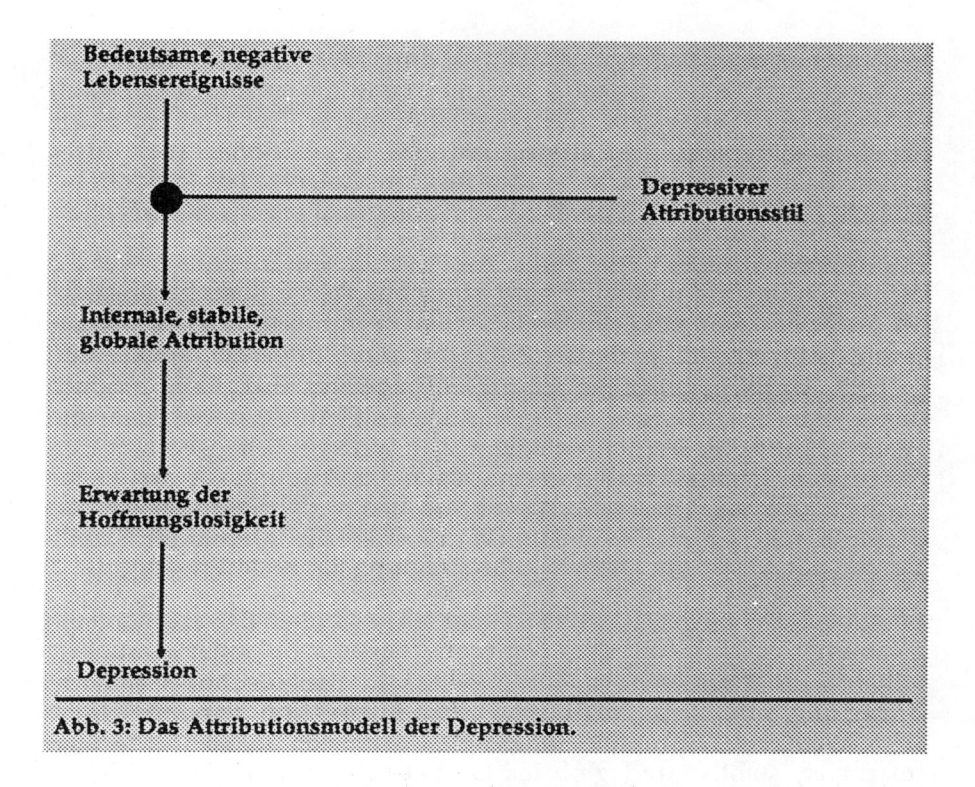

```
Bedeutsame, negative
Lebensereignisse
       │
       │                          Depressiver
       ●──────────────────────── Attributionsstil
       │
       │
       ▼
Internale, stabile,
globale Attribution
       │
       │
       ▼
Erwartung der
Hoffnungslosigkeit
       │
       │
       ▼
Depression
```

Abb. 3: Das Attributionsmodell der Depression.

tionen sollen jedoch erst dann auftreten, wenn Erwartungen der Hoffnungslosigkeit entwickelt werden. Hoffnungslosigkeit läßt sich durch zwei Antizipationen kennzeichnen: zum einen durch die Erwartung, daß mit hoher Wahrscheinlichkeit negative und persönlich bedeutsame Ereignisse eintreten werden; zum anderen durch die (Hilflosigkeits-)Erwartung, daß die Auftretenswahrscheinlichkeit dieser Ereignisse durch eigenes Handeln nicht beeinflußt werden kann. Depressionen und die Generalisierung von Hilflosigkeitsdefiziten auf zukünftige Lebenssituationen stellen die unmittelbare Konsequenz dieser Erwartungen dar.

Die in Abbildung 3 aufgeführten Variablen stellen ätiologische Faktoren der Depression dar. In Anlehnung an Halberstadt et al. (1984) lassen sie sich nach zwei Merkmalen systematisieren: nach ihrer zeitlichen Entfernung zum Auftreten der Depression und nach dem Ursachentyp, dem sie zuzuordnen sind. Die Erwartung der Hoffnungslosigkeit stellt eine proximale und hinreichende Bedingung für das Auftreten depressiver Symptome dar. Sie wird im Depressionsmodell der gelernten Hilflosigkeit jedoch nicht als notwendige Bedingung der Depression aufgefaßt. Die Unterscheidung zwischen hinreichender und notwendiger Bedingung läßt sich durch zwei Schlußfolgerungen verdeutlichen. Einerseits wird postuliert, daß Erwartungen der Hoffnungslosigkeit stets das Auftreten depressiver Defizite zur Folge haben. Andererseits wird eingeräumt, daß Depressionen auch durch andere Faktoren verursacht werden können. Gelernte Hilflosigkeit beschreibt somit einen Teilbereich der Ätiologie depressiver Störungen.

Ursachenerklärungen für reale, aversive Lebensereignisse werden demgegenüber als proximale und kontributorische Bedingungsfaktoren aufgefaßt. Kontributorische Ursachen beeinflussen die Auftretenswahrscheinlichkeit für depressive Symptome. Internale, stabile und globale Attributionen beim Eintreffen negativer Ereignisse erhöhen das Risiko, Erwartungen der Hoffnungslosigkeit zu entwickeln und Wahrnehmungen der Hilflosigkeit auf weitere Lebensbereiche zu übertragen. Ebenso erhalten individuelle Attributionsstile den Status kontributorischer Ursachen. Als distale Bedingungsfaktoren der Depressionsgenese entfalten sie ihren Einfluß auf die Internalität, Stabilität und Globalität der Ursachenzuschreibung für reale Ereignisse.

Folgt man diesen Überlegungen, so besteht zwischen Erwartungen der Hoffnungslosigkeit und dem Beginn depressiver Episoden ein unmittelbarer, determinierender Zusammenhang. Demgegenüber fällt die Beziehung zwischen Attribution und Depression vergleichsweise schwächer aus. Depressive Symptome lassen sich auf der Grundlage internaler, stabiler und globaler Ursachenzuschreibungen vorhersagen. Sie stellen jedoch keine zwingende Konsequenz dieses Attributionsmusters dar. Der Einfluß realer Ursachenerklärungen auf die Erwartungsbildung kann durch neue Erfahrungen vermindert und durch die Veränderung der Attribution mit zunehmendem zeitlichen Abstand zu einer Hilflosigkeitsepisode verzerrt werden (vgl. Moore, Sherrod, Liu & Underwood, 1979).

Ebenso ist zu beachten, daß Ursachenzuschreibungen für reale Ereignisse durch situationsbezogene Informationsquellen beeinflußt werden. Den Attributionsstil-Dimensionen Internalität, Stabilität und Globalität korrespondieren sensu Kelley (1967; 1973) Einschätzungen des Konsensus ('tritt dieses Ereignis auch im Leben anderer Personen auf?'), der Konsistenz ('tritt dieses Ereignis häufig in meinem Leben auf?') und der Besonderheit ('treten vergleichbare Ereignisse auch in anderen Lebensbereichen auf?'). Allerdings wird von Vertretern der Hilflosigkeitstheorie betont, daß solche erfahrungsbezogenen Informationsquellen in Situationen der gelernten Hilflosigkeit häufig nicht verfügbar seien, und ihr ohnehin schwacher Einfluß durch generalisierte Überzeugungen der Ursachenwahrnehmung überdeckt werde (z.B. Alloy, 1982).

Mit dieser Hervorhebung individueller Attributionsstile für die Vorhersage kognitiver, motivationaler und emotionaler Hilflosigkeitsdefizite wurde die reformulierte Depressionstheorie Seligmans in ein Diathese-Streß-Modell eingebunden (Metalsky et al., 1982). Weder das Vorliegen depressiver Attributionstendenzen (Diathese-Faktor) noch das Auftreten belastender Lebensereignisse (Streß-Faktor) können allein und voneinander unabhängig depressive Reaktionen auslösen. Nur dann, wenn beide Faktoren aufeinandertreffen und zusammenwirken, soll die Vulnerabilität für Depressionen gesteigert werden.

Theoretischer Wandel im Forschungsprogramm

In der Reformulierung der Theorie der gelernten Hilflosigkeit durch Abramson, Seligman und Teasdale (1978) wurde ein zentrales Definitionsmerkmal jedes Forschungsprogramms erfüllt: seine Befähigung, die Entwicklung neuer Theorien und komplexerer Modelle der Wirklichkeit anzuregen. Die Reformulierung folgte sowohl den Regeln der negativen Heuristik als auch den Regeln der positiven Heuristik des Forschungsprogramms. Zunächst wurde der harte Kern der Theorie beibehalten. Die ursprüngliche Hilflosigkeitstheorie und ihre attributionstheoretische Reformulierung verbindet die Aussage, daß die Erwartung zukünftiger Unkontrollierbarkeit das Auftreten von Hilflosigkeitssymptomen verursacht. Diese unveränderte ‚Theorie der Defizite' sicherte die Kontinuität des Forschungsprogramms. Demgegenüber wurde der Schutzgürtel der Hilflosigkeitstheorie erneuert und fortentwickelt. Es wurde ein revidiertes Modell vorgelegt, auf dessen Grundlage die Bildung von Hilflosigkeitserwartungen vorhergesagt werden sollte. Die Einführung von Attributionen der wahrgenommenen Unkontrollierbarkeit diente dem Zweck, Bedingungen für das Auftreten des Transfers von Hilflosigkeit auf neue Situationen zu spezifizieren. Die Reformulierung von Abramson, Seligman und Teasdale läßt sich somit durch eine Wandlung der ‚Theorie der Generalisierung' und gleichzeitig durch eine Bewahrung der ‚Theorie der Defizite' auszeichnen.

Der theoretische Fortschritt der Modellrevision von Abramson, Seligman und Teasdale (1978) beruhte auf zwei Leistungen. Zum einen wurde ein Prädiktionsmodell für zukünftige Hilflosigkeitsstudien etabliert, mit dessen Hilfe sowohl das Auftreten als auch das Ausbleiben der Generalisierung von Hilflosigkeitserfahrungen erklärt werden sollten. Die attributionstheoretische Reformulierung eröffnete die Perspektive, Situationen zu prognostizieren, auf die Wahrnehmungen der Unkontrollierbarkeit übertragen werden. Zum anderen wurden frühere, modellkritische Befunde, welche den Einfluß attributionsbezogener Informationen auf das Auftreten von Hilflosigkeitsdefiziten demonstriert hatten, post hoc in Bestätigungen der neuen Theorie gewandelt (vgl. Abramson, Seligman & Teasdale, 1978).

KAPITEL 5

EMPIRISCHE EVIDENZ FÜR DAS ATTRIBUTIONSMODELL

Für die empirische Überprüfung des Attributionsmodells von Abramson, Seligman und Teasdale (1978) wurde eine Forschungsstrategie entwickelt, die Peterson und Seligman (1984, S. 354) auf folgende Weise charakterisierten. In Fragebogenstudien werden korrelative Zusammenhänge zwischen Ursachenzuschreibungen und depressiven Symptomen ermittelt. Die Erhebung von Längsschnittdaten dient dem Zweck, kausale Beziehungen zwischen Attributionsstilen und Depressionen festzustellen. In Feldexperimenten wird das Zusammenwirken von kritischen Lebensereignissen und negativistischen Attributionstendenzen in der Depressionsgenese untersucht. Laborexperimente sollen die Bedeutsamkeit globaler und stabiler Ursachenerklärungen für die Generalisierung von Hilflosigkeitsdefiziten demonstrieren. Schließlich wird durch Einzelfallstudien sichergestellt, daß die reformulierte Theorie der gelernten Hilflosigkeit auf reale Lebenssituationen anwendbar ist.

In den folgenden drei Abschnitten wird ein Überblick zur empirischen Evidenz für das Attributionsmodell der gelernten Hilflosigkeit gegeben. Die Darstellung orientiert sich an der von Peterson und Seligman (1984) ausgewiesenen Forschungsstrategie. Nach einer Einführung in die Messung von Attributionsstilen werden experimentelle Befunde zur Generalisierung von Hilflosigkeitsdefiziten berichtet. Anschließend werden Untersuchungen zum Depressionsmodell der gelernten Hilflosigkeit vorgestellt. Alle Studien, welche in diesem Kapitel erörtert werden, wurden als Bewährung des Attributionsmodells interpretiert.

Die Messung und Entstehung von Attributionsstilen

Um Hypothesen des revidierten Modells der gelernten Hilflosigkeit prüfen zu können, mußte zunächst ein Verfahren zur Bestimmung von Ursachenzuschreibungen entwickelt werden. Peterson und Seligman (1980) favorisierten die Messung von Attributionsstilen für hypothetische Ereignisse gegenüber einer Erhebung von Ursachenzuschreibungen für reale Ereignisse. Sie erwarteten, daß generalisierte Attributionspräferenzen eine zuverlässigere Schätzung interindividueller

Unterschiede gestatten würden. Darüberhinaus sollten überraschende und erwartungswidrige Hilflosigkeitserfahrungen ideale Projektionsfelder für individuelle Attributionstendenzen bieten.

Peterson, Semmel, Baeyer, Abramson, Metalsky und Seligman (1982) stellten ein Instrument für die Messung von Attributionsstilen vor. Im ‚Attributional Style Questionnaire' werden positive und negative Ereignisse in leistungsorientierten und sozialen Situationen beschrieben. Die Probanden sollen sich in die Situationen einfühlen, so als ob sie selbst diese Ereignisse erlebt hätten. Danach geben sie schriftlich an, auf welche Hauptursache sie ein Ereignis am ehesten zurückführen würden. Für die Messung der Attributionsstil-Dimensionen werden drei Skalen vorgelegt, auf denen Selbsteinschätzungen der Internalität, Stabilität und Globalität der Hauptursache vorgenommen werden.

Brunstein (1986a,b) hat einen deutschsprachigen ‚Attributionsstil-Fragebogen' vorgelegt, der sich an die Originalversion anlehnt. In diesem Instrument werden acht hypothetische, je zur Hälfte leistungs- und anschlußthematische Handlungssituationen beschrieben. Für jede Situation wird sowohl ein positives als auch ein negatives Handlungs-

---

SIE BEWERBEN SICH AUF EINE ANSTELLUNG, DIE IHNEN VIEL BEDEUTET

A) Ihre Bewerbung bleibt erfolglos.

1. Machen Sie bitte eine schriftliche Angabe zur Hauptursache:

....

....

2. Worauf führen Sie diese Ursache zurück?

überwiegend auf Eigen-		überwiegend auf Eigen-
schaften und Verhaltens-		schaften und Verhal-
weisen anderer Personen		tensweisen der eigenen
und auf äußere Umstände	1 2 3 4 5 6 7	Person

3. Wird sich diese Ursache auch zukünftig in einer solchen Situation auswirken?

| wird sich sehr sel- | | wird sich sehr häufig |
| ten erneut auswirken | 1 2 3 4 5 6 7 | erneut auswirken |

4. Beeinflußt diese Ursache auch andere Situationen in Ihrem Leben?

| beeinflußt nur diese | | beeinflußt sehr viele |
| besondere Situation | 1 2 3 4 5 6 7 | andere Situationen |

Abb. 4: Beispiel für die Präsentation der Items im Attributionsstil-Fragebogen.

ergebnis vorgestellt. Damit ergibt sich die Möglichkeit, ergebnisbedingte Attributionsstil-Diskrepanzen bei gleichbleibendem situativem Kontext zu ermitteln. Abbildung 4 gibt ein Beispiel für die Items des Fragebogens.

Kennwerte für die Attributionsstil-Dimensionen Internalität, Stabilität und Globalität werden getrennt für positive und negative Handlungsergebnisse bestimmt. Die gemeinsame Auswertung dieser drei Skalen führt zur Berechnung von Attributionsstil-Gesamtwerten. Brunstein (1986a,b), Peterson und Seligman (1984) sowie Peterson, Semmel et al. (1982) berichteten Ergebnisse zur Reliabilität und zur Kriteriumsvalidität dieser Fragebogen und beurteilten ihre Testqualität als zufriedenstellend.

Ursachenerklärungen und Attributionsstile werden in der reformulierten Hilflosigkeitstheorie als Risikofaktoren für das Auftreten von Leistungsstörungen und Depressionen betrachtet. Damit wird die Frage aufgeworfen, welche Sozialisationsvariablen Einfluß auf die Bildung von Attributionstendenzen nehmen. Zur Aufklärung dieser Fragestellung wurden bislang zwei Ansätze vorgelegt.

Dweck führte eine Serie von Studien zu geschlechtsspezifischen Differenzen in der Schule durch (vgl. Dweck & Licht, 1980). Schülerinnen im Altersbereich von zehn bis zwölf Jahren zeigten im Vergleich zu ihren männlichen Mitschülern besondere Anfälligkeit, Hilflosigkeitssymptome nach Mißerfolgserfahrungen zu entwickeln. Gleichzeitig bevorzugten sie in stärkerem Maße internale und stabile Ursachenerklärungen für negative Leistungsergebnisse. Dweck stellte systematische Zusammenhänge zwischen diesen Geschlechtsdifferenzen und Merkmalen der Lehrer-Schüler-Interaktion fest. Vor allem im Bekräftigungsverhalten der Lehrer traten kritische Unterschiede bei Jungen und Mädchen auf. Zunächst zeigten sich in der absoluten Häufigkeit positiver und negativer Lehrer-Rückmeldungen keine bedeutsamen Unterschiede. Während jedoch Jungen überwiegend für schlechtes Betragen getadelt wurden, bezogen sich negative Rückmeldungen bei Mädchen nahezu ausschließlich auf deren intellektuelles Vermögen. Schülerinnen wurden von ihren Lehrern als motiviert und diszipliniert erlebt, so daß Mißerfolge nur durch unzureichende Fähigkeiten erklärt werden konnten. Demgegenüber wurden schlechte Leistungen bei männlichen Schülern auf geringe Motivation und fehlende Anstrengungsbereitschaft zurückgeführt. Dweck konnte unter experimentellen Bedingungen nachweisen, daß ungünstige Bekräftigungsmuster, wie sie bei Mädchen in der Schule festgestellt worden waren, auch bei Jungen zu Fähigkeitsattributionen und Hilflosigkeitsreaktionen unter Mißerfolgsbedingungen führten.

Seligman, Peterson, Kaslow, Tannenbaum, Alloy und Abramson (1984) verfolgten die Fragestellung, ob Kinder Ursachenerklärungen von ihren Eltern lernen. Bei Müttern, Vätern und ihren Kindern (8 bis 13 Jahre) wurden Erhebungen zum Attributionsstil und zur Depressivität durchgeführt. Die Resultate zeigten, daß sowohl Attributionsstile als auch Depressionen von Müttern und Kindern bedeutsam korreliert waren. Demgegenüber ergaben sich beim Vergleich mit Vätern keine bedeutsamen Zusammenhänge. Seligman, Peterson et al. (1984) sahen in diesen Befunden einen Teufelskreis, der die Interaktion von Mutter und Kind bestimmt. Beide tragen dazu bei, daß depressive Attributionstendenzen und depressive Reaktionen wechselseitig verstärkt und stabilisiert werden. Vergleichbare Beziehungen sollten bei Vätern ausbleiben, weil sie weniger Zeit mit ihren Kindern verbringen und eine vergleichsweise untergeordnete Rolle in der Erziehung spielen.

Attributionen und die Generalisierung von Hilflosigkeit

Pasahow (1980) sowie Alloy, Peterson, Abramson und Seligman (1984) überprüften Vorhersagen der reformulierten Hilflosigkeitstheorie in zwei experimentellen Untersuchungen. Beide Studien behandelten mit unterschiedlichen Methoden die Generalisierung von gelernter Hilflosigkeit über Situationen. Während Pasahow die Globalität von Ursachenzuschreibungen durch Instruktionen manipulierte, wurden in dem Experiment von Alloy et al. individuelle Attributionsstile gemessen.

Pasahow verglich Testleistungen von Probanden, welche unter verschiedenen Attributionsbedingungen Anagramme lösen sollten. Zuvor waren in der Trainingsphase unlösbare Diskriminationsprobleme vorgelegt worden. Die Kontrollgruppe erhielt diese Aufgaben allerdings nur zur ästhetischen Betrachtung, während in den experimentellen Bedingungen Mißerfolge induziert wurden. Die Attributionen der Probanden wurden durch schriftliche Aufgabeninformationen beeinflußt. Versuchspersonen, welche Mißerfolge auf globale Ursachenfaktoren zurückführen sollten, erhielten die Instruktion, daß Erfolg oder Mißerfolg beim Bearbeiten der Trainingsaufgaben eine zuverlässige Leistungsdiagnose für andere experimentelle Aufgaben gestatten würden. Situationsspezifische Attributionen sollten demgegenüber durch die Instruktion hervorgerufen werden, daß der prognostische Wert der Trainingsleistung für das Abschneiden bei andersartigen Aufgabenstellungen gering sei.

Unter diesen Versuchsbedingungen traten deutliche Gruppenunterschiede auf. Teilnehmer, welche die Aufgaben unter spezifischen Attributionsbedingungen bearbeitet hatten, zeigten bessere Anagrammleistungen als Probanden der globalen Attributionsbedingung. Sie schnitten sogar ebensogut ab wie die Kontrollgruppe. Damit konnte die Hypothese bestätigt werden, daß durch die Induktion von spezifischen Ursachenerklärungen eine Generalisierung der gelernten Hilflosigkeit unterbunden werden kann. Dieser Befund wurde jüngst von Mikulincer (1986; Exp.1) repliziert.

Alloy, Peterson, Abramson und Seligman (1984) legten eine weiterführende Untersuchung zur Globalität von Hilflosigkeitsdefiziten vor. In den Vorhersagen dieser Studie wurden sowohl die Attributionspräferenzen der Probanden als auch die Ähnlichkeit der ursprünglichen Hilflosigkeitssituation mit der nachfolgenden Testsituation berücksichtigt. Es wurde erwartet, daß Personen mit globalen Ursachenerklärungen Hilflosigkeit auch über unähnliche Situationen generalisieren würden. Demgegenüber sollten bei Personen mit spezifischen Ursachenerklärungen nur dann Hilflosigkeitsdefizite auftreten, wenn beide Situationen hohe Ähnlichkeit aufweisen.

Diese Hypothesen wurden in zwei Teilstudien mit einem triadischen Versuchsplan überprüft. Präferenzen für globale versus spezifische Ursachenerklärungen in Mißerfolgssituationen wurden mit dem ‚Attributional Style Questionnaire' gemessen. In den Trainingsphasen wurden jeweils aversive Töne vorgegeben. Die Ähnlichkeit der Situationen wurde durch unterschiedliche Aufgabenstellungen manipuliert. Im ersten Experiment wurde die Bedingung ‚Ähnlichkeit' realisiert. Die Probanden erhielten in der Testphase die ‚hand shuttle box' als Aufgabe vorlegt. Training und Test wurden im gleichen Versuchsraum unter dem gleichen Versuchsleiter absolviert. Im zweiten Experiment wurde das Auftreten des Hilflosigkeitstransfers unter der Bedingung ‚Unähnlichkeit' untersucht. Die Probanden hatten Anagrammserien zu bearbeiten, die von einem neuen Versuchsleiter in einem anderen Versuchsraum präsentiert wurden. In beiden Studien wurden Hilflosigkeitsdefizite durch den Vergleich von Probandengruppen mit unkontrollierbarer versus kontrollierbarer Vorbehandlung gemessen.

Die Ergebnisse dieser Studie stimmten mit den Vorhersagen überein. In einer ähnlichen Testsituation (Experiment 1) zeigten Probanden mit globalen und Probanden mit spezifischen Attributionspräferenzen gleichermaßen Defizite beim Vermeiden aversiver akustischer Signale. Demgegenüber traten in einer unähnlichen Testsituation (Experiment 2) nur bei Probanden mit globalem Attributionsstil Leistungsdefizite beim Anagrammlösen auf. Diese Befunde bekräftigten das Attributionsmodell von Abramson, Seligman und Teasdale (1978). Die Globalität des Attributionsstils für negative Ereignisse bestimmte die Bandbreite der Generalisierung von Hilflosigkeitsdefiziten über Situationen.

Attribution und Depression: Untersuchungen zum Depressionsmodell der reformulierten Hilflosigkeitstheorie

Zur Überprüfung des Depressionsmodells von Abramson, Seligman und Teasdale (1978) wurden bislang mehr als 60 Studien vorgelegt (vgl. Peterson, Villanova & Raps, 1985). In diesem Abschnitt wird die empirische Evidenz in drei Themenbereichen zusammengefaßt: Attributionen in der Symptomatologie, in der Ätiologie sowie in der Therapie und Prävention depressiver Störungen. Jeder dieser Schwerpunkte wird durch charakteristische Untersuchungsbeispiele erläutert.

Attribution als Symptom der Depression

Im Mittelpunkt der ersten Untersuchungen zum revidierten Depressionsmodell der Hilflosigkeitstheorie stand die Fragestellung, ob sich depressive Personen durch negativistische Attributionstendenzen kennzeichnen lassen. Hierzu wurden zwei korrelationsstatistische Ansätze verfolgt. Zunächst sollte nachgewiesen werden, daß depressive Episoden mit depressiven Attributionstendenzen einhergehen. Seligman, Abramson, Semmel und Baeyer (1979) führten in einer studentischen Stichprobe Erhebungen zu depressiven Symptomen ('Beck Depression Inventory' BDI; Beck, 1967) und zur Ursachenerklärung für hypothetische Ereignisse durch ('Attributional Style Questionnaire' ASQ). Die Ausprägung der Depressivität korrelierte $r=.48$ mit Attributionsstil-Gesamtwerten für negative Ereignisse. In diesen Situationen bevorzugten Studenten mit hohen Depressionswerten im Vergleich zu Studenten ohne depressive Symptome eher internale, stabile und globale Ursachenzuschreibungen. Ebenso waren Attributionsstil-Gesamtwerte für positive Ereignisse mäßig, aber statistisch signifikant mit der Depressionsmessung korreliert ($r=-.22$).

Brunstein (1986a) legte eine vergleichbare Validierungsstudie zum deutschsprachigen Attributionsstil-Fragebogen (ASF) vor. Studentische Probanden sollten Angaben zu ihren Attributionspräferenzen für hypothetische Ereignisse (ASF) und zu ihren gegenwärtigen depressiven Beschwerden machen (BDI). Darüberhinaus wurden Befragungen zur Ursachenerklärung für real erlebte Ereignisse durchgeführt. Die Ergebnisse der Studie zeigten, daß Depressionswerte und Attributionsstile sowohl für negative Ereignisse ($r=.44$) als auch für positive Ereignisse ($r=-.35$) bedeutsam korreliert waren. Ein besonders starker Zusammenhang zwischen Attribution und Depression trat dann auf, wenn die Diskrepanz zwischen Ursachenpräferenzen für positive versus negative Handlungsergebnisse in gleichartigen Situationen berücksichtigt wurde ($r=-.56$). Zudem standen Attributionspräferenzen für hypothetische Ereignisse in systematischer Beziehung zur Internalität, Stabilität und Globalität der Ursachenerklärungen für real erlebte Ereignisse.

In einem zweiten Ansatz wurde die Hypothese überprüft, daß ‚heimtückische' Attributionsmuster (‚insidious attributional style') ein spezifisches Merkmal depressiver Störungen darstellen. In diesen Studien wurden klinische Patienten untersucht. Sowohl beim Vergleich unterschiedlicher psychischer und somatischer Erkrankungen als auch bei einer Gegenüberstellung verschiedenartiger Depressionsklassen fand diese Annahme empirische Unterstützung. Raps, Peterson, Reinhard, Abramson und Seligman (1982) sowie Brunstein (1986b) konnten zeigen, daß Depressive im Unterschied zu Schizophrenen und Borderline-Patienten ausgeprägte Tendenzen zur internalen, stabilen und globalen Attribution von negativen Ereignissen aufweisen. Demgegenüber traten zwischen nicht-depressiven psychiatrischen Gruppen und Chirurgie-Patienten, welche längere Zeit stationär behandelt wurden, keine Unterschiede in der Kausalattribuierung auf. Diese Befunde wurden durch eine Studie von Eaves und Rush (1984) ergänzt. Eaves und Rush fanden, daß depressive Patientengruppen, die sich in der Diagnose und im Verlauf ihrer Erkrankung deutlich unterschieden, gleichartige Präferenzen für internale, stabile und globale Ursachenerklärungen in aversiven Situationen zeigten.

Zusammenfassend führten die berichteten Untersuchungen zu zwei Ergebnissen (s.a. Sweeney, Anderson & Bailey, 1986). Erstens konnte gezeigt werden, daß Depressionen mit Tendenzen zur internalen, stabilen und globalen Attribution negativer Ereignisse einhergehen. Zweitens kennzeichnete dieser Attributionsstil unterschiedlichste Formen und Schweregrade depressiver Störungen. Er stellte jedoch kein allgemeines Merkmal psychischer Erkrankungen dar.

Attribution als Ursache der Depression

Attributionen werden im revidierten Depressionsmodell der Hilflosigkeitstheorie nicht nur als Symptome, sondern auch als Risikofaktoren der Depression aufgefaßt. Diese ursächliche Funktion läßt sich im Rahmen einfacher Korrelationsstudien nicht überprüfen. Vielmehr wird es erforderlich, Messungen zu mehreren Zeitpunkten durchzuführen. Daten aus Längsschnittstudien bieten die Möglichkeit, kausale Beziehungen zwischen Variablen zu überprüfen. Die einfachste Form eines Versuchsplans mit wiederholter Messung stellt die sogenannte ‚cross-lagged panel analysis' dar (vgl. Kenny, 1975; Kenny & Harakkiewitz, 1979). Hierbei werden zwei Variablen gemeinsam zu zwei Zeitpunkten erhoben. Diese quasi-experimentelle Anordnung gestattet es, kausale Beziehungen zwischen Variablen zu ermitteln, welche nicht manipuliert werden konnten.

Golin, Sweeney und Shaeffer (1981) wählten dieses Vorgehen, um das Depressionsmodell von Abramson, Seligman und Teasdale (1978) zu überprüfen. In einmonatigem Abstand wurden Erhebungen mit dem ASQ und dem BDI bei mehr als zweihundert Studenten vorgenommen. Anschließend führten Golin, Sweeney und Shaeffer eine ‚cross-lagged analysis' durch, um die kausale Prädominanz der einen oder der anderen Variable zu ermitteln. Werden Attributionsstil-Werte mit (A), Depressions-Werte mit (D) und die beiden Meßzeitpunkte mit (1) bzw. (2) bezeichnet, so läßt sich dieses Vorgehen folgendermaßen verdeutlichen. Für die Analyse der Kausalbeziehung zwischen (A) und (D) werden die zeitverschobenen Kreuzkorrelationen r(A1,D2) und r(D1,A2) ermittelt. (A) wird als Ursache für (D) betrachtet, wenn die Differenz r(A1,D2) − r(D1,A2) positiv ausfällt. Bei einem negativen Differenzwert wird hingegen angenommen, daß (D) eine Ursache für (A) darstellt. Golin, Sweeney und Shaeffer berücksichtigten in der Auswertung sowohl Gesamtwerte als auch Einzeldimensionen des Attributionsstils. Die Ergebnisse belegten die kausale Priorität des Attributionsstils für negative Ereignisse. Den stärksten Effekt auf die Höhe der Depressivität erzielte die Stabilitätsskala. Die zeitverschobenen Kreuzkorrelationen betrugen in diesem Fall r(A1,D2)=.32 und r(D1,A2)=.09.

Nolen-Hoeksema, Girgus und Seligman (1986), Peterson und Seligman (1980) sowie Seligman, Peterson et al. (1984) berichteten vergleichbare Befunde aus Untersuchungen mit Kindern zwischen acht und dreizehn Jahren. Messungen des Attributionsstils und der Depressivität wiesen in diesem Altersbereich bereits hohe Stabilität über die Zeit auf. Die Studien unterstrichen die depressiogene Funktion des Attributionsstils. Kinder, welche internalen, stabilen und globalen Ursachenerklärungen für negative Ereignisse zuneigten, zeigten später ein erhöhtes Risiko für das Auftreten von Depressionen.

Die bislang berichteten Studien konzentrierten sich ausschließlich auf den Nachweis, daß individuelle Attributionsstile die Auftretenswahrscheinlichkeit für Depressionen beeinflussen. In der Reinterpretation der Reformulierung von Abramson, Seligman und Teasdale (1978) wurde jedoch angenommen, daß depressive Attributionstendenzen nur dann depressive Episoden auslösen, wenn negative Lebensereignisse eintreten. Brunstein (1986a) berichtete zwar, daß depressive Studenten nicht nur ‚heimtückische' Attributionsmuster bevorzugten, sondern daß sie gleichzeitig angaben, häufig aversive Situationen erlebt zu haben. Eine angemessene Überprüfung des Diathese-Streß-Modells erfordert jedoch die Durchführung von prognostischen Studien. Hierbei werden Attributionspräferenzen bereits im voraus gemessen, um nachfolgend depressive Reaktionen beim Eintreten negativer Ereignisse vorhersagen zu können.

Metalsky, Abramson, Seligman, Semmel und Peterson (1982) sowie Metalsky, Halberstadt und Abramson (1987) realisierten diese Bedingung im Rahmen eines Feldexperiments. In beiden Studien wurden Studenten vor und nach dem Absolvieren einer akademischen Prüfung untersucht. Zu Beginn wurden die Attributionsstile der Probanden im ASQ erhoben. Um die Qualität des Prüfungsresultats festzustellen, wurden Differenzwerte zwischen dem Anspruchsniveau der Studenten und der Benotung des Prüfers berechnet. Als abhängige Variable wurden Veränderungen der affektiven Stimmung vor Beginn der Prüfung und nach Mitteilung der Benotung gemessen. Die Befunde der beiden Untersuchungen unterstützten die Vorhersagen des Diathese-Streß-Modells. Depressive Stimmungsverschlechterungen traten nur bei solchen Studenten auf, welche Merkmale des depressiven Attributionsstils aufwiesen und ihre Prüfung mit einer unzufriedenstellenden Leistung abgeschlossen hatten. Metalsky, Halberstadt und Abramson wiesen allerdings darauf hin, daß dieses Ergebnis vom Zeitpunkt der Stimmungsmessung beeinflußt wurde. Affektive Reaktionen, welche unmittelbar nach Mitteilung der Benotung auftraten, wurden ausschließlich von der Diskrepanz zwischen Anspruchsniveau und Prüferurteil beeinflußt. Demgegenüber ließen sich dauerhafte Stimmungsveränderungen, welche zwei Tage später gemessen wurden, nur durch die Interaktion von Attributionsstil und Prüfungsresultat aufklären.

Diese Befundlage bestätigte eine Grundannahme in der Emotionstheorie Weiners (1985a). Demzufolge wird der affektive Zustand, welcher unmittelbar nach einem Handlungsergebnis auftritt, durch die Bewertung des erzielten Resultats bestimmt. Für die positive oder negative Qualität solcher ‚ursprünglichen' Emotionen ist es allein entscheidend, ob ein angestrebtes Ziel erreicht oder verfehlt wurde. Erst nach dieser spontanen Reaktion beginnt die Suche nach Erklärungen. Ursachenzuschreibungen führen zu einer kognitiven Differenzierung der Stimmungslage. An die Stelle ergebnisabhängiger Affektzustände treten emotionale Reaktionen, die von der Attribution des Handlungsresultats bedingt werden.

Attribution in Therapie und Prävention der Depression

In der reformulierten Theorie der gelernten Hilflosigkeit werden Attributionsstile nicht nur als stabile und konsistente Eigenschaften von Personen aufgefaßt. Vielmehr wird gleichzeitig auf ihre Plastizität verwiesen und ihre Relevanz für therapeutische und präventive Maßnahmen betont (vgl. Peterson & Seligman, 1984). Veränderungen der individuellen Attributionstendenzen sollten Veränderungen in der Auftretenswahrscheinlichkeit von Depressionen zur Folge haben. Anschließend werden Untersuchungen berichtet, welche den Einfluß von Attributionen auf den Verlauf, die Therapie und die Prävention von Depressionen aufklären sollten.

Die erste Gruppe dieser Studien beschäftigte sich mit der Kovariation von Attribution und Depression im Verlauf eines stationären Klinikaufenthaltes. Hamilton und Abramson (1983) legten depressiven Patienten nach ihrer psychiatrischen Aufnahme und erneut vor ihrer Entlassung Fragebogen zum Attributionsstil (ASQ) und zur Depressivität (BDI) vor. Der stationäre Aufenthalt betrug durchschnittlich drei Wochen. Die Patienten wurden medikamentös behandelt und hatten Gelegenheit, an sozialtherapeutischen Aktivitäten teilzunehmen. Zwischen den beiden Zeitpunkten der Erhebung stellten Hamilton und Abramson sowohl eine Verminderung der depressiven Symptome als auch eine deutliche Zunahme selbstwertdienlicher Attributionstendenzen fest. Persons und Rao (1985) konnten dieses Ergebnis replizieren und durch weiterführende Befunde ergänzen. Im Verlauf des stationären Aufenthalts zeigten die Patienten nicht nur eine Reduzierung depressiver Beschwerden und Attributionstendenzen. Vielmehr veränderte sich über den Zeitraum der Erhebung auch die Beziehung zwischen Attributionsstil und Depression. Während Depressivität (BDI) zum Zeitpunkt der Aufnahme $r=.56$ mit der Internalität und $r=.57$ mit der Globalität des Attributionsstils für negative Ereignisse korrelierte, ergaben sich zum Zeitpunkt der Entlassung weder für Internalität ($r=.00$) noch für Globalität ($r=.29$) bedeutsamen Zusammenhänge.

Die Studien von Hamilton und Abramson (1983) sowie Persons und Rao (1985) verdeutlichten zwei wichtige Punkte. Zum einen wurde gezeigt, daß Attributionsstile auch über kurze Zeiträume Veränderungen unterliegen, die mit der Ausprägung depressiver Symptome kovariieren. Zum anderen kann sich auch die Beziehung zwischen Attributionsstil und Depression im Zeitverlauf verändern. Demzufolge wären Patienten, die sich in der Remissionsphase ihrer Depression befinden, in der Lage, negative Ereignisse auf internale, stabile und globale Ursachenfaktoren zurückführen, ohne erneut depressiv zu werden.

Mit diesen Studien konnten jedoch noch keine Aussagen zur Richtung der Wechselbeziehung zwischen Attribution und Depression getroffen werden. In den beiden folgenden Untersuchungen wurde die ursächliche Funktion von Attributionen für die Veränderung von depressiven Defiziten überprüft. Zunächst führten Miller und Norman (1981) eine experimentelle Studie durch, in der sie Effekte unterschiedlicher Erfolgserklärungen auf die affektive Stimmung und die Leistungsfähigkeit bei depressiven und hilflosen Personen untersuchten. Sie unterschieden depressive Patienten mit akuten Symptomen von depressiven Patienten, die sich in einer Remissionsphase befanden. Nur in der letztgenannte Gruppe wurde eine Hilflosigkeitsinduktion durchgeführt. In der Testphase des Experiments sollten beide Gruppen Anagramme bearbeiten. Zuvor wurde jedoch eine Intervention durchgeführt. Die Teilnehmer sollten einen Test zur ‚sozialen Intelligenz' bearbeiten. Anschließend erhielten sie die Rückmeldung, daß sie die Aufgaben sehr gut gelöst hätten. Diese Erfolgsinduktion wurde mit Instruktionen verbunden, welche die Internalität und Globalität der Attribution beeinflussen sollten. Entweder wurde eine Ursachenzuschreibung auf hohe Fähigkeit (internal) oder auf geringe Schwierigkeit (external) nahegelegt. Außerdem wurden Hinweise gegeben, daß diese Ursachenfaktoren von großer Bedeutung (global) oder von geringer Bedeutung (spezifisch) für die erfolgreiche Bearbeitung der folgenden Testaufgaben seien. Am Ende der Interventionsphase wurden Stimmungszustände mit einem Fragebogen gemessen.

Die Ergebnisse der Studie bestätigten die Erwartungen von Miller und Norman (1981). Erfolgserlebnisse führten bei depressiven und hilflosen Patienten zu einer deutlich besseren Stimmungslage, wenn sie auf internale Ursachenfaktoren zurückgeführt werden konnten. Demgegenüber wurde ein hohes Leistungsniveau beim Anagrammlösen nur dann erzielt, wenn sowohl internale als auch globale Erfolgsursachen induziert worden waren. Im Gegensatz zum Attributionsmodell von Abramson, Seligman und Teasdale (1978) beeinflußte die Internalitätsdimension somit nicht nur affektive Selbstbewertungsfolgen, sondern auch die Leistungseffizienz bei depressiven und hilflosen Probanden.

Peterson, Luborsky und Seligman (1983) untersuchten den Einfluß von Attributionen auf die Stimmungslage in einer klinischen Einzelfallstudie. Sie analysierten Therapieprotokolle des Patienten Mr.Q, der sich über vier Jahren in psychoanalytischer Behandlung befand. Mr.Q litt an manisch-depressiven Stimmungsschwankungen. Aus mehr als 200 Therapiesitzungen, die auf Band aufgezeichnet worden waren, wählten Peterson, Luborsky und Seligman zwölf Einzelstunden aus: vier Sitzungen, in denen Mr.Q depressive Stimmungsverschlechterungen gezeigt hatte, fünf Sitzungen mit Stimmungsverbesserungen und zum Vergleich drei Sitzungen ohne feststellbare emotionale Schwankung. Die Auswertung der Therapieprotokolle wurde mit der ‚Symptom-Kontext-Methode' von Luborsky und Auerbach (1969) durchgeführt. Vor und nach jeder Stimmungsveränderung wurden Protokollabschnitte von 400 Worten inhaltsanalytisch ausgewertet. Attributionsbezogene Aussagen wurden transkribiert und von Beurteilern nach den Dimensionen Internalität, Stabilität und Globalität klassifiziert.

Peterson, Luborsky und Seligman (1983) fanden, daß depressiven Stimmungsverschlechterungen Attributionen hoher Internalität, Stabilität und Globalität vorausgingen, während nach externalen, instabilen und globalen Ursachenerklärungen Stimmungsverbesserungen erfolgten. Demgegenüber traten zwischen Attributionen vor und nach einer Veränderung der Stimmungslage keine Unterschiede auf. Peterson, Luborsky und Seligman interpretierten diese Befunde als Bestätigung ihres Depressionsmodells. Im Fall Mr.Q führten Veränderungen der Attribution zu Veränderungen der depressiven Symptome. Umgekehrt erwiesen sich Attributionen gegenüber Stimmungsschwankungen als stabil.

Ein von Seligman (Peterson & Seligman, 1984; Seligman & Elder, 1986) kürzlich angeregter Forschungsansatz besteht in dem Versuch, die Analyse von Risikofaktoren für Hilflosigkeit und Depression in eine entwicklungspsychologische Perspektive einzubinden. Dieser Ansatz beruht auf der Annahme, daß frühe Erfahrungen der Kontrollierbarkeit versus Unkontrollierbarkeit in belastenden Lebenssituationen langfristige Auswirkungen auf die psychophysische Anpassungsfähigkeit in späteren Altersbereichen erzielen. Ebenso wie im experimentellen Modell soll die Generalisierung von Hilflosigkeitserfahrungen über die Lebensspanne durch individuelle Attributionsstile beeinflußt werden. Frühe Erfahrungen, Kontrolle auch in aversiven Situationen ausüben zu können, sowie der Aufbau eines ‚antidepressiven' Attributionsstils sollen dazu beitragen, Menschen in ihrem Lebenslauf gegen Hilflosigkeit und Depression zu immunisieren, ihre Bewältigungsressourcen zu stärken und ihre Anpassungsfähigkeit zu unterstützen. Demgegenüber sollen frühe Erfahrungen der Unkontrollierbarkeit und die Entwicklung depressiver Attributionsstile das Risiko erhöhen, auch auf spätere Belastungssituationen hilflos und depressiv zu reagieren.

Diese Hypothesen werden gegenwärtig sowohl in tierexperimentellen Studien als auch durch Reanalyse vorliegender Längsschnittdaten („Berkeley-Oakland Growth Study') überprüft. Seligman und Elder berichteten vorläufige Ergebnisse, die sie im Hinblick auf das Depressionsmodell der gelernten Hilflosigkeit als vielversprechend bewerteten.

KAPITEL 6

ANALYSE DES THEORETISCHEN FORTSCHRITTS DES FORSCHUNGSPROGAMMS

Eine neue Theorie wird nur dann als Fortschritt in der Entwicklung eines Forschungsprogramms betrachtet, wenn sie empirischen Überschußgehalt aufweist. Im Vergleich zu ihren Vorläufern muß sie neue Tatsachen vorhersagen und alte Probleme lösen können. Sie soll dazu beitragen, das heuristische Potential eines Forschungsprogramms zu steigern.

In diesem Kapitel wird der theoretische Fortschritt im Attributionsmodell von Abramson, Seligman und Teasdale (1978) erörtert. Im Mittelpunkt der Diskussion stehen zwei Kritikpunkte. Erstens haben Abramson, Seligman und Teasdale (1978) das Konzept der (Un-)Kontrollierbarkeit von einer attributionstheoretischen Reformulierung ausge- schlossen. Zweitens enthält die Modellrevision keine zufriedenstellenden Aussagen über die Initiierung von Bewältigungsstrategien nach unkontrollierbaren Ereignissen. Nach einer kurzen Einführung in die Problemstellung wird diese Kritik in vier Fragen konkretisiert: (a) der Frage nach der Genese der gelernten Hilflosigkeit; (b) der Frage nach der Adaptivität von Überzeugungen der Unkontrollierbarkeit; (c) der Frage nach der Bedeutung von Attributionen für die Handlungsregulation in Hilflosigkeitsepisoden; (d) der Frage nach funktionalen Aspekten von Erwartungen und Symptomen der Hilflosigkeit.

Kontingenz, Kontrolle und Attribution

Im Attributionsmodell der gelernten Hilflosigkeit wurde angenommen, daß Wahrnehmungen der Unkontrollierbarkeit die Suche nach Ursachenerklärungen auslösen. Attributionen sind Wahrnehmungen der Unkontrollierbarkeit zeitlich nachgeordnet. Die Einschätzung, in welchem Maße das Auftreten von Ereignissen durch eigenes Handeln beeinflußt werden kann, ist von der Ursachenzuschreibung unabhängig.

Das Konzept der Kontrolle wird nicht nur in der Theorie der gelernten Hilflosigkeit, sondern auch in der Attributionsforschung verwendet.

Nach Seligman (1975) wird die (Un-)Kontrollierbarkeit einer Situation durch die Kontingenzbeziehung zwischen Reaktionen und Konsequenzen bestimmt. Eine Situation ist dann unkontrollierbar, wenn alle ausführbaren Reaktionen ohne Einfluß auf das Auftreten positiver oder negativer Konsequenzen bleiben (vgl. Kapitel 2). Demgegenüber wird Kontrollierbarkeit in der Attributionstheorie Weiners (1979; 1985a) als Klassifikationsmerkmal für Ursachenzuschreibungen aufgefaßt. Ursachenfaktoren sind kontrollierbar, wenn sie willkürlich beeinflußt und verändert werden können.

Hilflosigkeitsforschung und Attributionsforschung unterscheiden sich somit in dem Bedeutungsgehalt, welchem sie dem Begriff der Kontrolle zuordnen. Abramson, Seligman und Teasdale (1978) verzichteten darauf, Kontrollierbarkeit als Dimension der Ursachenzuschreibung zu berücksichtigen. Im Vergleich zur Stabilität und Globalität von Attributionen enthalte Kontrollierbarkeit keine zusätzlichen, verhaltensrelevanten Informationen (vgl. Peterson & Seligman, 1980; Peterson, Schwartz & Seligman, 1981). Demgegenüber vertraten Wortman und Dintzer (1978) den Standpunkt, daß Kontrollierbarkeit als Merkmal der Ursachenzuschreibung zentralen Stellenwert in einem Attributionsmodell der gelernten Hilflosigkeit erhalten müsse. Im Mittelpunkt dieser Diskussion steht die Frage, welche Dimensionen von Kausalfaktoren bedeutsamen Einfluß auf die Bewältigung und Generalisierung von Hilflosigkeitserfahrungen nehmen.

Erste Aufschlüsse zu dieser Fragestellung gestatteten Studien, in denen situative Auslösebedingungen für die Zuschreibung von Ursachenerklärungen untersucht wurden. Weiner (1985b) berichtete, daß spontane Attributionsprozesse vorwiegend nach dem Eintreten unerwarteter, aversiver Ereignisse auftreten. Wong und Weiner (1981) ermittelten zudem charakteristische Heurismen der Ursachensuche. Attributionale Fragestellungen bezogen sich vorrangig auf die Dimensionen Kontrolle und Internalität. Die Aufmerksamkeit der Versuchsteilnehmer richtete sich gerade auf jene Dimensionen der Ursachenzuschreibung, welche Abramson, Seligman und Teasdale (1978) in der Vorhersage der Generalisierung von Hilflosigkeitsdefiziten vernachlässigt hatten. Demgegenüber nahmen Fragen nach der Stabilität und Globalität von Ursachenzuschreibungen einen untergeordneten Stellenwert in der Beurteilung von Kausalfaktoren ein. Wong und Weiner (1981) zogen aus ihren Befunden die Schlußfolgerung, daß Einschätzungen der Kontrollierbarkeit von Ursachenfaktoren verhaltensrelevante Informationen enthalten. Sie beeinflussen die Initiierung angemessener Bewältigungsstrategien beim Eintreten aversiver Ereignisse.

Anderson und Arnoult (1985a) haben diesen Standpunkt weitergeführt. Um systematische Beziehungen zwischen Attribution und Verhalten aufklären zu können, müssen (a) unterschiedliche zeitliche Bezugspunkte in der Einschätzung von Kontrolle und (b) verschiedenartige Handlungsphasen, in denen Kontrolle ausgeübt werden kann, berücksichtigt werden. Retrospektive Einschätzungen der Kontrollierbarkeit beeinflussen die Bereitschaft, persönliche Verantwortung für vorliegende Handlungsresultate zu übernehmen. Ursachenzuschreibungen auf kontrollierbare Faktoren zeigen an, daß ein Ereignis durch eigenes Handeln beeinflußt werden konnte. Prospektive Einschätzungen der Kontrollierbarkeit bestimmen hingegen das Verhalten gegenüber bevorstehenden Handlungssituationen. Erwartet eine Person, daß zukünftige Handlungsergebnisse durch kontrollierbare Faktoren beeinflußt werden, so wächst ihre Bereitschaft, besondere Anstrengungen aufzubringen. Es liegt in ihrer Hand, ob sie ein positives oder ein negatives Resultat erzielen wird.

Weiterhin läßt sich unterscheiden, ob Kontrolle erst nach oder bereits vor dem Eintreten kritischer Ereignisse ausgeübt werden kann. Im ersten Fall bezieht sich Kontrolle auf die Bewältigung von Ereignissen, die in einer Handlungssituation aufgetreten sind. Im zweiten Fall werfen Einschätzungen der Kontrollierbarkeit die Frage auf, ob sich die Wahrscheinlichkeit für das Auftreten solcher Ereignisse bereits im voraus beeinflussen läßt. Kontrolle kann zum Beispiel durch präventive Maßnahmen erzielt werden. Dabei werden Handlungen ausgeführt, die zur Abwendung von Gefahren und Überforderungen beitragen. Präventive Maßnahmen ergreift ein Student, der sich rechtzeitig und sorgfältig auf ein Examen vorbereitet, ebenso wie ein Autofahrer, der seinen Wagen rücksichtsvoll und mit angemessener Geschwindigkeit durch den Verkehr steuert. Ebenso kann Kontrolle über das Auftreten von kritischen Ereignissen durch die Auswahl und Gestaltung von Situationen erreicht werden. Dabei werden Situationen vermieden, die unwägbare Gefahren und Überforderungen mit sich bringen, während Situationen, die sich im Rahmen verfügbarer Handlungskompetenzen erfolgreich bewältigen lassen, bevorzugt und aufgesucht werden. Möglichkeiten zur Kontrolle durch Beeinflussung von Situationen hat ein Student, der seinen Prüfer und Schwerpunktthemen seines Examens frei wählen kann. Kontrolle übt in dieser Hinsicht auch ein Autofahrer aus, der unfallträchtige Strecken vermeidet, verkehrsgünstige Zeiten bevorzugt und der gegebenenfalls auf öffentliche Verkehrsmittel ausweicht. Werden jedoch vorhandene Möglichkeiten vernachlässigt, kritische Ereignisse durch präventives Handeln oder günstige Situationswahl zu unterbinden, so kann es nachfolgend zu Situationen kommen, über die keinerlei Kontrolle besteht. So zum

Beispiel wenn sich ein schlecht vorbereiteter Student in der Prüfungssituation hoffnungslos überfordert sieht, oder wenn ein rücksichtsloser Autofahrer in einer unfallträchtigen Situation sein Steuer nicht mehr unter Kontrolle halten kann.

Abramson, Seligman und Teasdale (1978) ließen Kontrollierbarkeit als Dimension der Ursachenzuschreibung unberücksichtigt. Ebenso blieben unterschiedliche Zeitperspektiven der Kontrolleinschätzung und verschiedenartige Phasen bei der Ausübung von Kontrolle unbeachtet. Dieses Versäumnis hatte substantielle Begrenzungen im theoretischen und empirischen Gehalt der Hilflosigkeitsforschung zur Folge. In der anschließenden Diskussion wird diese Aussage näher begründet.

Kausalhypothesen in der Genese der gelernten Hilflosigkeit

Abramson, Seligman und Teasdale (1978) stellten den Transfer von Hilflosigkeitsdefiziten in den Mittelpunkt ihres Attributionsmodells. Dabei setzten sie voraus, daß Hilflosigkeit in einer unkontrollierbaren Trainingssituation gelernt wird. Entsprechend sollten Ursachenerklärungen nur die Generalisierung, nicht aber bereits die Genese der gelernten Hilflosigkeit beeinflussen. Die Frage, welche Merkmale und Bedingungen das Auftreten von Wahrnehmungen der Hilflosigkeit bestimmen, blieb in der Reformulierung von Abramson, Seligman und Teasdale ungeklärt.

Heckhausen (1980, S. 499) stellte ein Attributionsmodell der Mißerfolgsverarbeitung vor, in dem mehrere Stadien der Hilflosigkeitsgenese unterschieden wurden. Heckhausen ging davon aus, daß Hilflosigkeit in einer Leistungssituation erst dann gelernt wird, wenn die Lösung einer Aufgabenstellung nicht mehr erreichbar erscheint. Bevor dieses Stadium auftritt, muß jedoch die Frage geklärt werden, auf welche Einflußfaktoren die fehlende Lösungseinsicht zurückzuführen ist. Anfängliche Fehlversuche werfen eine Reihe unterschiedlicher Attributionshypothesen auf: Muß ich mich mehr anstrengen? Sind die Aufgaben zu schwierig? Fehlt es mir an ausreichenden Fähigkeiten? Diese Hypothesen werden nachfolgend überprüft, indem der Anstrengungsaufwand verstärkt wird. Es werden neue Lösungswege erprobt, und die Konzentration wird gesteigert. Erst wenn diese Bemühungen erfolglos bleiben, wird die Ursache des Mißerfolgs persönlichem Unvermögen zugeschrieben. Die Situation erscheint unkontrollierbar. Die Person nimmt wahr, daß sie hilflos ist.

Heckhausens Stadienmodell gestattet zwei wichtige Schlußfolgerungen: Erstens wird Faktoren der persönlichen Anstrengung eine zentrale Rolle in der Hilflosigkeitsgenese zugewiesen. Eine Versuchsperson, die beim Bearbeiten unlösbarer Aufgaben hilflos wird, ist davon überzeugt, daß alle Bemühungen, die sie zur Intensivierung ihrer Anstrengungen und zur Verbesserung ihrer Lösungsstrategien aufbringen kann, vergeblich sind. Eine veränderte Situation ergibt sich hingegen, wenn Anstrengung und strategische Effizienz als Ursachenfaktoren der Leistung betrachtet werden und gleichzeitig steigerungsfähig erscheinen. Trotz der Wirkungslosigkeit bisheriger Lösungsbemühungen kann in diesem Fall die Überzeugung aufrechterhalten werden, Kontrolle über Erfolg und Mißerfolg ausüben zu können.

Der Einfluß von Anstrengungsattributionen auf das Erlernen von Hilflosigkeit läßt sich anhand von Seligmans (1975) Konzept der Unkontrollierbarkeit verdeutlichen. Seligman hat Unkontrollierbarkeit als quantitative Ausdehnung von Nonkontingenz-Wahrnehmungen definiert (vgl. Kapitel 2). Dabei ließ er die Frage offen, unter welchen Bedingungen wahrgenomme Nonkontingenz in wahrgenommene Unkontrollierbarkeit generalisiert wird. Diese Generalisierung setzt voraus, daß kontrollierbare Faktoren als Ursachenhypothesen für unerwünschte Handlungsergebnisse ausgeschlossen werden. Beim Auftreten unerwarteter Schwierigkeiten in einer Leistungssituation wird eine Person solange keine Hilflosigkeit wahrnehmen, wie sie davon überzeugt ist, daß (a) positive und negative Handlungsergebnisse durch den eingesetzten Anstrengungsaufwand beeinflußt werden können, und daß sie (b) in der Lage ist, zusätzliche Anstrengungsreserven zu mobilisieren.

Ein realistisches Beispiel für das Erlernen von Hilflosigkeit stellt eine Prüfungssituation dar, in der ein Examenskandidat hohe Leistungsangst erlebt und seine fachlichen Kenntnisse nicht mehr unter Beweis stellen kann. Hilflos ist dieser Examenskandidat nicht nur, weil er keine Mög- lichkeit sieht, seine Ängstlichkeit zu beherrschen. Vielmehr beeinträchtigt seine Angst auch die förderliche Wirkung von Leistungsfaktoren, die er selbst beeinflussen kann. Trotz hoher Anstrengungsbereitschaft und guten fachlichen Kenntnissen kann er eine negative Leistungsbewertung nicht verhindern. Dieses Beispiel zeigt, daß be-reits die Genese der gelernten Hilflosigkeit durch Ursachenzuschreibungen beeinflußt wird. Hilflosigkeit wird dann erlebt, wenn kontrollierbare Faktoren ohne vorteilhaften Einfluß auf das Auftreten von positiven Ereignissen bleiben. Diese Wirkungslosigkeit wird dem nachteiligen Einfluß unkontrollierbarer Ursachenfaktoren zugeschrieben.

Die zweite Konsequenz, die sich aus Heckhausens (1980) Attributionsmodell ziehen läßt, betrifft das Auftreten von Reaktanzeffekten in Hilflosigkeitsexperimenten. Soweit unbeeinflußbare Mißerfolgsinduktionen beendet werden, bevor das Stadium der gelernten Hilflosigkeit erreicht wurde, bieten nachfolgende Leistungssituationen eine gute Gelegenheit, sich der eigenen Fähigkeiten zu vergewissern. Die Bereitschaft zu erhöhter Anstrengung wird auf die neue Aufgabenstellung übertragen und führt dort zu verbesserten Leistungen. Wortman und Dintzer (1978) vertraten einen verwandten Standpunkt. Wenn Ursachenzuschreibungen für Mißerfolgserfahrungen mit hoher subjektiver Unsicherheit verbunden sind, werden sich Personen besonders bemühen, zusätzliche Informationen in neuen Handlungssituationen einzuholen. Ebenso wie Heckhausen nahmen auch Wortman und Dintzer an, daß das Selbstkonzept der eigenen Fähigkeiten im Mittelpunkt dieser Informationssuche steht. Daher werden Personen zu besonderen Anstrengungen veranlaßt. Die Arbeiten von Heckhausen (1980) sowie Wortman und Dintzer (1978) verdeutlichten, daß eine sorgfältige Analyse der Hilflosigkeitsgenese wichtige Aufschlüsse über das Verhalten in neuen Anforderungssituationen gestattet.

Attribution und Anpassung: Die adaptive Bedeutung wahrgenommener Unkontrollierbarkeit

Abramson, Seligman und Teasdales (1978) einseitige Orientierung auf den Transfer von Hilflosigkeitsdefiziten zeigte sich nicht nur in der Vernachlässigung der Hilflosigkeitsgenese. Vielmehr wurden auch Wahrnehmungen der Unkontrollierbarkeit allein unter dem Gesichtspunkt ihrer Generalisierung auf zukünftige Situationen erörtert. Die gesamte Aufmerksamkeit richtete sich auf die Frage, unter welchen Bedingungen die Erwartung gebildet wird, daß sich unkontrollierbare Ereignisse wiederholen werden. Aber auch bei geringer Wiederholungsgefahr können aversive Hilflosigkeitssituationen mit langfristigen Konsequenzen verbunden sein.

Damit stellt sich die Frage, auf welche Weise Ursachenerklärungen die Bewältigung der Folgen von Hilflosigkeitserfahrungen beeinflußen. Zu Beginn dieses Kapitels wurde kontrollierende Maßnahmen vor und nach dem Auftreten von kritischen Ereignissen unterschieden. Aus dieser Unterscheidung läßt sich nun die Schlußfolgerung ziehen, daß Hilflosigkeitssituationen selbst ‚verschuldet' werden können. In solchen Fällen führt die Konfrontation mit überhöhten Anforderungen zwar zu Hilflosigkeit. Das Auftreten dieser Überforderung hätte jedoch durch präventive Maßnahmen verhindert oder durch die Vermeidung bedrohlicher Gefahrensituationen abgewendet werden können. Unkontrollierbare Hilflosigkeitsepisoden können in der retrospektiven Attribution somit auf kontrollierbare Ursachenfaktoren zurückgeführt werden.

Janoff-Bulman und Wortman (1977) sowie Rogner, Frey und Havemann (1987) berichteten, daß Ursachenzuschreibungen auf kontrollierbare Faktoren zu erheblichen Problemen in der Bewältigung kritischer Lebensereignisse führen können. Im Mittelpunkt dieser Studien stand der Heilungsverlauf und die Rehabilitation von Unfallopfern. In beiden Untersuchungen erwiesen sich retrospektive Wahrnehmungen der Kontrolle als bedeutsame Indikatoren der erfolgreichen Bewältigung. Patienten, welche überzeugt waren, daß sie ihren Unfall hätten vermeiden können, zeigten sowohl Verzögerungen im Verlauf des Heilungsprozesses als auch Beeinträchtigungen in der Anpassung an ihre schwierige Lebenssituation.

Unfälle stellen abgeschlossene Ereignisse dar. Bei der Bewältigung des Unfallgeschehens geht es vor allem darum, mit den somatischen und psychischen Folgen des Unfalls fertig zu werden. Diese Aufgabe tritt besonders dann in den Vordergrund, wenn ein Unfall mit dauerhaften Beeinträchtigungen verbunden ist. Die Unfallopfer in der Untersuchung von Janoff-Bulman und Wortman (1977) litten zum Beispiel unter Querschnittslähmungen. Nach ihrem Unfall wurden sie daher mit einer besonders schwierigen und völlig veränderten Lebenssituation konfrontiert. Soweit aversive Ereignisse bereits eingetreten sind und schwerwiegende Folgen nach sich ziehen, können hohe retrospektive Kontrolleinschätzungen besonders belastend wirken, zu Selbstvorwürfen und Schuldgefühlen führen und die Entwicklung adaptiver Bewältigungsstrategien behindern. Die Einschätzung, nicht nur beim Eintreten des Ereignisses hilflos, sondern an seinem Auftreten auch schuldlos gewesen zu sein, fördert in diesem Fall, ein Ereignis als unveränderbar zu akzeptieren. Die Aufmerksamkeit wird von der Frage ‚was hätte ich tun können' gelöst und auf die Frage ‚was kann ich jetzt tun' gelenkt.

Eine völlig veränderte Situation ergibt sich, wenn Einschätzungen der Unkontrollierbarkeit zukunftsgerichtet vorgenommen werden. In der Studie von Rogner, Frey und Haveman (1987) zeigte sich, daß die Behandlungsdauer bei Unfallpatienten kürzer ausfiel, wenn sie überzeugt waren, positiven Einfluß auf ihren Genesungsprozeß nehmen zu können. Retrospektiv wahrgenommene Unkontrollierbarkeit über die Unfallursache und prospektiv wahrgenommene Kontrolle über Einflußfaktoren des Heilungsprozesses trugen gleichermaßen zum erfolgreichen Abschluß der Behandlung bei.

Diese Resultate sind für die Hilflosigkeitsforschung aus zwei Gründen bedeutsam. Zum einen demonstrieren sie die adaptive Bedeutung von Überzeugungen der Unkontrollierbarkeit. Retrospektiv wahrgenommene Unkontrollierbarkeit über das Auftreten von aversiven Ereignissen begünstigt die erfolgreiche Bewältigung von dauerhaften Ereignisfolgen. Nach Rogner, Frey und Havemann (1987, S. 23) führen Ursachenzuschreibungen auf kontrollierbare Faktoren zu einer gedanklichen Fixierung auf das erlebte Ereignis und zu andauerndem Grübelein über das eigene Fehlverhalten. Sie enthalten aber keine hilfreichen Informationen darüber, welche Faktoren für die Bewältigung der Folgen eines Ereignisses relevant sind, und wie diese Faktoren beeinflußt werden können.

Zum anderen zeigen die berichteten Befunde, daß die Anwendbarkeit des Hilflosigkeitsmodells von Abramson, Seligman und Teasdale (1978) engen Grenzen unterliegt. Sowohl Silver, Wortman und Klos (1982) als auch Brewin (1985) haben darauf hingewiesen, daß Hilflosigkeit und Depression in realen Lebenssituationen häufig durch singuläre und seltene Ereignisse ausgelöst werden. Demgegenüber beruht die Theorie der gelernten Hilflosigkeit auf einem Paradigma, in dem häufig wiederkehrende Stressoren in ähnlichen Situationen verabreicht werden. Unter diesen verschiedenartigen Bedingungen müssen unterschiedliche Auswirkungen von Kontrolleinschätzungen berücksichtigt werden. Während wahrgenommene Kontrolle über bereits abgeschlossene Ereignisse zu Schwierigkeiten führen kann, mit den langfristigen Folgen dieser Ereignisse fertig zu werden, macht es die Kontrolle bei wiederkehrenden Ereignissen möglich, Hilflosigkeit in der Zukunft zu verhindern. Dieser zuletztgenannte Fall wird im folgenden Abschnitt ausführlicher diskutiert.

Attribution und Handeln

Nach Abramson, Seligman und Teasdale (1978) führen Hilflosigkeitsattributionen auf stabile und globale Faktoren zu Erwartungen der Unkontrollierbarkeit. Demgegenüber unterbinden instabile und spezifische Ursachenerklärungen die Generalisierung von Hilflosigkeitsdefiziten auf neue Situationen. In diesem Modell werden somit zwei Fälle unterschieden. Zum einen können (stabile und globale) Attributionen negative Auswirkungen auf das zukünftige Handeln einer Person nehmen. In diesem Fall führen sie zu kognitiven und motivationalen Defiziten. Zum anderen können (instabile und spezifische) Attributionen das Auftreten von Defiziten unterbinden. In diesem Fall bleibt das Verhalten einer Person unverändert. Die erlebte Hilflosigkeitserfahrung hat keine Konsequenzen für zukünftige Handlungssituationen.

In diesem Modell bleibt eine dritte Möglichkeit unbeachtet. Können Attributionen zu positiven Veränderungen des Verhaltens führen? Können Personen durch Ursachenzuschreibungen veranlaßt werden, besonders intensive Bemühungen aufzubringen, um das Auftreten neuer Hilflosigkeitssituationen zu verhindern? Gerade für diese Fragestellung erweist sich Kontrollierbarkeit als entscheidende Dimension der Ursachenzuschreibung. Soweit mit einer Wiederholung aversiver Ereignisse gerechnet werden muß, zeigen prospektive Einschätzungen der Kontrolle an, ob neue Bedrohungen durch präventive Maßnahmen abgewendet werden können.

Weiner (1979; 1985a; Wong & Weiner, 1981) hat darauf hingewiesen, daß Einschätzungen der Kontrollierbarkeit von Ursachenfaktoren hohe subjektive Priorität genießen. Nach seiner Auffassung läßt sich die Attributionsdimension Kontrolle nicht auf alternative Dimensionen reduzieren. Anderson und Arnoult (1985a,b) konnten den spezifischen Informationsgehalt von Kontrolleinschätzungen empirisch belegen. Ihre Befunde zeigten, daß sich Symptome der Depressivität, Einsamkeit und Schüchternheit am besten aus Einschätzungen der Kontrollierbarkeit von Ursachenfaktoren vorhersagen ließen. Im Vergleich zur Internalität, Stabilität und Globalität erwies sich Kontrollierbarkeit dabei als prognostisch überlegene Dimension des Attributionsstils.

Anderson und Arnoult (1985a, S. 253) betonten den zukunftsgerichteten Charakter ihrer Befragung. Kontrolle faßten sie als wahrgenommene Fähigkeit auf, Einflußfaktoren für bevorstehende Situationen vorteilhaft zu verändern. Die Bedeutsamkeit solcher Einschätzungen für Motivation und Handeln wird durch Studien zur Bewältigung risikoreicher Erkrankungen besonders deutlich. So führten zum Beispiel Bar-On (1987) sowie Taylor, Lichtman und Wood (1984) Untersuchungen zum Einfluß von Attributionen auf den Behandlungserfolg bei Patienten mit Herzinfarkt und bei Patientinnen mit Brustkrebs durch. In beiden Studien standen prospektive Einschätzungen der Kontrolle in systematischer Beziehung zu Kriterien der physischen und psychosozialen Anpassung. Herzinfarkt-Patienten, welche überzeugt waren, Risikofaktoren ihrer Erkrankung beeinflussen zu können, fühlten sich vergleichsweise gesünder und nahmen zu einem früheren Zeitpunkt ihre berufliche Arbeit wieder auf. Brustkrebs-Patientinnen, welche glaubten, den Verlauf ihrer Krankheit kontrollieren zu können, entwickelten veränderte Verhaltensgewohnheiten und neue Lebenseinstellungen. Gegenüber Patientinnen, welche ihre Erkrankung als unkontrollierbar empfanden, zeigten sie sowohl in der Selbsteinschätzung als auch in der Beurteilung des behandelnden Arztes einen positiveren Krankheitsverlauf und eine günstigere Prognose.

Bar-On (1987) sowie Taylor, Lichtman und Wood (1985) legten vergleichbare Interpretationen ihrer Befunde vor. Herzinfarkt und Brustkrebs stellen Erkrankungen dar, welche sich wiederholen und ausweiten können. Es handelt sich hierbei nicht um abgeschlossene, einmalige Ereignisse. Das Risiko einer erneuten Erkrankung bleibt bestehen. Die Überzeugung, Krankheitsfaktoren in Zukunft beeinflussen und verändern zu können, führt nicht nur zu einem Abbau der subjektiven Bedrohung, sondern vermittelt auch die Initiierung von Verhaltensänderungen. Ursachenbezogene Wahrnehmungen der Kontrollierbarkeit eröffnen Handlungsoptionen, die in präventiven Maßnahmen realisiert werden.

Diese Untersuchungen zur Krankheitsbewältigung verdeutlichen, daß der Transfer von Hilflosigkeit nicht unmittelbar von einer vergangenen auf eine zukünftige Handlungssituation erfolgt. Vielmehr umfaßt die Generalisierung den gesamten Erwartungsraum zwischen einem erlebten, kritischen Ereignis und seiner drohenden Wiederholung in der Zukunft. In der experimentellen Hilflosigkeitsforschung blieb dieser Erwartungsraum bislang völlig vernachlässigt. Nach der Trainingssituation, in der Hilflosigkeit gelernt wird, folgt unmittelbar die Testsituation, in der die Generalisierung der gelernten Hilflosigkeit überprüft wird. Bei diesem Vorgehen erhalten die Probanden keine Gelegenheit, ihre Handlungskompetenz durch präventive Maßnahmen zu steigern. Selbst dann, wenn sie Mißerfolg auf beeinflußbare Ursachenfaktoren zurückführen, haben sie keine Möglichkeit, Vorbereitungen und Vorkehrungen gegen das erneute Auftreten von Hilflosigkeit zu treffen.

In der Reformulierung von Abramson, Seligman und Teasdale (1978) wurde allerdings angenommen, daß der Zeitraum zwischen vergangenen und zukünftigen Hilflosigkeitssituationen durch stabile Attributionen überbrückt wird. Stabile Ursachenzuschreibungen führen zu chronischen Hilflosigkeitsdefiziten. Follette und Jacobson (1987) haben jüngst Ergebnisse einer Feldstudie berichtet, welche dieser Auffassung entgegenlaufen. Sie untersuchten in einer studentischen Stichprobe die Fragestellung, welchen Einfluß Ursachenerklärungen für ein Prüfungsresultat auf die Vorbereitung für das nächste Examen nehmen. Studenten mit schlechter Beurteilung zeigten im Vergleich zu Studenten mit guter Benotung eine höhere Bereitschaft, ihre Vorbereitungen zu intensivieren. Gerade dann, wenn sie Mißerfolg auf unzureichende Vorbereitungen zurückgeführt hatten, nahmen sie sich für die neue Prüfung vor, ihren zeitlichen Aufwand zu steigern und ihre Lernstrategien zu verbessern. Entgegen den Annahmen von Abramson, Seligman und Teasdale (1978) ging diese verstärkte Leistungsbereitschaft mit eher internalen, stabilen und globalen Ursachenzuschreibungen einher.

Solche Befunde lassen sich nur dann aufklären, wenn Kontrollierbarkeit als Dimension der Ursachenzuschreibung berücksichtigt wird. Brunstein (1988) kennzeichnete den Einfluß von Attributionen auf die Motivation und das Handeln einer Person durch zwei Einschätzungen. Eine Transferbeziehung zwischen ursprünglichen Hilflosigkeitserfahrungen und neuen Anforderungssituationen wird dann hergestellt, wenn die Ursache früherer Mißerfolge als relevanter Einflußfaktor für zukünftige Handlungsergebnisse erachtet wird. Die Beurteilung der Relevanz von Ursachenfaktoren faßte Brunstein in Anlehnung an Lazarus' (Coyne & Lazarus, 1980; Lazarus & Folkman, 1984) Konzept der ‚primären Einschätzung' auf. Hohe Relevanz verweist darauf, daß unter den augenblicklich vorliegenden Bedingungen mit vehementen Schwierigkeiten bei der Bewältigung neuer Anforderungen gerechnet werden muß. Diese Erwartung stellt jedoch keine Determinante des Verhaltens dar. Vielmehr wird zunächst die Frage aufgeworfen, ob etwas getan werden kann, um die drohenden Schwierigkeiten auszuräumen. Diese ‚sekundäre Einschätzung' bezieht sich auf die Kontrollierbarkeit von relevanten Ursachenfaktoren und wird im Erwartungsraum kritischer Handlungssituationen durchgeführt.

In der Modellrevision von Abramson, Seligman und Teasdale (1978) wurde die Stabilität und Globalität von Ursachenzuschreibungen mit primären Einschätzungen der Relevanz und sekundären Einschätzungen der Kontrollierbarkeit konfundiert. Ein Ursachenfaktor, der zur Erklärung von Mißerfolg und Hilflosigkeit herangezogen wird, kann für viele zukünftige Situationen relevant erscheinen. Gleichzeitig kann sein Einfluß kontrollierbar sein. Ein Student, der Mißerfolg in einem Examen auf unzureichende Vorbereitungen zurückführt, mag davon überzeugt sein, daß dieser Faktor auch seine Leistungen bei weiteren Prüfungen beeinflussen wird. Die Intensität seiner Vorbereitungen für die nächste Prüfung liegt aber in seiner eigenen Hand. Einschätzungen der Relevanz von Ursachenfaktoren bestimmen, ob Erfahrungen aus früheren Handlungssituationen Einfluß auf das Verhalten gegenüber bevorstehenden Handlungssituationen nehmen. Bei hoher Relevanz werden vergangene und zukünftige Situationen als Funktion eines gemeinsamen Ursachenfaktors wahrgenommen. Die Art dieses Einflusses wird aber erst durch Einschätzungen der Kontrollierbarkeit von relevanten Ursachenfaktoren bestimmt. Erwartungen der Hilflosigkeit und motivationale Defizite treten nur dann auf, wenn präventive Maßnahmen wirkungslos und vergeblich erscheinen. Die Bedrohung, erneut hilflos zu werden, bleibt bestehen. Demgegenüber stellen Ursachenfaktoren, die im Vorfeld einer neuen Handlungssituation verändert werden können, eine Herausforderung dar. Das erneute Auftreten von Hilflosigkeit und Mißerfolg kann bei erhöhter Motivation und gesteigerte Handlungsbereitschaft abgewendet werden.

Funktionale Aspekte der gelernten Hilflosigkeit

Nach Seligman (1975; Abramson, Seligman und Teasdale, 1978) resultieren Erwartungen der Hilflosigkeit aus einem dysfunktionalen Transfer von Wahrnehmungen der Unkontrollierbarkeit. Die Generalisierung der gelernten Hilflosigkeit erfolgt nach dem Muster einer sich selbst erfüllenden Prophezeiung. Situationen, die objektiv kontrollierbar sind, werden aufgrund unrealistischer Erwartungshaltungen als unkontrollierbar verkannt. In der Folge treten Hilflosigkeitsdefizite auf, die als Symptome fehlangepaßten Verhaltens interpretiert werden.

Seligman (Peterson & Seligman, 1980) hat selbst darauf aufmerksam gemacht, daß funktionale Aspekte von Hilflosigkeit und Depression in seiner Theorie vernachlässigt werden. Dies führt zu der Frage, ob sich hinter vermeintlichen Hilflosigkeitsdefiziten alternative Formen der Streßbewältigung verbergen. Obgleich diese Strategien theoretisch unbeachtet bleiben, können sie für die Anpassung und das Wohlbefinden eines Individuums nützlich sein. Anschließend wird diese Fragestellung in drei Punkten erörtert.

Erstens wird in der Hilflosigkeitsforschung übersehen, daß Erwartungen der Unkontrollierbarkeit Gefahrensignale darstellen. In dieser Funktion eröffnen sie die Möglichkeit, unkontrollierbare Situationen zu vermeiden. Zu Beginn dieses Kapitels wurde die Auswahl von Situationen als eine Möglichkeit beschrieben, Kontrolle auszuüben. Kontrolle bezieht sich hierbei nicht mehr auf die direkte Auseinandersetzung mit aversiven Stressoren. Vielmehr geht eine Person Situationen aus dem Weg, die zu einer Konfrontation mit unkontrollierbaren Stressoren führen könnten. Carver (1979; Carver, Blaney & Scheier, 1979) sowie Silver, Wortman und Klos (1982) vertraten die Auffassung, daß gerade in Hilflosigkeitsexperimenten starke Vermeidungstendenzen angeregt werden. Den Probanden wird jedoch weder eine Option zum Versuchsabbruch angeboten, noch erhalten sie Gelegenheit, zwischen alternativen Handlungssituationen zu wählen.

Silver, Wortman und Klos (1982) kritisierten daher die ökologische Validität der experimentellen Hilflosigkeitsforschung. Die Generalisierbarkeit von laborinduzierten Hilflosigkeitsreaktionen sei gering, weil alternative Reaktionen auf unkontrollierbare Ereignisse experimentell ausgeschlossen werden. Carver vertrat einen anderen Standpunkt. Soweit Vermeidungstendenzen auf der Handlungsebene unterbunden werden, kommt es nach seiner Auffassung zu einer mentalen Dissoziation vom Anforderungsgehalt der Situation. Anstatt Vermeidung im offenen Verhalten auszudrücken, geht eine Versuchsperson ersatzweise kognitiv aus dem Feld. Sie beschäftigt sich gedanklich mit Dingen, welche für die Erfüllung einer vorgegebenen Aufgabenstellung irrelevant sind. Diese kognitive Vermeidung hat Leistungseinbußen zur Folge, welche mit den Hilflosigkeitsdefiziten von Abramson, Seligman und Teasdale (1978) wenig gemeinsam haben. Die Versuchspersonen reagieren eher lustlos als hilflos.

Auf eine zweite Funktion von Erwartungen der Unkontrollierbarkeit haben Lazarus und Folkman (1984) sowie Rothbaum, Weisz und Snyder (1982) hingewiesen. Folgt man ihren Argumenten, so stellen kognitive, motivationale und emotionale Symptome der Hilflosigkeit keine Defizite dar. Vielmehr gehen sie mit veränderten Methoden der Streßverarbeitung einher. Bewältigungsstrategien, welche auf die Beseitigung der Ursachen eines belastenden Problems zielen, werden durch alternative Strategien ersetzt, welche sich auf die Regulation der emotionalen Konsequenzen eines Problems richten (vgl. Lazarus & Folkman, 1984, S. 202f.). Erwartungen der Unkontrollierbarkeit erfüllen hierbei die Funktion eines Auslösers, der den Übergang von problemorientierten zu emotionsorientierten Strategien der Bewältigung signalisiert (vgl. Rothbaum, Weisz & Snyder, S. 7f.).

Klinger (1975) und Pearlin (1980) haben diesen Vorgang als Neuordnung von individuellen Absichten und Werthaltungen beschrieben. Scheitern alle Versuche, persönlich bedeutsame Zielsetzungen zu realisieren, so kann dauerhafter Streß durch eine Umbewertung von Zielanreizen abgebaut werden. Hilflosigkeit und Depression stellen hierbei notwendige Voraussetzungen dar, um erfolglosen Unternehmungen zu entsagen. Anstatt sich in vergeblich erscheinenden Bemühungen um Kontrolle zu verausgaben, werden unerreichbare Ziele aufgegeben. Hierdurch wird nicht nur die Gefahr weiterer Frustrationen reduziert, sondern auch die Möglichkeit geschaffen, neue Zielbindungen einzugehen.

Nach Seligman (1975; Abramson, Seligman und Teasdale (1978) resultieren Erwartungen der Unkontrollierbarkeit in einem Zustand kognitiver, motivationaler und emotionaler Defizite. Demzufolge sind hilflose Personen passiv, lethargisch und deprimiert. Die Arbeiten von Lazarus und Folkman (1984) sowie von Rothbaum, Weisz und Snyder (1982) gestatten hingegen, gelernte Hilflosigkeit als adaptive Durchlaufphase der individuellen Problembewältigung aufzufassen. Hilflosigkeit wird nicht mehr als Endstation einer Fehlanpassung betrachtet, sondern als Ausgangspunkt für die Entwicklung veränderter Bewältigungsstrategien und für die Neuordnung bedeutsamer Zielsetzungen.

Damit stellt sich drittens die Frage nach der Adaptivität von Hilflosigkeitserwartungen. In Experimenten zur gelernten Hilflosigkeit muß die Generalisierung von Wahrnehmungen der Unkontrollierbarkeit als dysfunktional angesehen werden, weil die Aufgabenstellungen der Testphase lösbar sind (vgl. Peterson & Selig man, 1980). Reale Lebenssituationen bieten jedoch zumeist keine Möglichkeit, die Angemessenheit von Hilflosigkeitserwartungen objektiv zu bewerten. Unrealistische Kontrollüberschätzungen können hier ebenso dysfunktional sein, wie generalisierte Überzeugungen der Hilflosigkeit (Folkman, 1984; Silver & Wortman, 1980; Wortman & Brehm, 1975; Wortman & Dintzer, 1978). Collins, Baum und Singer (1983) fanden in einer Untersuchung mit Anwohnern des Reaktorunfalls in ‚Three Miles Island', daß erfolglose Bemühungen um Kontrolle angesichts unveränderbarer Streßbedingungen besonders häufig mit dem Auftreten von Krankheitssymptomen verbunden waren. Ebenso konnte in tierexperimentelle Studien gezeigt werden, daß instrumentelle Reaktionen zur Kontrolle von Stressoren mit erheblichen Belastungen des Organismus verbunden sind und zu psychophysischen Störungen führen können (Weiss, 1971). Demgegenüber gehen Hilflosigkeit und Passivität mit physiologischen Regulationsprozessen einher, welche die Anpassung des Organismus an aversive Streßbedingungen gewährleisten (Maier & Jackson, 1979). Die realistische Einschätzung von objektiven Kontrollbedingungen, die Fähigkeit von problemorientierten Methoden der Bewältigung auf emotionsorientierte Strategien umzuschalten, und der dosierte Einsatz von persönlichen Leistungsreserven stellen Kriterien der Adaptivität dar, welche in der Hilflosigkeitsforschung mehr als bisher berücksichtigt werden sollten.

Zusammenfassung

In den vergangenen Abschnitten wurde der theoretische Fortschritt der Hilflosigkeitsforschung kritisch analysiert. Als Ergebnis dieser Diskussion läßt sich die Schlußfolgerung ziehen, daß das Attributionsmodell der gelernten Hilflosigkeit nur begrenzten Aufschluß über die individuelle Verarbeitung von unkontrollierbaren Ereignissen gestattet. Zum einen ignorierten Abramson, Seligman und Teasdale (1978) empirische Phänomene, welche im Gegenstandsbereich der Hilflosigkeitsexperimente auftreten. Die Genese von Hilflosigkeitsdefiziten und die Verbesserung statt Minderung der Leistung nach Mißerfolgserfahrungen wurden als Beispiele genannt. Zum anderen fixierte sich die Reformulierung von Abramson, Seligman und Teasdale (1978) auf die Generalisierung der gelernten Hilflosigkeit. Im Mittelpunkt stand die Frage, auf welche Weise das Auftreten von Hilflosigkeitsdefiziten vorhergesagt werden kann. Dabei übersahen die Autoren vielfältige, produktive Formen der Auseinandersetzung mit Erfahrungen der Unkontrollierbarkeit. Gleichzeitig versperrte die enge Anlehnung der reformulierten Theorie an das experimentelle Paradigma der Hilflosigkeitsforschung den Blick für lebensnahe Reaktionen auf bedrohliche Hilflosigkeitssituationen.

Abramson, Seligman und Teasdale (1978) ließen wichtige Verknüpfungen zwischen Hilflosigkeit und Kontrolle einerseits sowie Attribution und Bewältigung andererseits unbeachtet. Vielversprechende Möglichkeiten, den Aussagegehalt der Hilflosigkeitsforschung zu erhöhen und ihren Anwendungsbereich zu erweitern, blieben in der attributionstheoretischen Reformulierung ungenutzt. Von einer ähnlichen Beurteilung ausgehend, gelangte Snyder (1982, S. 11) zu der folgenden Einschätzung der Hilflosigkeitstheorie: ‚For now, it is fair to say that we still lack an adequate understanding of the consequences of experience with uncontrollable outcomes.'

KAPITEL 7

ANALYSE DES EMPIRISCHEN FORTSCHRITTS DES FORSCHUNGSPROGRAMMS

In diesem Kapitel werden kritische Befunde zur Theorie der gelernten Hilflosigkeit erörtert. Dabei wird weniger eine Aufrechnung positiver und negativer Ergebnisse angestrebt, welche sich seit der Reformulierung von Abramson, Seligman und Teasdale (1978) angesammelt haben (vgl. Coyne & Gotlib, 1983; Peterson & Seligman, 1984; Peterson, Villanova & Raps, 1985). Die Diskussion konzentriert sich vielmehr auf zwei Problemstellungen, welche für die Gültigkeit der Hilflosigkeitstheorie von zentraler Bedeutung sind. Zum einen geht es um den empirischen Nachweis von kognitiven Defiziten in Hilflosigkeitsexperimenten. Entwickeln Personen, die mit unkontrollierbaren Ereignissen konfrontiert werden, tatsächlich Wahrnehmungen der Nonkontingenz, und generalisieren sie diese Wahrnehmungen in Erwartungen der zukünftigen Nonkontingenz? Damit wird die Frage aufgeworfen, welche Fortschritte in der empirischen Fundierung der Erwartungskonzeption von Seligman (1975) erzielt wurden. Zum anderen werden Überprüfungen des Attributionsmodells von Abramson, Seligman und Teasdale (1978) besprochen. Erfüllen Attributionen eine ursächliche Funktion bei der Generalisierung von Hilflosigkeitsdefiziten und beim Auftreten von Depressionen? Damit wird die Frage zur Diskussion gestellt, ob sich der Überschußgehalt der reformulierten Hilflosigkeitstheorie empirisch bewährt hat.

Wahrnehmungen und Erwartungen der Unkontrollierbarkeit: Das Kerndefizit der Hilflosigkeitstheorie

Vertreter der Theorie der gelernten Hilflosigkeit haben stets hervorgehoben, daß der Nachweis kognitiver Defizite beim Erkennen kontingenter Beziehungen zwischen Reaktionen und Konsequenzen ein zentrales Anliegen der Hilflosigkeitsforschung darstellt (Alloy & Seligman, 1979; Maier & Jackson, 1979). Bis zur Reformulierung der Hilflosigkeitstheorie waren jedoch alle Bemühungen gescheitert, das Auftreten von kognitiven Defiziten bei Hilflosigkeit und Depression eindeutig zu belegen (vgl. Kapitel 3). Zudem wurden aus der kognitiven Psychologie und aus der klinischen Diagnostik empirische Befunde berichtet, welche zeigten, daß nonkontingente Zusammenhänge zwischen Ereignissen nur selten subjektiv repräsentiert werden (Chapman & Chapman, 1969; Kahneman & Tversky, 1973).

Besondere Beachtung fand eine Serie von Studien, welche von Ellen Langer (1975) unter dem Schlagwort ‚illusorische Kontrolle' vorgelegt wurde. Mit diesem Begriff bezeichnete Langer die subjektive Überzeugung, Ereignisse durch eigenes Handeln beeinflussen zu können, obgleich die Ereignisse objektiv unkontrollierbar sind. Die Befunde Langers waren spektakulär, weil solche Fehleinschätzungen in Situationen auftraten, die ‚offensichtlich' zufallsabhängig waren. Wenige Hinweissignale, wie sie in fähigkeitsbezogenen Aufgabensituationen vorkommen, reichten aus, um illusorische Überschätzungen der Kontrolle zu erzeugen. Die Versuchspersonen beteiligten sich an Glücksspielen, wie zum Beispiel Lotterien und Karten ziehen. Zu den illusionsfördernden Induktionen zählten unter anderem freie Wahlmöglichkeiten beim Ziehen der Lose und Wettbewerbe mit anderen Mitspielern. Unter solchen Bedingungen traten stets die von Langer vorhergesagten Effekte illusorischer Kontrollüberschätzungen auf. Diese Befunde stellten eine Herausforderung für die Hypothese Seligmans (1975) dar, objektive Nonkontingenz werde in einem Lernprozeß subjektiv repräsentiert. Kontrollanzeigende Hinweisreize sind für Hilflosigkeitsexperimente geradezu typisch. Es werden leistungsthematische Aufgaben vorgelegt, die in der wissenschaftlichen Atmosphäre des Labors bearbeitet werden.

Auf dem Hintergrund dieser Befundlage starteten Alloy und Abramson eine neue Versuchsserie, um das Auftreten von kognitiven Defiziten bei Hilflosigkeit und Depression unter Beweis zu stellen. Um diese Absicht realisieren zu können, mußte zunächst ein neues Forschungsparadigma entwickelt werden.

Beurteilungen der Kontrolle im Paradigma des Kontingenz-Lernens

Alloy und Abramson wählten für ihre Untersuchungen ein Paradigma aus, das ursprünglich von Jenkins und Ward (1965) entwickelt worden war. Bei diesem Vorgehen mußten sich die Versuchspersonen zwischen zwei alternativen Reaktionen entscheiden, die von zwei möglichen Konsequenzen gefolgt wurden. Die Alternativreaktion bestand im Drücken eines von zwei Knöpfen. Danach wurde die Rückmeldung ‚Treffer' oder ‚Kein Treffer' erteilt. Die Versuchspersonen hatten die Aufgabe, einen Weg herauszufinden, um möglichst häufig die Rückmeldung ‚Treffer' zu erzielen. Das Ausmaß der Kontingenz zwischen Reaktionen und Konsequenzen sowie die Häufigkeit der erwünschten Konsequenz wurden experimentell manipuliert. Nach 60 Versuchsdurchgängen sollten die Probanden das Ausmaß der Kontrolle einschätzen, welches sie durch ihre Reaktionen über das Auftreten der Konsequenzen ausgeübt hatten. Dabei zeigte sich, daß subjektive Beurteilungen und objektive Bedingungen der Kontrolle praktisch unkorreliert waren. Die Einschätzungen der Probanden wurden vielmehr durch die Auftretenshäufigkeit der erwünschten Rückmeldung bestimmt. Mit der Anzahl erfolgreicher Durchgänge stieg auch das Ausmaß wahrgenommener Kontrolle. Dies war selbst dann der Fall, wenn die Konsequenzen rein zufällig verabreicht worden waren.

Trotz dieser kritischen Befunde gelangten Alloy und Abramson (1979) zu der Überzeugung, mit Hilfe des Paradigmas von Jenkins und Ward (1965) die Grundpostulate der Hilflosigkeitstheorie belegen zu können. Zum einen gestattete dieses Vorgehen, kognitive Defizite unabhängig von motivationalen Defiziten zu erfassen. In allen früheren Messungen von Leistungsdefiziten waren diese beiden Symptome der Hilflosigkeit konfundiert worden (vgl. Miller & Norman, 1979; Fincham & Cain, 1985). Das Drücken von Knöpfen bedarf aber im Gegensatz zum Lösen von Aufgaben keiner besonderen Anstrengung. Zum anderen glaubten Alloy und Abramson, das Paradigma von Jenkins und Ward an das Kontingenzkonzept Seligmans adaptieren zu können (Alloy & Seligman, 1979, S. 236ff.). An die Stelle einer alternativen Wahl zwischen zwei Reaktionsmöglichkeiten (Knopf 1 oder Knopf 2) sollte die Entscheidung treten, eine Reaktion auszuführen oder sie nicht auszuführen. Alloy und Abramson waren davon überzeugt, daß diese experimentelle Veränderung den Nachweis von Nonkontingenz-Wahrnehmungen gewährleisten würde.

Alloy und Abramson (1979) entwickelten nun folgende Versuchsanordnung. Die Versuchspersonen konnten entweder einen Knopf drücken (R), oder sie konnten den Knopfdruck unterlassen ($\bar{R}$). Die Konsequenzen bestanden im Aufleuchten (C) oder im Nicht-Aufleuchten einer grünen Lampe. Nach 40 Versuchsdurchgängen wurden Einschätzungen der wahrgenommenen Kontrolle erhoben. Die Probanden erhielten eine ausführliche Instruktion, die sie mit dem Konzept der Kontingenz vertraut machte. Das Wahrscheinlichkeitskalkül zur Bestimmung der objektiven Kontingenz wurde durch die Differenz $p(C/R) - p(C/\bar{R})$ berechnet. Dieses Maß stimmte exakt mit Seligmans (1975) Formalisierung des Kontingenzbegriffs überein (vgl. Kapitel 2). Je höher die Differenz der bedingten Wahrscheinlichkeiten ausfällt, desto größer ist die objektive Kontingenz zwischen Reaktion und Konsequenzen.

Alloy und Abramson (1979) führten vier Experimente mit depressiven versus nicht-depressiven Studenten durch. Nach den Annahmen der

Hilflosigkeitstheorie sollten bei depressiven Probanden kognitive Defizite auftreten. Entsprechend sagten Alloy und Abramson vorher, daß Depressive objektive Möglichkeiten der Kontrolle subjektiv unterschätzen würden. Zumindest sollten ihre Einschätzungen die Kontingenzurteile nicht-depressiver Probanden deutlich unterschreiten. Im ersten Experiment wurden Aufgaben vorgelegt, die sich sowohl im Ausmaß der Kontingenz als auch in der Häufigkeit der Bekräftigungen (grünes Licht) unterschieden.

Im zweiten Experiment wurden hingegen nonkontingente Aufgaben verwendet. In der dritten und vierten Teilstudie wurden zusätzlich finanzielle Anreize eingeführt. Das Aufleuchten der Lampe wurde als Gewinnbedingung (positive Valenz), das Ausbleiben des grünen Lichts als Verlustbedingung (negative Valenz) gekennzeichnet. Das dritte Experiment enthielt unkontrollierbare, das vierte hingegen kontrollierbare Aufgabenstellungen.

Die Ergebnisse dieser Untersuchung lassen sich in zwei Punkten zusammenfassen. Erstens fielen die Beurteilungen der depressiven Studenten in allen Teilstudien realistisch aus. Unabhängig vom Ausmaß der induzierten (Non-)Kontingenz, von der Häufigkeit der Bekräftigungen und von der Valenz der Konsequenzen bildeten ihre Beurteilungen mit erstaunlicher Genauigkeit die objektiven Bedingungen ab. Zweitens schätzen nicht-depressive Studenten das Ausmaß ihrer Kontrolle nur unter kontingenten und gleichzeitig neutralen Bedingungen angemessen ein. Bei nonkontingenten Aufgaben überschätzten sie hingegen ihre Kontrollmöglichkeiten, soweit Bekräftigungen mit großer Häufigkeit oder Konsequenzen mit positiver Valenz auftraten. Dabei gaben sie an, daß sie bereits die Tatsache, daß es um den Gewinn von Geld gehe, als Indiz für Kontrolle bewertet hätten. Demgegenüber unterschätzten sie ihre Kontrollmöglichkeiten, wenn sie Aufgaben bearbeitet hatten, die mit negativen Konsequenzen verbunden waren.

Die Befunde von Alloy und Abramson (1979) liefen den Annahmen der Hilflosigkeitstheorie entgegen. Depressive Studenten zeigten keine kognitiven Defizite im Erkennen kontingenter Beziehungen zwischen Reaktionen und Konsequenzen. Darüberhinaus trat bei nicht-depressiven Studenten der von Langer (1975) beschriebene Effekt illusorischer Kontrollüberschätzungen auf. Dies war jedoch bezeichnender Weise nicht der Fall, wenn Konsequenzen mit negativen Valenzen vorgegeben wurden. Unter dieser Bedingung unterschätzten Nicht-Depressive sogar das Ausmaß der tatsächlichen Kontrolle. Läßt sich, wie Alloy und Abramson (1980) spekulierten, aus diesen Ergebnissen die Schlußfolgerung ziehen, daß die Theorie der gelernten Hilflosigkeit zwar keine angemessene Erklärung für depressive Reaktionen liefert, wohl aber das Auftreten von Leistungsdefiziten nach aversiven Hilflosigkeitsinduktionen aufklären kann?

Diese Fragestellung behandelten Alloy und Abramson (1982) in einer neuen Untersuchung. Im Vordergrund stand nun nicht mehr die wahrnehmungsbedingte Verzerrung im Erkennen gegenwärtiger Kontingenzen, sondern die erwartungsbedingte Verzerrung im Erkennen zukünftiger Kontingenzen. Zu diesem Zweck wurde ein typisches Hilflosigkeitsexperiment durchgeführt. Depressive und nicht-depressive Studenten wurden den Bedingungen des triadischen Versuchsplans zugewiesen (unkontrollierbarer Lärm – kontrollierbarer Lärm – kein Lärm). Nach dieser Trainingsphase wurde eine Kontingenzaufgabe vorgelegt, wie sie von Alloy und Abramson (1979) verwendet worden war. Dabei war das Aufleuchten einer grünen Lampe für die Probanden unkontrollierbar. Das Licht wurde unabhängig von den Reaktionen der Versuchspersonen (Knopfdruck) in der Hälfte aller Durchgänge eingeschaltet. Diese Aufgabe wurde entweder unter einer Gewinnbedingung oder unter einer Verlustbedingung bearbeitet. In der Gewinnbedingung erhielten die Probanden für jedes Aufleuchten einen $ 1/4, während ihnen in der Verlustbedingung für jedes Ausbleiben des Lichts ein $ 1/4 von ihrer Bezahlung abgezogen wurde. Nach Abschluß der Aufgabe wurden Einschätzungen zur wahrgenommenen Kontrolle erhoben.

Auch in dieser Studie konnten die Annahmen der Theorie der gelernten Hilflosigkeit nicht bestätigt werden. Depressive zeigten erneut unter allen Versuchsbedingungen realistische Beurteilungen der Kontrolle, die sie entsprechend gering einschätzten. Bei nicht-depressiven Studenten traten im Vergleich zu den Vorhersagen der Hilflosigkeitstheorie sogar paradoxe Effekte auf. Bei Aufgaben, die unter Gewinnbedingungen bearbeitet worden waren, zeigten Teilnehmer mit unkontrollierbarer Vorbehandlung illusorische Überschätzungen der Kontrolle. Obgleich sie während der Trainingsphase Nonkontingenz erlebt hatten, generalisierten sie diese Wahrnehmung nicht auf die folgende Aufgabe. Demgegenüber beurteilten Probanden mit kontrollierbarem Lärm die Unbeeinflußbarkeit der Kontingenzaufgabe realistisch.

Natürlich läßt sich die Frage stellen, warum Alloy und Abramson (1982) überhaupt eine nonkontingente Aufgabe vorlegten. Testaufgaben in Hilflosigkeitsexperimenten sind ja gerade durch kontingente Beziehungen zwischen Reaktionen und Konsequenzen gekennzeichnet. Ford und Neale (1985) ergänzten daher die Untersuchungen von Alloy und Abramson, indem sie die Kontingenz der Testaufgaben systematisch variierten. Zuvor waren die Probanden mit einer Serie unlösbarer Aufgaben konfrontiert worden. Die Kontrollgruppe hatte hingegen an keiner Vorbehandlung teilgenommen. Die Resultate zeigten erneut, daß Versuchspersonen nach einem Hilflosigkeitstraining vergleichsweise höhere Einschätzungen der Kontrolle abgaben als Teilnehmer der Kontrollgruppe.

Diese Ergebnisse demonstrieren, daß sich die Annahme, Hilflose und Depressive seien durch kognitive Defizite in der Wahrnehmung kontingenter Ereignisse gekennzeichnet, empirisch nicht bewährt hat. Im einzelnen stehen den Hypothesen (H) der Hilflosigkeitstheorie folgende Befunde (B) gegenüber. (H-1) Nicht-Depressive entwickeln nach Hilflosigkeitsinduktionen kognitive Defizite in neuen Aufgabensituationen. (B-1) Tatsächlich zeigen Nicht-Depressive nach Hilflosigkeitsinduktionen illusorische Kontrollüberschätzungen. (H-2) Depressive sind durch ein assoziatives Defizit im Erkennen objektiv kontingenter Situationen gekennzeichnet. (B-2) Tatsächlich haben Depressive keine Schwierigkeiten, objektiv kontingente Situationen als kontrollierbar wahrzunehmen. (H-3) Depressive und Hilflose weisen gleichermaßen unrealistische Nonkontingenz-Überzeugungen auf. (B-3) Tatsächlich unterscheiden sich Depressive und Hilflose ganz erheblich in ihren Einschätzungen von Kontrolle. Depressive orientieren sich an einem realistischen, Nicht-Depressive nach Hilflosigkeitsinduktionen hingegen an einem selbstwertdienlichen Beurteilungsmaßstab.

Das kognitive Defizit der Hilflosigkeitstheorie bietet weder eine Erklärung für das Auftreten von Leistungsdefiziten in Hilflosigkeitsexperimenten noch trägt es zum Verständnis symptomatischer Parallelen zwischen Hilflosigkeit und Depression bei. Alloy und Abramson (1979; 1982) gelangten daher zu der Schlußfolgerung, daß Seligmans (1975) Hypothese, Hilflosigkeit und Depression resultierten in einem kognitiven Defizit, unhaltbar sei. Die Annahme, Erwartungen der Unkontrollierbarkeit stellten eine Determinante für das Auftreten kognitiver Defizite dar, hatte die ursprüngliche und die reformulierte Theorie der gelernten Hilflosigkeit miteinander verbunden. Mit der Abspaltung des kognitiven Hilflosigkeitsdefizits gaben Alloy und Abramson einen zentralen Bestandteil der Erwartungstheorie Seligmans auf und stellten den harten Kern der Hilflosigkeitsforschung zur Disposition.

Die Verdrängung der Unkontrollierbarkeit

Nachdem Alloys und Abramsons Versuche gescheitert waren, das Auftreten kognitiver Defizite empirisch nachzuweisen, wurde das Konzept der Unkontrollierbarkeit zunehmend aus der empirischen

Hilflosigkeitsforschung verdrängt. In den meisten Studien, welche zur Überprüfung der reformulierten Theorie durchgeführt wurden, stand nicht mehr die Unkontrollierbarkeit von Ereignissen, sondern das Auftreten von Mißerfolgserfahrungen im Mittelpunkt des Interesses. Diese Trendwende zeigte sich besonders deutlich in den Reinterpretationen des Attributionsmodells (vgl. Kapitel 4). So stand zum Beispiel die Diathese-Streß-Interpretation von Metalsky, Abramson, Seligman, Semmel und Peterson (1982) in keinem direkten Zusammenhang mit den Kontingenzkonzepten der Hilflosigkeitstheorie. Das Auftreten von Depressionen wurde auf die Interaktion von negativen Lebensereignissen und depressiven Attributionstendenzen zurückgeführt. Nicht die Wahrnehmung von Unkontrollierbarkeit, sondern aversive Erlebnisse und ihre Ursachenerklärungen wurden als Auslöser für Depressionen betrachtet.

Diese Kritik läßt sich für die Messung von Wahrnehmungen, Attributionen und Erwartungen der Kontrolle verdeutlichen. Erstens wird in der Trainingsphase von Hilflosigkeitsexperimenten zumeist keine Erhebung zur wahrgenommenen Kontrolle durchgeführt. Damit bleibt die Frage offen, ob Personen nach einer Serie von Mißerfolgsinduktionen überhaupt Hilflosigkeit gelernt haben. Eine Ausnahme bildeten zwei Experimente, die von Tennen, Drum, Gillen und Stanton (1982) durchgeführt wurden. Die Versuchspersonen wurden in der Trainingsphase mit unkontrollierbarem Lärm konfrontiert. Die Betätigung eines Knopfdrucks hatte keinen Einfluß auf die Beendigung eines aversiven Tons. Nach jedem Durchgang erhielten die Teilnehmer fingierte Rückmeldungen, ob sie den Lärm durch eigene Reaktionen abgestellt hatten. Die Häufigkeit dieser Erfolgsrückmeldungen wurde variiert. Am Ende der Trainingsphase sollten die Teilnehmer einschätzen, wieviel Kontrolle sie über den Lärm hatten, wenn sie sich bemüht oder überhaupt nicht bemüht hatten, das aversive Signal abzustellen. Die Ergebnisse zeigten, daß die Höhe der wahrgenommenen Kontrolle durch die Häufigkeit der Erfolgsdurchgänge bestimmt wurde. Damit bestätigten Tennen et al. erneut, daß Einschätzungen der Kontrolle am Maßstab des Erfolgs beurteilt werden.

Zweitens beziehen sich Erhebungen zur Attribution von Hilflosigkeit nicht auf Wahrnehmungen der Unkontrollierbarkeit, sondern auf reale oder hypothetische Mißerfolgssituationen. Die Diskrepanz zwischen theoretischen Konzepten und empirischen Operationalisierungen wird in Messungen des Attributionsstils besonders deutlich. Im Fragebogen werden positive und negative Ereignisse beschrieben. Für die Vorhersage von Leistungsdefiziten in Hilflosigkeitsstudien werden Mißerfolgsattributionen herangezogen. Cutrona, Russel und Jones

(1985, S. 1043) haben darauf hingewiesen, daß hypothetische Mißerfolgserlebnisse, wie eine ‚Verabredung, die schief läuft', oder ein ‚Vortrag, der keinen Anklang findet', keineswegs Erfahrungen der Unkontrollierbarkeit und Hilflosigkeit beinhalten müssen. Sowohl Seligman (1975) als auch Abramson, Seligman und Teasdale (1978) haben betont, daß nicht die negative Qualität, sondern die Unbeeinflußbarkeit von Ereignissen für das Auftreten von Hilflosigkeit verantwortlich ist. Die gemessenen Variablen stimmen mit den theoretischen Konzepten der Hilflosigkeitsforschung nicht mehr überein. Attributionen für Unkontrollierbarkeit werden durch Attributionen für Mißerfolg ersetzt.

Drittens hat die Kausaldeterminante der Hilflosigkeitstheorie kaum empirische Beachtung gefunden. Bis auf wenige Ausnahmefälle (Miller & Norman, 1981; Mikulincer, 1986) werden keine Erhebungen zur Erwartung zukünftiger Unkontrollierbarkeit durchgeführt. Da die Erwartungsvariable den harten Kern der Theorie der gelernten Hilflosigkeit repräsentiert, mag ihre zurückhaltende Behandlung in empirischen Arbeiten verständlich sein. Nicht der harte Kern, sondern der Schutzgürtel der Hilflosigkeitstheorie steht im Mittelpunkt der Überprüfung. Andererseits haben Alloys und Abramsons kritische Befunde zum kognitiven Hilflosigkeitsdefizit eine Diskussion über die Erwartungstheorie Seligmans (1975) ausgelöst. Nicht nur von Kritikern (Fincham & Cain, 1985; Tennen, 1982), sondern auch von Vertretern der Hilflosigkeitstheorie (Alloy, 1982; Halberstadt, Andrews, Metalsky & Abramson, 1984) wird zunehmend die Forderung gestellt, Kontrollerwartungen direkt zu messen. Damit soll sichergestellt werden, daß die Kernannahme, Erwartungen der Unkontrollierbarkeit verursachten das Auftreten von Hilflosigkeitsdefiziten, überprüft werden kann. Solange die Theorie der gelernten Hilflosigkeit diesem Test nicht unterzogen wird, muß die Frage ihrer Gültigkeit umstritten bleiben.

Aus dieser Diskussion lassen sich zwei Schlußfolgerungen ziehen. Zum einen findet das Konzept der Kontrolle in der empirischen Hilflosigkeitsforschung keine angemessene Berücksichtigung. Die Variablen der Theorie stimmen mit den empirischen Methoden ihrer Messung nicht überein. Zum anderen konnte in denjenigen Fällen, in denen Operationalisierungen für Konzepte der Kontrolle erprobt wurden, die Theorie Seligmans nicht bestätigt werden. Der Begriff der Kontrolle ist in der Hilflosigkeitsforschung nicht nur in eine Krise, sondern immer mehr auch in Vergessenheit geraten.

Die ätiologische Funktion von Ursachenzuschreibungen: Kritische Befunde zur reformulierten Hilflosigkeitstheorie

In der reformulierten Theorie von Abramson, Seligman und Teasdale (1978) wurden Attributionen als ätiologische Faktoren für die Generalisierung von Hilflosigkeit und für das Auftreten von Depressionen aufgefaßt. Obgleich Peterson und Seligman (1984) auf zahlreiche empirische Bestätigungen des Attributionsmodells verweisen konnten (vgl. Kapitel 5), wurden bereits frühzeitig Zweifel an der Gültigkeit dieser Annahme geäußert.

Erste Bedenken resultierten aus korrelativen Studien. Messungen von Attributionsstilen und depressiven Symptomen standen zwar häufig in einem bedeutsamen Zusammenhang; die Korrelationen fielen jedoch vom Betrag her so gering aus, daß ursächliche Beziehungen zwischen Attribution und Depression unrealistisch erschienen (vgl. Tennen, 1982). In drei besonders umfangreichen Studien lagen alle Korrelationen zwischen Attributionsstil und Depression unter $r=.30$ (Blaney, Behar & Head, 1980; Golin, Sweeney & Shaeffer, 1981; Zautra, Guenther & Chartier, 1985). Auch wenn diese Koeffizienten aufgrund großer Stichproben statistisch bedeutsam waren, blieb ihre praktische Signifikanz fragwürdig.

Gleichzeitig wurden empirische Bewährungen der reformulierten Hilflosigkeitstheorie aus methodischen Gründen verworfen. Nach der Durchführung statistischer Reanalysen erwiesen sich Befunde als unhaltbar, welche zuvor als Bestätigung der ursächlichen Funktion von Attributionen bewertet worden waren (Williams, 1985). Brewin (1985) kritisierte zudem die unspezifische Überprüfung der Attributionshypothesen. Nach Abramson, Seligman und Teasdale (1978) führen internale Attributionen nach unkontrollierbaren Ereignissen zu Selbstwertdefiziten, stabile Attributionen beeinflussen die Chronizität von Hilflosigkeitsdefiziten, und globale Attributionen bestimmen ihre Generalisierung über Situationen (vgl. Kapitel 4). Diese spezifischen Prognosen wurden in empirischen Studien zumeist ignoriert. Statt dessen wurden die Dimensionen des Attributionsstils zu Gesamtwerten aggregiert und mit einer Auflistung depressiver Beschwerden verglichen.

Schließlich wurde die begrenzte Anwendbarkeit des Attributionsmodells kritisiert. Einschränkungen wurden besonders auf dem Gebiet der klinischen Depression geltend gemacht. (Depue & Monroe, 1978; Miller, Klee & Norman, 1982; Zimmerman, Coryell & Corenthal, 1984). Viele Autoren vertraten die Auffassung, daß Attributionstendenzen nur eine untergeordnete Rolle in der Depressionsgenese von psychiatrischen Patientengruppen spielen. Veränderungen in der depressiven Symptomatik gingen regelmäßig mit veränderten Ursachenzuschreibungen einher (Hamilton & Abramson, 1983; Persons und Rao, 1985). Daher lag die Schlußfolgerung nahe, daß depressive Attributionsmuster eher ein Symptom als eine Ursache der Depression darstellen. Ebenso wurde die Anwendbarkeit des Attributionsmodells der gelernten Hilflosigkeit im Kindesalter in Zweifel gezogen. In mehreren Studien konnte demonstriert werden, daß konsistente Beziehungen zwischen Attribution und Verhalten höhere Stufen der kognitiven Entwicklung voraussetzen. Rholes, Blackwell, Jordan und Walters (1980) fanden selbst bei 12-jährigen Kindern keine Indizien für die Generalisierung von Hilflosigkeitserfahrungen. Allen, Walker, Schroeder und Johnson (1987) konnten in einer studentischen Stichprobe sogar zeigen, daß Ursachenerklärungen erst auf dem Niveau der formalen Operationen als Einflußfaktoren des Verhaltens wirksam werden.

Auf dem Hintergrund dieser Diskussion gewannen Studien besondere Bedeutung, in denen die ätiologische Funktion von Ursachenzuschreibungen überprüft werden konnte. In den folgenden vier Punkten werden diese Untersuchungen vorgestellt und kritische Befunde zum Attributionsmodell der gelernten Hilflosigkeit erörtert. Im Mittelpunkt steht hierbei die Beziehung zwischen Attribution und Depression. Zunächst wird jedoch die Frage behandelt, ob Ursachenerklärungen das Auftreten von Leistungsdefiziten nach Hilflosigkeitssituationen beeinflussen.

Attributionen als Prädiktoren der Leistung

Die Annahme, Attributionen gestatteten eine valide Vorhersage von Leistungsdefiziten nach unkontrollierbaren Ereignissen, stellte die stärkste Hypothese der reformulierten Hilflosigkeitstheorie dar. Alloy, Peterson, Abramson und Seligman (1984) konnten in einer experimentellen Studie nachweisen, daß die Generalisierung von Hilflosigkeit auf neue Situationen durch die Globalität des Attributionsstils für negative Ereignisse beeinflußt wird. Andere Autoren (z.B. Tennen, 1982) berichteten allerdings enttäuscht, daß ihre Versuche gescheitert seien, Leistungseffekte auf der Grundlage individueller Attributionsstile zu prognostizieren.

Peterson und Seligman (1984) haben Attributionen als hypothetische Konstrukte aufgefaßt, welche sich auf vielfältige Weise empirisch operationalisieren lassen. Eine Alternative zur Messung von Attributionsstilen stellt die Erhebung situationsspezifischer Ursachenerklärungen für unkontrollierbare Ereignisse dar. Tennen, Drum, Gillen und Stanton (1982; Exp.2) sowie Tennen, Gillen und Drum (1982; Exp.2) führten zwei Experimente durch, in denen Probanden die Internalität, Stabilität und Globalität ihrer Attributionen nach einer Hilflosigkeitsinduktion einschätzen sollten. Obgleich nach der unkontrollierbaren Trainingsphase Defizite beim Bearbeiten neuer Aufgaben auftraten, ließen sich diese Leistungsverschlechterungen durch die Attributionen der Probanden nicht aufklären. Demgegenüber ermittelten Follette und Jacobson (1987) in einer Feldstudie systematische Beziehungen zwischen Attributionen für negative Prüfungsresultate und Vorbereitungen auf eine neue Prüfungssituation. In Kapitel 6 wurde bereits berichtet, daß diese Effekte den Vorhersagen des Attributionsmodells von Abramson, Seligman und Teasdale (1978) direkt entgegenliefen. Internal-stabil-globale Attributionen resultierten in einer erhöhten Handlungsbereitschaft nach negativen Leistungsresultaten.

Pasahow (1980) und Mikulincer (1986) gingen einen Schritt weiter. Sie führten nicht nur Erhebungen zu Ursachenerklärungen in Hilflosigkeitsexperimenten durch, sondern induzierten per Instruktion globale oder spezifische Attributionen (vgl. Kapitel 5). In insgesamt vier Teilstudien führten diese Manipulationen zu den erwarteten Leistungseffekten. Probanden unter globalen Attributionsbedingungen schnitten bei der Bearbeitung von neuen Testaufgaben schlechter ab als Probanden unter spezifischen Attributionsbedingungen. Die Auswertung der Ursachenzuschreibungen führte jedoch zu überraschenden Resultaten. In keinem der vier Experimente ließen sich Leistungseffekte auf Attributionen unterschiedlicher Globalität zurückführen. In zwei Teilstudien blieben die experimentellen Manipulationen bereits auf der Ebene subjektiver Ursachenwahrnehmungen wirkungslos (Pasahow, 1980; Mikulincer, 1986; Exp.2). Zwischen Probanden mit globalen Induktionen und Probanden mit spezifischen Induktionen traten keine bedeutsamen Unterschiede in der Globalität ihrer Hilflosigkeitsattributionen auf. Damit blieb in diesen Studien offen, welche Variablen durch die experimentellen Manipulationen beeinflußt worden waren, und auf welche Weise die aufgefundenen Leistungsunterschiede zustandegekommen waren.

Eine realistische Beurteilung dieser Befundlage führt zu der Schlußfolgerung, daß die Beziehung zwischen Attribution und Leistung entweder weitaus schwächer oder weitaus komplexer ist, als dies von Abramson, Seligman und Teasdale (1978) angenommen wurde. Der Versuch, Leistungsverschlechterungen nach unbeeinflußbaren Mißerfolgssituationen aus Attributionen der Hilflosigkeit vorherzusagen, ist ohne überzeugende empirische Evidenz geblieben.

Attributionsstil als Risikofaktor der Depression

Im Depressionsmodell der reformulierten Hilflosigkeitstheorie wurde die Tendenz zur internalen, stabilen und globalen Attribution von negativen Ereignissen als distaler Risikofaktor für das Auftreten von Depressionen aufgefaßt. Soweit belastende Lebenssituationen eintreten, manifestieren sich depressive Attributionstendenzen in internal-stabil-globalen Ursachenzuschreibungen. Dieses Attributionsmuster führt in der Folge zu einer erhöhten Auftretenswahrscheinlichkeit für depressive Reaktionen.

Durch dieses Vulnerabilitätskonzept werden zwei empirische Fragestellungen aufgeworfen. Zum einen muß untersucht werden, ob individuelle Attributionsstile eine Prognose depressiver Reaktionen nach belastenden Lebensereignissen gestatten. Zum anderen ist zu prüfen, ob der depressiogene Einfluß von Attributionsstilen durch Ursachenerklärungen für spezifische Ereignisse vermittelt wird. Cutrona (1983) hat beide Fragestellungen gemeinsam untersucht. Sie führte ein Feldexperiment durch, in dem die prognostische Qualität des Attributionsstils für das Auftreten post-partaler Depressionen erprobt wurde. Sie legte eine der bislang umfassendsten Überprüfungen des Attributionsmodells der gelernten Hilflosigkeit vor und versuchte, widersprüchliche Befunde aus früheren Untersuchungen aufzuklären (vgl. O'Hara, Rehm & Campbell, 1982; Manly, McMahon, Bradley & Davidson, 1982).

An der Untersuchung nahmen 85 Frauen teil, welche die Geburt ihres ersten Kindes erwarteten. Die Daten wurden zu drei Zeitpunkten erhoben. Während des letzten Drittels der Schwangerschaft (Zeitpunkt 1) wurden Fragebogen zum Attributionsstil und zu depressiven Beschwerden vorgelegt. Messungen der Depressivität wurden 14 Tage nach der Geburt (Zeitpunkt 2) sowie weitere sechs Wochen später (Zeitpunkt 3) wiederholt. Zum zweiten Zeitpunkt wurden außerdem Befragungen zu Problemen in der Kinderpflege ('childcare stress'), zu emotionalen Symptomen ('maternity blues') und zu alltäglichen Ärgernissen und Aufregungen ('upsetting events') durchgeführt. Für jede Belastung wurden Ursachenerkärungen erfragt und nach ihrer Internalität, Stabilität und Globalität beurteilt.

Cutrona überprüfte die Hypothesen des Attributionsmodells in mehreren Schritten. Zunächst analysierte sie den prognostischen Wert der Attributionsstil-Messung für die Vorhersage von post-partalen Depressionen. In der regressionsanalytischen Auswertung wurden nur solche Frauen berücksichtigt, die zum ersten Zeitpunkt unter keinen depressiven Zuständen litten. Die Ergebnisse bestätigten, daß die Erhebung des Attributionsstils eine statistisch signifikante Vorhersage der Depressivität sowohl zwei als auch acht Wochen nach der Geburt gestattete. Allerdings fiel der Betrag der aufgeklärten Varianz mit 10% zum ersten und 8.7% zum zweiten Zeitpunkt eher bescheiden aus. Weiterhin fand Cutrona, daß depressive Attributionstendenzen mit deutlichen Verzögerungen in der Remission depressiver Symptome vom zweiten zum dritten Meßzeitpunkt verbunden waren.

Im zweiten Schritt überprüfte Cutrona die Beziehung zwischen Attributionen für Alltagsbelastungen und dem Ausprägungsgrad depressiver Symptome. Dabei ergab sich ein deutlicher Zusammenhang zwischen der Auftretenshäufigkeit streßvoller Ereignisse und der Höhe der Depressivität. Attributionseinschätzungen korrelierten nur im Fall emotionaler Symptome bedeutsam mit post-partalen Depressionen. Ursachenerklärungen für Probleme in der Kinderpflege und für alltägliche Aufregungen leisteten hingegen keinen bedeutsamen Beitrag zur Aufklärung der Depressionswerte.

Im dritten Schritt untersuchte Cutrona die Vermittlungsfunktion von situationsspezifischen Attributionen in der Depressionsgenese. Die Angaben zum Attributionsstil für hypothetische Ereignisse und die Ursachenerklärungen für reale Streßerfahrungen standen in keinem bedeutsamen Zusammenhang. Ebensowenig konnte die Annahme bestätigt werden, daß der Einfluß depressiver Attributionstendenzen durch situationsspezifische Attributionen vermittelt wird. Attributionsstil und Depression korrelierten auch dann noch signifikant miteinander, wenn der auf situationsspezifische Ursachenerklärungen zurückgehende Varianzanteil in den Depressionswerten auspartialisiert wurde. Entgegen den Annahmen des Depressionsmodells der gelernten Hilflosigkeit fand Cutrona somit eine direkte, durch Ursachenerklärungen für reale Ereignisse nicht weiter vermittelte Beziehung zwischen Attributionsstil und post partum Depressionen.

Diese Ergebnisse verdeutlichen zwei Probleme des Depressionsmodells der Hilflosigkeitstheorie. Zum einen klärten individuelle Attributionsstile nur einen geringen Anteil der Variation in den Depressionsmessungen auf. Aufgrund dieser Befundlage muß das Postulat, depressive Attributionstendenzen stellten eine ‚distale kontributorische Ursache' der Depression dar, realistisch gewichtet werden. Zum anderen wurde das Depressionsmodell der gelernten Hilflosigkeit empirisch belastet, weil sich keine bedeutsamen Zusammenhänge zwischen Attributionen für hypothetische und Attributionen für reale Ereignisse ergaben. Die Annahme, situationsspezifische Ursachenerklärungen vermittelten den Einfluß von Attributionsstilen auf die Depressionsgenese, fand keine empirische Unterstützung.

Cutronas Befunde verwiesen auf zwei weitere Fragestellungen, die in den beiden folgenden Punkten ausführlicher behandelt werden. Einerseits ließen sich keine stabilen Beziehungen zwischen situationsspezifischen Attributionen und depressiven Symptomen ermitteln. Dieses Ergebnis widerspricht der Hypothese, daß Ursachenerklärungen für aversive Ereignisse den Beginn depressiver Phasen auslösen können. Andererseits fand Cutrona, daß depressive Attributionstendenzen die Rückbildung depressiver Symptome beeinträchtigten. Hierdurch wird die Frage aufgeworfen, ob individuelle Attributionsstile die Remission und Bewältigung von depressiven Episoden beeinflussen können.

Depressionen und Attributionen für reale Lebensereignisse

Im Depressionsmodell der Hilflosigkeitstheorie wurden internale, stabile und globale Ursachenzuschreibungen für negative Lebensereignisse als ‚proximale kontributorische Ursache' der Depression beschrieben (vgl. Kapitel 4). Diese Hypothese wurde in einer Untersuchungsserie überprüft, welche von Constance Hammen und ihren Mitarbeiterinnen durchgeführt wurde (Gong-Guy & Hammen, 1980; Hammen & Cochran, 1981; Hammen, Krantz & Cochran, 1981). Hammen entwickelte einen ‚Attribution Questionnaire', in dem Ursachenerklärungen für fünf Lebensereignisse erhoben wurden, die während der vergangenen sechs Monate als besonders belastend erlebt worden waren. Die Probanden sollten jede Ursachenangabe nach unterschiedlichen Dimensionen einschätzen. Hierbei wurde auch nach Merkmalen der Internalität, Stabilität und Globalität gefragt.

In drei Studien wurden die Internalität, Stabilität und Globalität der Attributionen von depressiven versus nicht-depressiven Studenten verglichen. Von diesen neun Vergleichen fielen zwei signifikant aus. Hammen und Cochran (1981) sowie Hammen, Krantz und Cochran (1981) fanden bei depressiven Studenten höhere Globalitätswerte als bei nicht-depressiven Studenten. Für die Internalität und Stabilität der Ursachenzuschreibungen wurden in keiner der drei Untersuchungen bedeutsame Gruppenunterschiede ermittelt.

Diese Ergebnisse sind keine Einzelfälle geblieben. Untersuchungen, die mit besonders streßbelasteten Personen durchgeführt wurden (Hammen & deMayo, 1982), oder in denen Attributionen statt in einem Fragenbogen in einer Interviewsituation erhoben wurden (Harvey, 1981), fielen für das Attributionsmodell von Abramson, Seligman und Teasdale (1978) ebenso enttäuschend aus. Die Studien von Harvey (1981) und Hammen und deMayo (1982) sind allerdings besonders interessant, weil Ursachenerklärungen auch nach ihrer Kontrollierbarkeit beurteilt wurden. Die Ergebnisse dieser Untersuchungen fielen auf den ersten Blick widersprüchlich aus. Während Hammen und deMayo fanden, daß mangelnde Kontrolle über Streßfaktoren mit erhöhter Depressivität einherging, berichtete Harvey, daß Depressive in stärkerem Maße als Nicht-Depressive negative Ereignisse auf kontrollierbare Ursachen zurückführten. Auf den zweiten Blick läßt sich dieser Widerspruch auflösen. In der Studie von Hammen und deMayo bezogen sich Einschätzungen der Kontrolle auf Streßsituationen, die auch zukünftig andauern würden. Demgegenüber zielte die Befragung Harveys auf Attributionen für bereits abgeschlossene, zeitlich zurückliegende Ereignisse. Retrospektive Überzeugungen der Kontrolle und prospektive Überzeugungen der Unkontrollierbarkeit waren gleichermaßen mit dem Auftreten von Depressionen verbunden (vgl. Kapitel 6).

Die bisher berichteten Studien beruhten auf Gruppenvergleichen und korrelativen Zusammenhängen. Sie gewährleisteten keine definitive Aussage über kausale Beziehungen zwischen Ursachenerklärungen und Depressionen. Cochran und Hammen (1985) führten daher eine Studie durch, in der die ätiologische Funktion von Attributionen in einem prospektiven Design überprüft wurde. Studenten, die im Verlauf des zurückliegenden Halbjahres besonders belastende Lebensereignisse erlebt hatten, machten im Abstand von zwei Monaten Angaben im ‚Attribution Questionnaire' und in mehreren Depressionsinventaren. Neben der Internalität, Stabilität und Globalität von Ursachenfaktoren ließen Cochran und Hammen auch das Ausmaß der wahrgenommenen Kontrolle über das Auftreten von fünf Lebensereignissen einschätzen. Kausale Beziehungen zwischen Attribution und Depression wurden im Rahmen eines Strukturgleichungsansatzes analysiert. Dabei überprüften Cochran und Hammen die Anpassung unterschiedlicher Pfadmodelle an die vorliegenden Daten (LISREL IV). Die Ergebnisse zeigten, daß sich die Hypothese, Attributionen zum ersten Zeitpunkt verursachten Depressionen zum zweiten Zeitpunkt, nicht aufrechterhalten ließ. Die einzige bedeutsame Beziehung zwischen den zeitverschobenen Datenerhebungen ergab sich zwischen Depressivität zum ersten und Kontrolle zum zweiten Zeitpunkt. Dieses Resultat fiel im Vergleich zu den Vorhersagen der Hilflosigkeitstheorie in doppeltem Sinne paradox aus: einerseits weil Depression die Ursache und Kontrolle die Konsequenz darstellte; andererseits weil hohe Depressionswerte mit hohen Kontrolleinschätzungen einhergingen.

Diese Befunde enthielten keine Hinweise auf eine ätiologische Funktion von Attributionen in der Depressionsgenese. Depressive und nicht-depressive Personen zeigten keine wesentlichen Unterschiede in der Erklärung negativer Lebensereignisse. Ebensowenig gelang es, Depressionen aus Ursachenerklärungen für belastende Streßerfahrungen vorherzusagen. In einigen Studien schätzten Depressive das Ausmaß ihrer Kontrolle über aversive Ereignisse sogar höher ein als nicht-depressive Vergleichsgruppen. Die Untersuchungen Hammens und ihrer Mitarbeiterinnen führten Coyne und Gotlib (1983, S. 494) zu der Beurteilung, daß die empirische Unterstützung des revidierten Depressionsmodells nirgends geringer sei als in Studien zur Attribution realer Lebensereignisse.

Die ökologische Validität des Attributionsmodells

Peterson und Seligman (1984) berichteten über aktuelle Forschungsansätze, das Attributionsmodell von Abramson, Seligman und Teasdale (1978) im Kontext natürlicher Lebenssituationen zu erproben (z.B. Seligman & Schulman, 1986). Durch diesen Trend wird die Frage aufgeworfen, ob die Theorie der gelernten Hilflosigkeit eine zufriedenstellende ökologische Validität aufweist. Anschließend werden Befunde aus zwei empirischen Arbeiten erörtert, in denen Attributionen und Depressionen unter alltäglichen Lebensbedingungen untersucht wurden.

Feather (Feather & Barber, 1983; Feather & Davenport, 1981) beschäftigte sich in einer Serie von Studien mit depressiven Reaktionen bei arbeitslosen Jugendlichen. Auf der Grundlage einer Erwartung X Wert Theorie entwickelte er ein bimodales Symptommodell der Depression. Er unterschied kurzzeitige depressive Affekte von generalisierten depressiven Symptomen. Feather nahm an, daß die Intensität depressiver Affekte durch das Ausmaß der Frustration bei einer erfolglosen Arbeitssuche bestimmt wird. Er erwartete, daß depressive Affekte vor allem bei Jugendlichen mit hoher Arbeitsmotivation auftreten würden. Demgegenüber sollten generalisierte Symptome der Depression nach seiner Auffassung mit reduzierten Erfolgserwartungen und mit Wahrnehmungen der Unkontrollierbarkeit einhergehen. Feather nahm an, daß mit zunehmender Dauer der Arbeitslosigkeit die Überzeugung gebildet wird, die Ursachen der Arbeitslosigkeit nicht beeinflussen zu können.

Feathers Untersuchungen bestätigten diese Hypothesen. Das Auftreten depressiver Affekte wurde durch die Höhe der Arbeitsmotivation, durch den Anreizwert einer Anstellung und durch das anfängliche Vertrauen, einen Arbeitsplatz zu finden, bestimmt. Demgegenüber fanden Feather und Barber (1983), daß generalisierte Symptome der

Depression zum einen mit der Dauer der Arbeitslosigkeit und zum anderen mit geringem Vertrauen in die Veränderbarkeit der Ursachen von Arbeitslosigkeit zusammenhingen.

Feather und seine Mitarbeiter führten auch Erhebungen zu Ursachenerkärungen durch, wobei sie internale und externale Ursachen der Arbeitslosigkeit unterschieden. Die Ergebnisse zeigten, daß depressive Affekte eher mit externalen, generalisierte Symptome hingegen eher mit internalen Attributionen verbunden waren. Allerdings fiel der Betrag der aufgeklärten Varianz in den Depressionsmessungen mit 4.2% für externe Ursachen und 6.7% für interne Ursachen mäßig aus (Feather & Barber, 1983, S. 191).

Feathers Studien demonstrierten, daß die Beziehung zwischen Attribution und Depression phasenbedingten Veränderungen unterliegt. Solange die Realisierung von Absichten angestrebt wird, können depressive Emotionen gerade durch starke, aber unerfüllte Motivationstendenzen und durch externe Ursachen, welche sich der persönlichen Beeinflussung entziehen, verstärkt werden. Demgegenüber treten überdauernde Depressionssymptome erst in einer späteren Hilflosigkeitsphase auf und sind dort mit Wahrnehmungen der Unkontrollierbarkeit und mit internalen, selbstwertbelastenden Attributionen verbunden. Bestenfalls für diese zweite Verarbeitungsphase wird die Theorie der gelernten Hilflosigkeit relevant, und auch dort ist ihre Erklärungskraft begrenzt. Feather und Barber (1983) gelangten zu der Schlußfolgerung, daß Attributionen nur ein untergeordneter Stellenwert für die Vorhersage depressiver Reaktionen in Situationen der Arbeitslosigkeit zukommt. Gleichzeitig stellten sie die ätiologische Funktion von Ursachenzuschreibungen in Frage: „... one should not give sovereign status to attributional variables in studies of the psychological impact of unemployment. Nor should one necessarily regard these variables as causal in the absence of longitudinal research' (Feather & Barber, 1983, S. 193).

Eine Längsschnittstudie, wie sie von Feather und Barber (1983) gefordert wurde, legten Lewinsohn, Steinmetz, Larson und Franklin (1981) vor. Durch diese Untersuchung sollte die Frage geklärt werden, ob depressionsbezogene Kognitionen eher als vorauslaufende Bedingung (Antezedens-Hypothese) oder eher als Folgeerscheinung (Konsequens-Hypothese) depressiver Episoden auftreten. Bei mehr als vierhundert Personen wurden im Abstand von 9 Monaten Datenerhebungen mittels Fragebogen und Interview durchgeführt. Zum ersten Zeitpunkt wurden Messungen zu den folgenden neun Kognitionskategorien vorgenommen: Erwartungen für positive und negative Ereignisse, irrationale Überzeugungen, internale und externale Attributionen für Erfolgs- und Mißerfolgserlebnisse, die Höhe der Selbstwertschätzung und das Ausmaß der wahrgenommenen Kontrolle über die eigenen Lebensbedingungen. Auf der Grundlage eines diagnostischen Interviews, das zum ersten und zum zweiten Zeitpunkt (T-1, T-2) durchgeführt wurde, unterschieden Lewinsohn et al. die folgenden Teilnehmergruppen: Personen ohne depressive Episoden zwischen T-1 und T-2 (‚controls'; n=269); Personen, die zwischen T-1 und T-2 depressive Episoden entwickelt hatten, ohne bereits zum Zeitpunkt T-1 depressiv gewesen zu sein (‚cases'; n=85); Personen, die bereits zum ersten Zeitpunkt depressiv gewesen waren und im Zeitraum der Untersuchung entweder eine Besserung (‚improvers'; n=22) oder keine Besserung (‚nonimprovers'; n=41) ihrer Symptome zeigten.

Die Datenauswertung wurde zunächst multivariat über alle Kognitionskategorien durchgeführt. Soweit signifikante Gesamtresultate auftraten, wurden zusätzlich univariate Vergleiche für einzelne Kognitionskategorien vorgenommen. Drei Untersuchungsergebnisse waren besonders auffällig. Erstens ergaben sich beim Vergleich von Personen ohne depressive Episoden (‚controls') mit Personen, welche im Untersuchungszeitraum Depressionen entwickelt hatten (‚cases') keine bedeutsamen Unterschiede über die neun Kognitionskategorien. Damit wurde die Antezedens-Hypothese, depressionsbezogene Kognitionen kündigten das Auftreten von depressiven Episoden an, zurückgewiesen. Zweitens führte der Vergleich von Personen, die bereits zum ersten Zeitpunkt depressiv gewesen waren, mit allen übrigen Teilnehmergruppen zu einem signifikanten Resultat. Depressionsbezogene Kognitionen traten somit als Folgeerscheinung depressiver Zustände auf. Dieser Befund bestätigte die Konsequens-Hypothese der Untersuchung. Allerdings führten Vergleiche für einzelne Kognitionskategorien zu einer weiteren Ernüchterung für das Depressionsmodell der gelernten Hilflosigkeit. Depressive zeigten höhere Erwartungen für negative Ereignisse und niedrigere Erwartungen für positive Ereignisse. Sie neigten in stärkerem Maße zu irrationalen Überzeugungen, und sie waren durch ein niedrigeres Selbstwertgefühl gekennzeichnet. Depressive und Nicht-Depressive unterschieden sich jedoch nicht in ihren Attributionen und Kontrollüberzeugungen. Drittens demonstrierte ein Vergleich zwischen Depressiven mit Symptombesserung (‚improvers') und Depressiven ohne Symptombesserung (‚nonimprovers'), daß depressionsbezogene Kognitionen bedeutsamen Einfluß auf die Genesung von depressiven Phasen nehmen. Am höchsten korrelierte die Remission der Symptome mit Wahrnehmungen der Kontrolle über die eigenen Lebensbedingungen.

Lewinsohn, Steinmetz, Larson und Franklin (1981, S. 218) legten eine prägnante Interpretation dieser Ergebnisse vor:

... the results have both theoretical and clinical implications. At a theoretical level, they indicate that people who are vulnerable to depression are not characterized by stable patterns of negative thinking of the type postulated by cognitive theorists. ... While apparently not related to etiology, cognitions were found to be related to the course of disorder in that those who had more depression-related cognitions were likely to remain depressed. Depression related cognitions thus seem to make it more difficult for a person to overcome depression. This finding suggests that it may be most appropriate to remedy thinking patterns after they have become depressive in order to facilitate a more rapid recovery.

Die Arbeiten von Feather und Lewinsohn demonstrierten, daß die ökologische Validität des Attributionsmodells von Abramson, Seligman und Teasdale (1978) begrenzt ist. Soweit Ursachenerkärungen und Kontrollwahrnehmungen überhaupt eine wichtige Rolle in depressiven Episoden spielen, erfüllen sie eher eine therapeutisch als eine ätiologisch relevante Funktion.

Zusammenfassung

In diesem Kapitel wurde die Frage erörtert, ob die Reformulierung der Hilflosigkeitstheorie zu empirischen Fortschritten in der Hilflosigkeitsforschung geführt hat. Im Mittelpunkt der Diskussion stand sowohl Seligmans (1975) Erwartungstheorie der Hilflosigkeitsdefizite als auch Abramson, Seligman und Teasdales (1978) Attributionsmodell der Generalisierung von gelernter Hilflosigkeit.

In der ‚Theorie der Defizite' behauptete Seligman (1975), daß Hilflosigkeit und Depression durch Erwartungen der Unkontrollierbarkeit verursacht werden. Empirische Studien von Alloy und Abramson, (1979; 1982) zeigten jedoch, daß weder hilflose noch depressive Personen kognitive Defizite im Erkennen kontingenter Situationen entwickeln. Beurteilungen der Kontrolle wurden vorwiegend durch die Erfolgsbilanz beim Bearbeiten von Aufgaben bestimmt. Nach Hilflosigkeitsinduktionen traten sogar illusorische Überschätzungen der Kontrolle auf. Diese Befunde sind mit Grundpostulaten der Hilflosigkeitstheorie unvereinbar. Auf der Grundlage der berichteten Untersuchungen stellt sich die Frage, ob Personen über ein eigenständiges, von Erfolg und Mißerfolg unabhängiges Konzept der (Un-)Kontrollierbarkeit verfügen. Da nach unkontrollierbaren Ereignissen keine kognitiven Defizite festgestellt werden konnten, bietet die Annahme, Hilflose und Depressive seien durch erwartungsverzerrte Wahrnehmungen der Nonkontingenz gekennzeichnet, keine Erklärung für das Auftreten von Leistungsminderungen in Hilflosigkeitsexperimenten. Durch diese Befundlage wird nicht nur die empirische Gültigkeit der Theorie der gelernten Hilflosigkeit in Zweifel gezogen. Vielmehr wird auch in Frage gestellt, ob die von Seligman postulierten Variablen der (Non-)Kontingenz für die Vorhersage von Hilflosigkeit und Depressionen überhaupt relevant sind.

Seligmans (1975) Annahme, Erwartungen der Unkontrollierbarkeit determinierten das Auftreten von Hilflosigkeitsdefiziten, wurde bislang keiner direkten empirischen Prüfung unterzogen. Da aber Wahrnehmungen der Nonkontingenz unmittelbare Korrelate der Hilflosigkeitserwartung darstellen, und kognitive Defizite in Hilflosigkeitssituationen nicht nachgewiesen werden konnten, ist auch die Kernaussage der Hilflosigkeitstheorie gegenstandslos geworden. Die empirische Hilflosigkeitsforschung reagierte auf diese Diskussion, indem Konzepte der Kontingenz zunehmend durch Konzepte des Erfolgs und Mißerfolgs ersetzt wurden. Seligmans ursprüngliches Anliegen, Hilflosigkeitsdefizite auf die Unkontrollierbarkeit von Stressoren zurückzuführen, und Effekte der Unkontrollierbarkeit von der aversiven Qualität dieser Stressoren abzugrenzen, wurde dabei aufgegeben. Durch diese Entwicklung wurden Grenzen zwischen der Theorie der gelernten Hilflosigkeit einerseits und der traditionellen Attributionsforschung andererseits aufgelöst. Abgesehen von der Einführung einer zusätzlichen Dimension der Ursachenzuschreibung (Globalität) ist es nicht ersichtlich, in welchen Punkten sich die gegenwärtige Prüfung der reformulierten Hilflosigkeitstheorie vom Attributionsansatz Weiners (1979; 1985a) unterscheidet.

Ebenso kritisch fielen die Befunde zur ‚Theorie der Generalisierung' aus. Die empirische Evidenz für das Attributionsmodell von Abramson, Seligman und Teasdales (1978) ist bislang zwiespältig geblieben. Internale, stabile und globale Ursachenzuschreibungen korrelierten zwar regelmäßig mit depressiven Symptomen. Ein überzeugender Nachweis, daß sie als ätiologische Faktoren die Generalisierung von Hilflosigkeit und das Auftreten von Depressionen beeinflussen, konnte jedoch nicht erbracht werden. In mehreren Studien wurde sogar berichtet, daß negativistische Attributionen eher eine Folge als eine Ursache der Depression darstellen. Geht man vom gegenwärtigen Stand der Hilflosigkeitsforschung aus, so haben Abramson, Seligman und Teasdale die prognostische Qualität von Ursachenerkärungen überschätzt. Die Überzeugung, Leistungsresultate und emotionale Störungen auf Merkmale von Ursachenerklärungen zurückführen zu können, hat sich als allzu optimistische Einschätzung erwiesen.

Folgt man den Aussagen der reformulierten Hilflosigkeitstheorie, so stellen Attributionen Faktoren dar, welche gleichermaßen den Beginn, die Dauer und die Remission depressiver Störungen beeinflussen. Dieser umfassende Anspruch wurde durch die empirische Befundlage nicht bestätigt. Gerade die Untersuchung von Lewinsohn et al. (1981) hat verdeutlicht, daß sich die Beziehung zwischen depressionsbezogenen Kognitionen und depressiven Symptomen im Krankheitsverlauf verändert. Seligmans (1978) Bestreben, ‚helplessness-depression' als eine Klasse depressiver Störungen zu etablieren, deren Ätiologie, Symptomatologie und Therapie durch die Theorie der gelernten Hilflosigkeit vollständig beschrieben wird, ist bisher unerfüllt geblieben.

KAPITEL 8

AD HOC ERKLÄRUNGEN FÜR EMPIRISCHE ANOMALIEN

In den beiden vorangehenden Kapiteln wurden theoretische und empirische Probleme der Hilflosigkeitsforschung diskutiert. Die Kritik am Attributionsmodell von Abramson, Seligman und Teasdale (1978) veranlaßte die Vertreter der Hilflosigkeitstheorie, ihre Grundannahmen mit neuen Argumenten zu verteidigen. Diese Reaktionen stehen im Mittelpunkt des folgenden Kapitels.

Empirische Anomalien stellen nur dann eine Gefahr für ein Forschungsprogramm dar, wenn seine theoretische Entwicklung stagniert. Inkonsistente Befunde, welche den Annahmen einer Theorie entgegenlaufen, können durch die Formulierung von Hilfshypothesen aufgelöst werden. Hierbei werden nachträglich Zusatzerklärungen bereitgestellt, welche die Theorie vor Widerlegungen bewahren. Soweit diese Hypothesen zu neuen, empirisch prüfbaren Aussagen im Schutzgürtel der Theorie führen, entwickelt sich ein Forschungsprogramm progressiv weiter.

Von der progressiven Entwicklung eines Forschungsprogramms sind Versuche abzugrenzen, das Verhältnis von Theorie und Empirie durch Schutzbehauptungen zu harmonisieren. Popper (1976, Abs. 19, 20) hat solche Aussagen als ad hoc Hypothesen bezeichnet. Ad hoc Hypothesen stellen sprachliche Kunstkniffe dar, welche eine Theorie gegen Widerlegungen immunisieren, ohne ihren empirischen Gehalt zu erhöhen. Sie enthalten keine überprüfbaren Annahmen und tragen nichts zum Fortschritt eines Forschungsprogramms bei.

In den folgenden Abschnitten werden drei typische, von Vertretern der Hilflosigkeitstheorie häufig gebrauchte ad hoc Hypothesen besprochen. Die erste bezieht sich auf die Kernannahme des Forschungsprogramms, die zweite auf seinen Schutzgürtel. Im dritten Abschnitt werden ad hoc Aussagen über den Zusammenhang zwischen beiden Komponenten, der Kernannahme einerseits und dem Schutzgürtel andererseits, erörtert. Anhand dieser Beispiele werden negative Folgen für den Aussagegehalt und den wissenschaftlichen Status der Theorie der gelernten Hilflosigkeit diskutiert.

Die paradoxe Reduktion auf die Erwartungshypothese

Alle Hauptvertreter der Hilflosigkeitstheorie reagierten auf kritische Befunde zum Attributionsmodell von Abramson, Seligman und Teasdale (1978) mit einer Bekräftigung ihrer Kernannahme. Sie betonten, daß nur die Erwartung zukünftiger Unkontrollierbarkeit eine hinreichende Bedingung für das Auftreten von Hilflosigkeitsdefiziten darstelle (Alloy, 1982; Halberstadt, Andrews, Metalsky & Abramson, 1984; Peterson & Seligman, 1984). Eine verbindliche Entscheidung über die Bewährung oder Widerlegung ihrer Theorie könne nur dann gefällt werden, wenn diese Erwartungsvariable auch empirisch berücksichtigt werde. Da in den meisten Attributionsstudien keine Erwartungsmessungen durchgeführt wurden, gestatteten sie auch keine zwingenden Schlußfolgerungen über die Gültigkeit der Hilflosigkeitstheorie.

Durch diese Argumentation wird eine Reihe kritischer Fragestellungen zum Stand der Hilflosigkeitsforschung aufgeworfen. Erstens ignorierten Vertreter der Hilflosigkeitstheorie Befunde zur Wahrnehmung von nonkontingenten Ereignissen in Hilflosigkeitsexperimenten (vgl. Kapitel 7). Untersuchungen von Alloy und Abramson (1979; 1982), Ford und Neale (1985) sowie Tennen, Drum, Gillen und Stanton (1982) hatten gezeigt, daß Situationen objektiver Nonkontingenz nur selten mit Wahrnehmungen der Unkontrollierbarkeit verbunden werden. Obgleich nach unbeeinflußbaren Ereignissen Leistungsdefizite entwickelt wurden, konnten in neuen Aufgabensituationen keine kognitiven Symptome der Hilflosigkeit festgestellt werden. Wenn in Hilflosigkeitsstudien Beeinträchtigungen der Leistungsfähigkeit auftreten, ohne daß subjektive Korrelate der Unkontrollierbarkeit nachgewiesen werden können, dann bieten Erwartungen der Unkontrollierbarkeit auch keine geeignete Erklärung für das Phänomen der gelernten Hilflosigkeit.

Alloy und Abramson (1979) versuchten, die Kernannahme der Hilflosigkeitstheorie zu retten, indem sie das kognitive Defizit aufgaben. Sie postulierten, daß Erwartungen der Unkontrollierbarkeit nur zu motivationalen, nicht aber zu kognitiven Hilflosigkeitssymptomen führen. Diese Überlegung resultierte in einer weiteren Zersetzung der Kernannahme des Forschungsprogramms. Zum einen führte sie zu widersprüchlichen Aussagen. Folgt man der Auffassung von Alloy und Abramson, so verursachen Erwartungen der Unkontrollierbarkeit motivationale Defizite, die mit voller Einsicht in die Kontrollierbarkeit einer neuen Handlungssituation einhergehen können. Zum anderen wurden bislang keine Studien vorgelegt, in denen Leistungsdefizite in

Hilflosigkeitssituationen eindeutig auf motivationale Symptome zurückgeführt werden konnten. Mehrere Autoren berichteten sogar, daß Hilflosigkeit und Depression gerade bei hoch motivierten Personen auftraten (Feather & Davenport, 1981; Feather & Barber, 1983; Ford & Neale, 1985).

Seligman und Maier haben betont, daß die Postulierung des kognitiven Defizits die Theorie der gelernten Hilflosigkeit von allen alternativen Erklärungsversuchen abgrenzt. Sie vertraten den Standpunkt, daß sich gelernte Hilflosigkeit nicht auf motivationale Effekte reduzieren läßt (Maier & Jackson, 1979; Alloy & Seligman, 1979). Sie gingen davon aus, daß sich Erwartungen der Unkontrollierbarkeit in kognitive Defiziten manifestieren. Die Auffassung, daß das kognitive Defizit im Zentrum der Hilflosigkeitstheorie steht, wurde auch von Alloy und Abramson (1980) geteilt: ‚We choose to focus on the cognitive or associative component because it lies at the heart of helplessness theory ...' (S. 61). Alloy und Abramson (1979) haben ihren veränderten Standpunkt nicht zu Ende gedacht. Mit der Abspaltung des kognitiven Defizits ist die Aufgabe der Kernannahme der Hilflosigkeitstheorie verbunden. Angesichts der Tatsache, daß sich die Erwartungshypothese zum Gegenstand empirischer Auseinandersetzungen entwickelt hat, kann ihre bloße Bekräftigung kaum beeindrucken. Vertreter der Hilflosigkeitstheorie übersehen dabei, daß der harte Kern ihres Forschungsprogramms längst selbst in die Krise geraten ist.

Zweitens ist es paradox, wenn Vertreter der Hilflosigkeitstheorie (z.B. Alloy, 1982) Untersuchungen kritisieren, in denen keine Erwartungsmessungen durchgeführt wurden, und gleichzeitig darauf hinweisen, daß derzeit keine angemessene Operationalisierung für die Messung von Erwartungen der Unkontrollierbarkeit zur Verfügung steht (z.B. Peterson & Seligman, 1984). Die Betonung der Erwartungshypothese provoziert vielmehr skeptische Fragen zum Stand der empirischen Evidenz in der Hilflosigkeitsforschung. Wenn die Validität der Hilflosigkeitstheorie von dem Nachweis abhängt, daß Erwartungen der Unkontrollierbarkeit für das Auftreten von Defiziten verantwortlich sind, so ist diese Theorie bislang ohne empirische Unterstützung geblieben. Der Rückzug auf den harten Kern des Forschungsprogramms hat einen Bumerang-Effekt zur Folge. Entweder muß die Erwartungshypothese als bislang ungeprüfter und gegenwärtig auch nicht prüfbarer Bestandteil der Hilflosigkeitstheorie ausgewiesen werden. Dann gibt es keine empirische Evidenz für die Theorie Seligmans (1975) und ihre Reformulierung durch Abramson, Seligman und Teasdale (1978). Oder es werden Untersuchungen zur Wahrnehmung von (Un-)Kontrollierbarkeit und zum Auftreten kognitiver Defizite als relevant erachtet. Dann haben sich die Grundannahmen der Hilflosigkeitstheorie nicht bewährt.

Drittens haben Tennen (1982) sowie Fincham und Cain (1985) darauf hingewiesen, daß die Reduktion der Hilflosigkeitstheorie auf ihren Erwartungskern mit einer Trivialisierung des Forschungsprogramms verbunden ist. Die Aussage, daß Erwartungen das Verhalten beeinflußen, sei weder strittig noch neuartig. Vielmehr gehe es darum, die Frage zu klären, auf welche Weise Erwartungen der Unkontrollierbarkeit gebildet werden. Eine Theorie der gelernten Hilflosigkeit müsse eine Erklärung enthalten, unter welchen Bedingungen Erwartungen der Unkontrollierbarkeit auftreten, und auf welche neuen Situationen sie übertragen werden. Solche Erklärungen sind im Schutzgürtel des Forschungsprogramms enthalten, wie er von Seligman (1975) und Abramson, Seligman und Teasdale (1978) formuliert wurde. Die empirische Prüfung dieser Erklärungen hatte widersprüchliche Befunde zur Folge, welche durch eine bloße Rückbesinnung auf den harten Kern des Forschungsprogramms nicht aufgelöst werden können.

Die kognitive ‚black box'

In Kapitel 7 wurden Untersuchungen zum Attributionsmodell der gelernten Hilflosigkeit berichtet, in denen experimentelle Manipulationen der Globalität von Ursachenzuschreibungen zwar die Leistung, nicht aber die subjektive Beurteilung der Ursachenfaktoren beeinflußt hatten (Pasahow, 1980; Mikulincer, 1986). Damit stellte sich die Frage, ob die Wirksamkeit der durchgeführten Induktionen tatsächlich auf die von Abramson, Seligman und Teasdale (1978) postulierten Einflußfaktoren der gelernten Hilflosigkeit zurückzuführen ist.

Um diese Befunde mit dem Attributionsmodell von Abramson, Seligman und Teasdale (1978) in Einklang bringen zu können, formulierten Alloy (1982) und Pasahow (1980) eine ad hoc Hypothese zum Schutzgürtel des Forschungsprogramms. Sie vertraten den Standpunkt, daß auch dann, wenn kausale Urteilsprozesse experimentell beeinflußt werden, die Fähigkeit der Probanden, genauen Aufschluß über diese Kognitionen zu geben, begrenzt sei. Daher stelle die fehlende Korrespondenz zwischen experimenteller Manipulation und subjektiver Wahrnehmung kein Argument gegen die Validität der Hilflosigkeitstheorie, sondern ein Problem der Messung kognitiver Prozesse dar. ‚The fact that subjects may sometimes be unable to report accurately on their cognitive processes does not mean that these cognitive processes do not, in fact, occur and influence behavior in theoretically perdictable ways' (Alloy, 1982, S. 462).

Alloy (1982) und Pasahow (1980) wiesen darauf hin, daß diese Argumentation mit der von Nisbett und Wilson (1977) vorgetragenen Kritik introspektiver Daten übereinstimme. Nisbett und Wilson hatten die Auffassung vertreten, daß Personen, die aufgefordert werden, retrospektive Angaben über verhaltenswirksame Kognitionen zu machen, in der Regel nicht in der Lage sind, zuverlässige Auskunft zu geben. Statt dessen werden sie gezwungen, so die Kritik Nisbett und Wilsons (1977), auf vorgefaßte, a priorische Theorien zurückzugreifen. Die Schlußfolgerung, mit diesem Standpunkt die unzureichende empirische Evidenz für eine an sich valide kognitive Theorie erklären zu können, stellte allerdings eine willkürliche Interpretation von Alloy und Pasahow dar.

Der von Alloy (1982) und Pasahow (1980) vorgetragene Standpunkt hat negative Konsequenzen für den wissenschaftlichen Status des Attributionsmodells der gelernten Hilflosigkeit. Vor allem wird die Prüfbarkeit der Vorhersagen der Modellrevision herabgesetzt. Soweit keine systematischen Beziehungen zwischen Attribution und Verhalten auftreten, wird die Theorie durch methodische Argumente gegen Kritik geschützt. Wenn sich Attributionen ebenso wie Erwartungen der Unkontrollierbarkeit einer akzeptablen Messung entziehen, so stellt sich die Frage, auf welche Weise die Gültigkeit der reformulierten Theorie von Abramson, Seligman und Teasdale (1978) überhaupt getestet werden soll. Die Überlegungen Alloys und Pasahows führen zu einer Immunisierung der Hilflosigkeitstheorie gegen inkonsistente Befunde. Ebenso bleibt die Frage unbeantwortet, welche Variablen durch experimentelle Induktionen, wie sie in Hilflosigkeitsexperimenten eingesetzt werden, manipuliert werden. Mikulincer (1986) äußerte jüngst die Vermutung, daß Instruktionen zur Globalität von Ursachenfaktoren eher das wahrgenommene Ausmaß der Kontrolle beeinflußen. Und Carver, Blaney und Scheier (1979) setzten die gleiche experimentelle Prozedur ein, um subjektive Erfolgswahrscheinlichkeiten nach Mißerfolgserfahrungen zu manipulieren. Nicht die Wirksamkeit der Manipulationen, sondern die Frage nach den Variablen, welche durch diese Manipulationen beeinflußt werden, steht somit zur Debatte.

Folgt man der Argumentation Alloys (1982) und Pasahows (1980), so werden die Modellvariablen der Hilflosigkeitstheorie in einer kognitiven ‚black box' abgeschottet. Sie werden zur Interpretation empirischer Befunde herangezogen, ohne selbst zum Gegenstand kritischer Prüfungen zu werden.

Die Relativierung der attributionstheoretischen Vorhersagen

Eine dritte ad hoc Hypothese, welche von Vertretern der Theorie der gelernten Hilflosigkeit vorgebracht wurde, bezog sich auf die Schnittstelle zwischen dem Schutzgürtel und dem harten Kern des Forschungsprogramms. Abramson, Seligman und Teasdale (1978) waren davon ausgegangen, daß sich das Auftreten von Erwartungen der Unkontrollierbarkeit aus Ursachenerklärungen für Erfahrungen der Hilflosigkeit prognostizieren läßt: ‚Our reformulation regards the attribution the individual makes for noncontingency between acts and outcomes in the here and now as a determinant of his subsequent expectations for future noncontingency' (S. 52). Diese grundlegende Aussage der attributionstheoretischen Revision wurde von Alloy (1982), Halberstadt, Andrews, Metalsky und Abramson (1984) und Peterson und Seligman (1984) deutlich abgeschwächt. In mehreren Reinterpretationen zur reformulierten Theorie (vgl. Kapitel 4) machten sie geltend, daß Attributionen keine zwingenden Schlußfolgerungen gestatten, ob Hilflosigkeitsdefizite generalisiert oder nicht generalisiert werden. Als sogenannte ‚kontributorische Ursachen' beeinflußten sie nur die Wahrscheinlichkeit, mit der Hilflosigkeitserwartungen auftreten werden.

Durch die Relativierung der attributionstheoretischen Vorhersagen wurde der Aussagegehalt der Modellrevision reduziert. Die nachträgliche Abschwächung des Beziehungsgefüges zwischen Attributionen und Erwartungen der Hilflosigkeit mag zwar einer realistischen Beurteilung der empirischen Befundlage entsprechen. Ein geeigneter Ausgangspunkt für die Formulierung empirischer Hypothesen wurde hierdurch aber nicht begründet. Die Generalisierung der gelernten Hilflosigkeit läßt sich aus Ursachenzuschreibungen entweder vorhersagen oder nicht vorhersagen. Darüberhinaus ist es nützlich, wenn Bedingungen spezifiziert werden, unter denen valide Vorhersagen möglich oder nicht möglich sind. Demgegenüber erlaubt die Formulierung unbestimmter und vager Hypothesen keine Entscheidung über die Gültigkeit einer Theorie. Folgt man der angesprochenen ad hoc Hypothese, so würden Untersuchungen, in denen sich der Transfer von Hilflosigkeit aus Attributionen prognostizieren läßt, eine Bestätigung des revidierten Modells darstellen. Untersuchungen, in denen diese Vorhersage mißlingt, böten hingegen noch lange keinen Anlaß, Zweifel an der Gültigkeit der Hilflosigkeitstheorie zu äußern. In solchen Fällen wären trotz generalisierungsfördernden Ursachenerklärungen eben keine Erwartungen der Unkontrollierbarkeit gebildet worden.

Zusammenfassung

Vertreter der Hilflosigkeitstheorie begegneten empirisch begründeter Kritik am Attributionsmodell von Abramson, Seligman und Teasdale (1978) mit der nachträglichen Formulierung von ad hoc Hypothesen. Diese Hypothesen beinhalteten keine neuen Aussagen der Theorie. Ebensowenig leisteten sie einen Beitrag, das Phänomen der gelernten Hilflosigkeit besser verstehen zu können. Vielmehr ging es darum, die Annahmen der Hilflosigkeitstheorie gegen empirische Angriffe zu immunisieren. Hierzu wurden die Aussagen der Theorie abgeschwächt und ihre empirische Prüfbarkeit wurde herabgesetzt. Durch die Formulierung von ad hoc Hypothesen wurde sowohl die wissenschaftliche Qualität als auch der empirische Aussagegehalt der Hilflosigkeitstheorie gemindert.

KAPITEL 9

FORTSCHRITT UND STAGNATION IM FORSCHUNGSPROGRAMM

Wie läßt sich nun die Entwicklung der Hilflosigkeitstheorie zusammenfassend beurteilen? In den vorangehenden Kapiteln wurde die Theorie der gelernten Hilflosigkeit als wissenschaftliches Forschungsprogramm ausgewiesen. Der harte Kern des Programms wurde als ‚Theorie der Defizite' gekennzeichnet. Seligman (1975) ging davon aus, daß kognitive und motivationale Symptome der Hilflosigkeit durch Erwartungen der Unkontrollierbarkeit verursacht werden. Um Bedingungen angeben und überprüfen zu können, unter denen solche Erwartungen gebildet werden, wurden im Schutzgürtel des Forschungsprogramms Modelle zum Transfer von Hilflosigkeitsdefiziten formuliert. In dichter Aufeinanderfolge wurden ‚Theorien zur Generalisierung' der gelernten Hilflosigkeit vorgelegt. Ein wichtiger Einschnitt in dieser Entwicklung stellte die attributionstheoretische Reformulierung der Hilflosigkeitstheorie dar. Mit dem Attributionsmodell von Abramson, Seligman und Teasdale (1978) wurde die kognitive Wende in der Hilflosigkeitsforschung vollzogen. Der harte Kern des Forschungsprogramms wurde dabei aufrechterhalten. Das Attributionsmodell wurde in den Schutzgürtel des Forschungsprogramms eingelagert und an die kontingenztheoretischen Grundkonzepte der ursprünglichen Theorie Seligmans adaptiert.

Für die empirische Umsetzung der Hilflosigkeitstheorie wurden Forschungsstrategien entwickelt, durch die theoretische Fragestellungen zu systematischen Untersuchungsserien gebündelt wurden. Um den negativen Einfluß von unkontrollierbaren Ereignissen im Verhalten und Erleben nachweisen zu können, wurden neue Methoden gesucht und entwickelt. Dabei führte Seligmans Behauptung, gelernte Hilflosigkeit stelle ein Modell der Depression dar, zu einer stetigen Ausweitung der Forschungsaktivitäten.

Trotz der bedeutsamen Fortschritte, welche von Seligman und seinen Mitarbeitern in der Hilflosigkeitsforschung erzielt wurden, zeigen sich beim gegenwärtigen Entwicklungsstand der Hilflosigkeitstheorie deutliche Merkmale der Stagnation. Angesichts einer zunehmenden Anzahl empirischer Anomalien gewinnt die negative Heuristik des Forschungsprogramms kontinuierlich an Bedeutung. Alle Vertreter der Hilflosigkeitstheorie betonen, daß sie an der Kernannahme ihres Forschungsprogramms festhalten werden. Die (Erwartungs-),Theorie der Defizite' soll trotz, oder besser gerade wegen negativer Befunde zum Attributionsmodell der gelernten Hilflosigkeit aufrechterhalten werden. Dabei wird allerdings übersehen, daß auch die Kernannahme des Forschungsprogramms im Mittelpunkt der empirischen Kritik steht.

Gleichzeitig ist die positive Heuristik des Forschungsprogramms erlahmt. Die (Attributions-),Theorie der Generalisierung' hat nicht nur das Auftreten empirischer Anomalien zur Folge gehabt. Vielmehr haben diese Anomalien bislang keine Neuformierung des Schutzgürtels angeregt. Abramson, Seligman und Teasdales (1978) Idee, das Forschungsprogramm nach attributionstheoretischen Gesichtspunkten zu erneuern, hat keine wesentliche Weiterentwicklung gefunden. In den Reinterpretationen zur reformulierten Theorie dominieren ad hoc Erklärungen, durch die der Aussagegehalt und die Prüfbarkeit der Modellrevision beeinträchtigt werden.

Das Festhalten am harten Kern der Hilflosigkeitstheorie gewährleistet weder Schutz vor empirischen Widerlegungen, noch leistet sie einen Beitrag zum theoretischen und empirischen Fortschritt des Forschungsprogramms. Beide Funktionen können nur durch die positive Heuristik erfüllt werden. Wenn die gegenwärtige Diskussion der Hilflosigkeitstheorie durch das Auftreten theoriewidriger Befunde bestimmt wird, so liegt dies wesentlich darin begründet, daß die positive Heuristik des Forschungsprogramms nicht mehr funktioniert. Fortschritte können in einem Forschungsprogramm nur dann erzielt werden, wenn die Modelle des Schutzgürtels durch gehaltvolle Zusatzannahmen bereichert werden, und wenn sich dabei inkonsistente Resultate aufklären und neue Sachverhalt vorhersagen lassen. Weil diese Aufgabe von Vertretern der Hilflosigkeitstheorie nicht mehr zufriedenstellend gelöst wird, droht das Attributionsmodell von Abramson, Seligman und Teasdale (1978) in einem Meer empirischer Anomalien zu versinken. Auch wenn immer neue Gegenstandsbereiche und Fragestellungen für die Hilflosigkeitstheorie gewonnen werden, erscheint ihr heuristisches Potential weitgehend erschöpft.

Lakatos (1982a) hat darauf hingewiesen, daß es keine ‚Sofortrationalität' bei der Aufhebung stagnierender Forschungsprogramme gibt. Selbst ein Programm, in dem keine theoretischen Fortschritte erzielt werden, kann fortbestehen und durch schöpferische Neugestaltungen seines Schutzgürtels ein ‚comeback' feiern. Nach Lakatos gibt es nur einen Grund, ein stagnierendes Programm aufzugeben: ein konkurrierendes Programm, das die Erfolge des Rivalen übertrifft und zu neuen Erkenntnissen führt. ‚Rein negative, destruktive Kritik, wie z.B. ‚Widerlegung' oder Nachweis einer Inkonsistenz, eliminiert ein Programm noch nicht. ... Man kann natürlich die Entartung eines Forschungsprogramms aufdecken, aber wirklicher Erfolg wird durch konstruktive Kritik mit Hilfe konkurrierender Forschungsprogramme erzeugt . . .' (Lakatos, 1982a, S. 91).

In den Reinterpretationen zur reformulierten Hilflosigkeitstheorie wurde mit Nachdruck darauf hingewiesen, daß Erwartungen der Unkontrollierbarkeit eine hinreichende, aber keineswegs eine notwendige Bedingung für das Auftreten von Hilflosigkeitsdefiziten darstellen. Natürlich ist die entscheidende Frage, welche Faktoren in empirischen Studien tatsächlich die Genese und Generalisierung von Hilflosigkeitsdefiziten verursachen. Immerhin räumten Vertreter der Hilflosigkeitstheorie mit dieser Formulierung ein, daß es alternative Erklärungen für das Phänomen der gelernten Hilflosigkeit geben kann. Im zweiten Teil dieser Arbeit wird ein solcher konkurrierender Erklärungsansatz behandelt. Damit wird Lakatos' Standpunkt berücksichtigt, daß wissenschaftliches Wachstum nicht nur auf der internen Entwicklung eines einzelnen Forschungsprogamms, sondern vor allem auf der Rivalität konkurrierender Programme begründet ist.

TEIL II
HILFLOSIGKEIT UND HANDLUNGSKONTROLLE

Im zweiten Teil dieses Buches wird ein alternativer Forschungsansatz zu Seligmans Theorie der gelernten Hilflosigkeit vorgestellt. Im Mittelpunkt dieses Forschungsansatzes steht die Annahme, daß das Phänomen der gelernten Hilflosigkeit mit Defiziten in der Initiierung handlungsorientierter Strategien der Mißerfolgsbewältigung verbunden ist. Anhand dieses Standpunktes wird zunächst eine alternative ‚Theorie der Defizite' entwickelt. Hierzu werden empirische Studien berichtet, in denen das Auftreten von Leistungsdefiziten bereits in der Hilflosigkeitsgenese untersucht wurde. Anschließend werden Bedingungen erörtert, unter denen Symptome der Hilflosigkeit auch auf neue Aufgabensituationen übertragen werden. Diese Diskussion wird im Rahmen einer alternativen ‚Theorie der Generalisierung' vorgetragen. Als theoretischer Leitfaden wird Kuhls (1981; 1983; 1984) Modell der Handlungskontrolle aufgegriffen, dessen Anwendung auf Situationen der gelernten Hilflosigkeit erläutert wird.

KAPITEL 10

HANDLUNGSKONTROLLE UND DIE GENESE VON HILFLOSIGKEITSDEFIZITEN

Mit welchen Gedanken beschäftigen sich Personen in der Trainingsphase von Hilflosigkeitsexperimenten? Wie reagieren sie auf experimentell induzierte Mißerfolge? Welche Kognitionen treten in der Hilflosigkeitsgenese auf, und welche Kognitionen sind mit der Aufrechterhaltung des Leistungsniveaus unter Mißerfolgsbedingungen verbunden? Diese Fragestellungen standen im Mittelpunkt von zwei Untersuchungen, in denen Brunstein (im Druck; Brunstein & Olbrich, 1985) differentielle Effekte im Leistungsverhalten während einer unkontrollierbaren Mißerfolgssituation analysierte.

Einführung

Erstaunlicherweise hat die Theorie der gelernten Hilflosigkeit nur wenige Untersuchungen angeregt, in denen die Genese von Hilflosigkeitsprozessen berücksichtigt wurde. Die Frage, auf welche Weise Hilflosigkeit gelernt wird, blieb empirisch weitgehend unbeachtet.

Brunstein (1982; 1986b,c; im Druck; Brunstein & Olbrich, 1985) hat auf diese Lücke in der empirischen Hilflosigkeitsforschung hingewiesen und Studien zur Genese der gelernten Hilflosigkeit vorgelegt. Dabei wurde die Genese von Hilflosigkeitsdefiziten als differential-psychologischer Prozeß aufgefaßt. Brunstein ging davon aus, daß nur ein Teil seiner Probanden Hilflosigkeitsreaktionen unter Mißerfolgsbedingungen zeigen würde, während sich ein anderer Teil als immun und resistent gegenüber Hilflosigkeitsinduktionen erweisen würde.

Mit dieser Ausgangsposition waren drei Aufgabenstellungen verbunden. Erstens mußte ein Kriterium definiert werden, anhand dessen festgestellt werden konnte, ob eine Person auf Mißerfolge hilflos reagiert hatte, oder ob sie sich gegenüber Mißerfolgsinduktionen erfolgreich behaupten konnte. Zu diesem Zweck adaptierte Brunstein (1982; 1984) eine Reihe von Auswertungsverfahren, nach denen die Leistungsqualität beim Bearbeiten unlösbarer Diskriminationsaufgaben beurteilt werden konnte. Dabei wurden die Versuchspersonen sowohl hinsichtlich ihres Leistungsniveaus als auch hinsichtlich ihres Leistungsverlaufs über eine Serie von Mißerfolgsaufgaben miteinander verglichen. Durch dieses Vorgehen wurde es möglich, differentielle Leistungseffekte bereits in der Trainingsphase von Hilflosigkeitsexperimenten festzustellen.

Zweitens stellte sich die Frage, auf welche Weise Leistungsunterschiede in Mißerfolgssituationen aufgeklärt werden können. Um diese Frage zu beantworten, wurden leistungsthematische Gedanken analysiert, die während der Bearbeitung unlösbarer Aufgaben salient wurden. Dabei wurde nach charakteristischen Gedankeninhalten gefahndet, die hilflose Versuchspersonen von Probanden unterscheiden würden, die sich gegenüber Hilflosigkeitsinduktionen als resistent erwiesen hatten.

Da es zunächst um die Durchführung explorativer Studien ging, waren die Vorstellungen noch vage, um welche Gedankeninhalte es sich dabei handeln könnte. Wichtige Hinweise enthielt allerdings eine Reihe von Untersuchungen, in denen Dweck Hilflosigkeitsreaktionen bei 10–12jährigen Kindern untersucht hatte (Dweck, 1975; Dweck & Licht, 1980; Dweck & Reppucci, 1973). Demzufolge war zu erwarten, daß sich Hilflosigkeitskognitionen vor allem auf die Unüberwindbarkeit negativer Handlungsresultate und auf die Unvermeidbarkeit weiterer Mißerfolge beziehen würden. Brunstein (im Druck; Brunstein & Olbrich, 1985) verfolgte aber nicht nur das Ziel, die Genese von Hilflosigkeitsdefiziten phänomenologisch zu beschreiben. Vielmehr erwartete er auch, daß die Auswertung von Gedankenprotokollen wichtige Aufschlüsse über die unmittelbaren Ursachen von Leistungsdefiziten in Hilflosigkeitssituationen geben würde. Dieser Auffassung lag die Annahme zugrunde, daß Hilflosigkeit weniger durch die Entwicklung motivationaler Defizite als durch Störungen der kognitiven Leistungsfähigkeit verursacht wird.

Solche Störungen können z.B. dann auftreten, wenn sich Personen mit den negativen Selbstbewertungsfolgen von Mißerfolgssituationen beschäftigen, obgleich sie noch mit weiteren Anforderungen konfrontiert werden. In der Trainingsphase von Hilflosigkeitsexperimenten werden längere Aufgabenserien vorgelegt. Daher kann die gedankliche Fixierung auf momentane Mißerfolgsresultate die Aufmerksamkeit bei nachfolgenden Aufgaben beeinträchtigen und die Entwicklung effizienter Lösungsstrategien behindern. Umgekehrt ist zu erwarten, daß die Leistungsfähigkeit unter Mißerfolgsbedingungen nur dann aufrechterhalten werden kann, wenn Strategien zur Selbstimmunisierung entwickelt werden. Brunstein und Olbrich (1985) vermuteten, daß solche Strategien darauf abzielen, Personen vor negativen Selbstbewertungen zu schützen und ihre Aufmerksamkeit auf die Bewältigung weiterer Anforderungen zu richten.

Dieser Standpunkt wurde durch empirische Befunde von Diener und Dweck (1978; 1980) unterstützt. Diener und Dweck hatten markante Unterschiede im Leistungsverhalten von ‚hilflosen' und ‚masteryorientierten' Schülern festgestellt. ‚Hilflose' Kinder reagierten auf Mißerfolge mit Leistungsdefiziten. Sie suchten nach Erklärungen für ihr persönliches Versagen und konnten sich kaum mehr auf die Bewältigung neuer Aufgabenanforderungen konzentrieren. Demgegenüber bewerteten sie Erfolge weder als Zeichen ihrer Leistungsfähigkeit noch erwarteten sie, daß Erfolge andauern würden. ‚Mastery-orientierte' Kinder behaupteten hingegen ihre Leistung auch unter Mißerfolgsbedingungen. Sie konzentrierten sich auf die Aufgabenlösung und spornten sich an, ihre Leistung zu steigern. Entsprechend führten sie Erfolge auf ihren persönlichen Anstrengungseinsatz zurück.

Trotz dieser Befunde hielt Dweck an der Auffassung fest, daß sich Leistungsunterschiede in Hilflosigkeitssituationen innerhalb eines attributionstheoretischen Modells aufklären lassen. Sie ging davon aus, daß Kinder, die Anstrengungsattributionen für Mißerfolge bevorzugen, gegen Hilflosigkeitsreaktionen geschützt sind. Demgegenüber nahm sie an, daß Kinder, die Anstrengungsfaktoren bei der Erklärung von Mißerfolgen vernachlässigen, besonders anfällig für Hilflosigkeitsreaktionen sind. Brunstein (1986b,c; Brunstein & Olbrich, 1985) vertrat hingegen einen anderen Standpunkt. Einen attributionstheoretischen Ansatz zur Hilflosigkeitsgenese hielt er schon deshalb für untauglich, weil er (a) damit rechnete, daß nur bei einem Teil der Probanden spontane Kausalkognitionen unter Mißerfolgsbedingungen auftreten, und (b) weil er erwartete, daß neben Ursachenerklärungen eine Vielfalt anderer Gedankeninhalte mit Leistungsunterschieden in Hilflosigkeitssituationen einhergehen.

Als dritte Aufgabe stellte sich die Frage, aus welchem theoretischen Konstrukt valide Schlußfolgerungen über das Auftreten von Personenunterschieden in der Hilflosigkeitsgenese abgeleitet werden können. Brunstein (1986c; im Druck; Brunstein & Olbrich, 1985) vertrat die Auffassung, daß Kuhls Modell der Handlungskontrolle besonders geeignet sei, um mit attributionstheoretischen Erklärungen der gelernten Hilflosigkeit konkurrieren zu können. Kuhl (1981; 1983; 1984) hat ein Modell der Handlungskontrolle vorgeschlagen, in dem volitionale Prozesse behandelt werden, welche die Realisierung von Absichten beeinflussen. Handlungskontrolle übt vor allem dann eine wichtige Vermittlungsfunktion zwischen Intention und Verhalten aus, wenn bei der Realisierung von Absichten Probleme auftreten. Dies ist zum Beispiel dann der Fall, wenn eine Absicht mit inkompatiblen Alternativabsichten konkurrieren muß; oder aber, wenn der Versuch, eine Absicht zu verwirklichen, zunächst einmal fehlschlägt. Unter solchen Bedingungen erfüllt Handlungskontrolle die Aufgabe, eine Absicht, die realisiert werden soll, gegen alternative Absichten abzuschirmen und sie trotz vorübergehender Fehlschläge durchzusetzen.

Kuhl hat dem Konstrukt der Handlungskontrolle spezifische Einflußmöglichkeiten auf die Informationsverarbeitung zugeschrieben. Handlungskontrolle faßte er dabei als eine metakognitive Tendenz auf, welche kognitive Funktionen so steuert, daß die Übereinstimmung von Intention und Verhalten maximiert wird. Um Strategien und Mechanismen zu verdeutlichen, welche zwischen Intention und Verhalten vermitteln, führte Kuhl (1983, S. 251ff.) eine Unterscheidung zwischen zwei Direktiven der Handlungskontrolle ein. Diese Direktiven bezeichnete er als Handlungsorientierung versus Lageorientierung. Im handlungsorientierten Modus geht es um die Planung und Ausführung von Handlungen, welche die Verwirklichung einer Absicht voranbringen sollen. Eine handlungsorientierte Person konzentriert sich darauf, wie sie Diskrepanzen zwischen einer gegenwärtigen, unzufriedenstellenden Situation und einer erstrebenswerten, zukünftigen Situation überwinden kann. Demgegenüber wird der lageorientierte Modus durch die gedankliche Fixierung auf vergangene, gegenwärtige oder zukünftige Situationen bestimmt. Von dieser eher analysierenden Tätigkeit gehen keine Impulse für die Initiierung zielgerichteter Handlungen aus.

Die wichtigste kognitive Funktion, die durch Handlungskontrolle gesteuert wird, ist die selektive Ausrichtung der Aufmerksamkeit. Im handlungsorientierten Modus wird die Aufmerksamkeit auf solche Informationen gelenkt, welche für die Ausführung einer geplanten Handlung relevant sind. Demgegenüber werden alle Informationen ausgeblendet, welche für die Realisierung einer Absicht überflüssig oder sogar hinderlich sind. Gerade solchen absichtswidrigen Informationen wird im lageorientierten Modus besondere Beachtung geschenkt. Lageorientierung hemmt daher die Anregung und Ausführung von Handlungstendenzen, die für die Realisierung einer Absicht erforderlich sind. Kuhl (1983, 1984, 1987) hat den absichtsfördernden Einfluß von Handlungsorientierung und den absichtsgefährdenden Einfluß von Lageorientierung anhand weiterer Kontrollstrategien verdeutlicht (z.B. Motivationskontrolle, Emotionskontrolle, Umweltkontrolle usw.). Für die hier zu behandelnde Frage der Hilflosigkeitsgenese ist besonders wichtig, daß er Handlungskontrolle als bedeutsamen Faktor in der Verarbeitung von Mißerfolgsereignissen betrachtet hat (Kuhl, 1981; 1983; 1984).

In der Trainingsphase von Hilflosigkeitsstudien wird jeglicher Versuch unterbunden, intellektuelle Anforderungen erfolgreich zu bewältigen. Die Absicht, eine gute Leistung zu erzielen, wird durch leistungsorientierte Instruktionen angeregt und nachfolgend durch versuchsleiter-induzierte Mißerfolge systematisch durchkreuzt. Die Versuchspersonen werden mit anhaltenden Schwierigkeiten und Fehlschlägen konfrontiert. Diese Situation stellt nach Kuhl eine typische Auslösebedingung für die Aktivierung von Strategien der Handlungskontrolle dar. Zunächst werden Mißerfolge mit einer zunehmenden Tendenz zur Handlungsorientierung beantwortet, die erst dann in eine Tendenz zur Lageorientierung umschlägt, wenn sich die Fehlschläge häufen und die Kontrolle über das angestrebte Leistungsziel verloren geht. Anfängliche Bemühungen, Probleme bei der Aufgabenlösung durch vermehrte Anstrengung und verbesserte Strategien zu überwinden, werden von einer zunehmenden Zentrierung auf die unbeeinflußbare Mißerfolgssituation abgelöst. Die so entstandene Lageorientierung interferiert mit der Aufrechterhaltung und Steigerung der kognitiven Funktionstüchtigkeit. Mit den Worten Kuhls (1983) führt Lageorientierung zu ‚funktionalen Defiziten,' die bei anspruchsvollen Aufgabenstellungen nachteilige Auswirkungen auf die Leistungsqualität haben.

Kuhls Überlegungen bezogen sich ursprünglich auf den Transfer von Hilflosigkeitsdefiziten. Brunstein und Olbrich (1985) vertraten die Auffassung, daß Handlungskontrolle bereits in der Hilflosigkeitsgenese relevant wird. Dieser Annahme kam entgegen, daß Kuhl (1983, S. 260ff.) auch auf der dispositionellen Ebene eine Unterscheidung zwischen handlungsorientierten und lageorientierten Personen einführte. Brunstein und Olbrich gingen davon aus, daß handlungsorientierte Probanden hohe Schwellenwerte, lageorientierte Probanden hingegen niedrige Schwellenwerte gegen Hilflosigkeitsreaktionen aufweisen. Daher erwarteten sie, daß Handlungsorientierung in Mißerfolgssituationen mit Strategien der Selbstimmunisierung einhergehen würde, während Lageorientierung mit besonderen Risiken für das Auftreten von Hilflosigkeitsreaktionen verbunden sein sollte.

Lageorientierung als Risikofaktor der Hilflosigkeitsgenese

Brunstein führte zwei Experimente zur Hilflosigkeitgenese durch, die auf Kuhls Kozept der Handlungskontrolle bezug nahmen. Im Mittelpunkt dieser Untersuchungen standen die Fragen, (a) ob sich Leistungsunterschiede in Mißerfolgssituationen durch Messung der Handlungsorientierung versus Lageorientierung von Personen aufklären lassen, und (b), wenn dies der Fall sein sollte, welche Kognitionen mit dem leistungsförderlichen Effekt von Handlungsorientierung bzw. mit dem leistungsmindernden Effekt von Lageorientierung verbunden sind.

Befunde

Brunstein und Olbrich (1985) führten zu diesen Fragestellungen eine erste, explorative Studie mit 32 Psychologie-Studenten durch. Die Versuchspersonen hatten zunächst einen Fragebogen auszufüllen, in dem handlungsorientierte versus lageorientierte Reaktionen auf hypothetische Mißerfolgssituationen beschrieben wurden (HOM-Skala nach Kuhl, 1983). Handlungsorientierte Antworten brachten zum Ausdruck, daß sich eine Person von Mißerfolgen gedanklich lösen kann, daß sie schon bald neue Vorhaben in Angriff nimmt, und daß sie Maßnahmen einleitet, um weitere Fehlschläge zu verhindern. Demgegenüber waren lageorientierte Antworten dadurch gekennzeichnet, daß sich die Aufmerksamkeit einer Person auf die momentane Mißerfolgssituation richtet, daß sie ins Grübeln kommt, über die Ursachen ihres Versagens nachdenkt und sich niedergeschlagen fühlt. Auf der Grundlage dieses Fragebogens wurden die Probanden in eine handlungsorientierte und in eine lageorientierte Gruppe unterteilt.

Anschließend nahmen die Versuchspersonen an einem Experiment teil, in dem Diskriminationsaufgaben bearbeitet wurden. Abbildung 5

Aufgabe	Ergebnis
Erste Phase	
1	Erfolg
2	Mißerfolg
3	Erfolg
4	Mißerfolg
Zweite Phase	
5	Mißerfolg
6	Mißerfolg
7	Mißerfolg
8	Mißerfolg
Dritte Phase	
9	Erfolg
10	Erfolg
11	Erfolg
12	Erfolg

Abb. 5: Versuchsablauf von Brunstein und Olbrich (1985).

verdeutlicht den Ablauf des Experiments. Insgesamt wurden zwölf Aufgaben vorgelegt, die in drei Phasen dargeboten wurden. Jede Aufgabenphase war durch ein besonderes Verhältnis von Erfolgs- und Mißerfolgsrückmeldungen gekennzeichnet. In der ersten Phase wechselten sich Erfolge und Mißerfolge ständig ab. In dieser ‚gemischten Phase' sollten Ich-Beteiligung und Engagement der Probanden angeregt werden. Danach wurde eine Serie von vier aufeinanderfolgenden Mißerfolgen induziert. Brunstein und Olbrich (1985) erwarteten, daß in dieser ‚Mißerfolgsphase' deutliche Unterschiede im Leistungsverhalten von handlungsorientierten und lageorientierten Probanden auftreten würden. In der dritten (‚Erfolgs-)Phase' wurden lösbare Aufgaben vorgelegt, um den Einfluß von Mißerfolgserfahrungen auf das Verhalten in einer Erfolgssituation überprüfen zu können.

In den drei Phasen des Experiments wurden Daten zur Leistung, zur gedanklichen Beschäftigung und zur Selbstwahrnehmung erhoben. Für die Messung der Leistung wurde ein Auswertungssystem von Gholson, Levine und Philips (1972) adaptiert, nachdem sich Lösungsstrategien für Diskriminationsaufgaben auf ihre Effizienz hin beurteilen lassen. Alle Versuchspersonen wurden aufgefordert, ‚laut zu denken', d.h. alles mitzuteilen, was sie während der Aufgabenbearbeitung beschäftigte. Außerdem erhielten die Studenten nach jeder Aufgabenphase einige Skalen zur Selbstbeurteilung vorgelegt, in denen Wahrnehmungen der Hilflosigkeit, Kontrolle und Kompetenz angesprochen wurden.

Die Befunde von Brunstein und Olbrich (1985) zeigten zunächst, daß handlungsorientierte Probanden weitaus bessere Aufgabenleistungen erzielten als lageorientierte Probanden. Dieser Gruppenunterschied war während der ‚Mißerfolgsphase' des Experiments besonders stark ausgeprägt. Auch während der abschließenden ‚Erfolgsphase' blieb die Leistung der lageorientierten Studenten unter dem Niveau der handlungsorientierten Gruppe. Handlungsorientierte verbesserten ihre Lösungsstrategien kontinuierlich über alle drei Aufgabenphasen. Demgegenüber verzeichneten Lageorientierte starke Leistungseinbußen nach Mißerfolgsaufgaben. Diese Leistungseffekte spiegelten sich auch in den Selbsteinschätzungen der Versuchsteilnehmer wider. So verzeichneten zum Beispiel handlungsorientierte Probanden einen deutlichen Anstieg in ihrer Lösungskompetenz über die drei Aufgabenphasen. Bei lageorientierten Probanden wirkte sich vor allem die zweite Aufgabenphase auf die Selbstwahrnehmung aus. Studenten dieser Gruppe fühlten sich angesichts fortdauernder Mißerfolge zunehmend hilflos und gaben an, die Kontrolle über ihre Aufgabenleistung verloren zu haben.

In Übereinstimmung mit diesen Resultaten zeigte sich bei der Auswertung der Gedankenprotokolle, daß die Verbalisierungen von handlungsorientierten und lageorientierten Probanden besonders in den Mißerfolgsdurchgängen des Experiments unterschiedlich ausfielen. Die Aufmerksamkeit der handlungsorientierten Probanden richtete sich weitaus stärker auf die Entwicklung effizienter Lösungsstrategien als dies in der lageorientierten Gruppe der Fall war. Handlungsorientierte setzten eine ganze Reihe von Hilfstechniken ein, um Fehler bei der Aufgabenlösung zu vermeiden. Sie benutzten Gedächtnisstützen, um das Aufgabenmaterial besser zu erinnern, und analysierten die Konstruktionsprinzipien der Aufgaben. Außerdem forderten sich handlungsorientierte Studenten häufig dazu auf, ihren Anstrengungseinsatz zu steigern.

Demgegenüber waren die Aufgabenstrategien der lageorientierten Probanden durch Versuchs-Irrtum-Verhalten gekennzeichnet. Häufig versuchten sie, die Aufgabenlösung per Zufall zu erraten. Alle lageorientierten Probanden gaben an, daß sie sich in ihrer Leistungsfähigkeit beeinträchtigt fühlten. Sie konnten sich nicht richtig konzentrieren und fühlten sich häufig außerstande, einen klaren Gedanken zu fassen. Ebenso dominierten in der lageorientierten Gruppe affektive Reaktionen, die Gefühle der Enttäuschung und Deprimiertheit zum Ausdruck brachten.

Brunstein und Olbrich (1985) führten auch intraindividuelle Vergleiche durch, bei denen sie gedankliche Veränderungen über die drei

Aufgabenphasen untersuchten. Dabei ergaben sich erneut charakteristische Gruppenunterschiede. In der Mißerfolgsphase des Experiments intensivierten handlungsorientierte Probanden ihre Bemühungen, bessere Lösungsstrategien zu entwickeln. Demgegenüber reagierten lageorientierte Probanden zunehmend mit negativen Affekten und fühlten sich immer mehr in ihrer Aufmerksamkeit beeinträchtigt. Diese Lagekognitionen lösten sich erst auf, nachdem in der letzten Versuchsphase mehrere Erfolge erzielt wurden.

Brunstein (im Druck) hat diese Resultate in einer Studie bestätigen können, in der neben der Genese auch die Generalisierung von Hilflosigkeitsdefiziten untersucht wurde.[1] Die Ergebnisse zur Genese werden in diesem Kapitel ausführlicher berichtet. An der Trainingsphase des Experiments nahmen 72 Studenten teil, die zunächst Angaben in einer neu bearbeiteten Version der HOM-Skala machten. Die Trainingsphase setzte sich aus einer ‚gemischten Phase' und einer ‚Mißerfolgsphase' zusammen, in denen insgesamt acht Diskriminationsaufgaben zu bearbeiten waren (vgl. Abbildung 5). Auf eine ‚Erfolgsphase' wurde verzichtet, um Transfereffekte in einer neuen Aufgabensituation überprüfen zu können (vgl. Kapitel 11). In der Trainingsphase wurde erneut die Methode des lauten Denkens eingesetzt. Für die Auswertung der verbalen Protokolle wurde ein systematisches und vereinfachtes Kategoriensystem erstellt. Dabei wurden drei Gruppen von Verbalisierungen unterschieden: (a) lösungsbezogene Kognitionen, (b) fähigkeitsbezogene Kognitionen und (c) selbstregulatorische Kognitionen. Für jede Gruppe wurden zwei komplementäre Inhaltskategorien definiert, wobei die eine mit handlungsorientierten und die andere mit lageorientierten Reaktionen auf Mißerfolgssituationen assoziiert wurde.

Bei lösungsbezogenen Kognitionen wurden ‚effiziente strategische Pläne' (E-S-P) und ‚ineffizienzte Aufgabenstrategien' (I-A-S) unterschieden. E-S-P Aussagen beinhalteten Aufgabenstrategien, die eine optimale Informationsauswertung sicherstellten und bei richtiger Anwendung zur Lösung der Aufgaben führten (i.S. von ‚focusing' bei Bruner, Goodnow & Austin, 1956). Als I-A-S wurden hingegen Äußerungen klassifiziert, welche zeigten, daß Lösungshypothesen ohne sy-

---

[1] Diese Studie wurde im Rahmen der Dissertation des Verfassers durchgeführt und befindet sich in überarbeiteter Form unter dem Titel ‚Handlungsorientierte versus lageorientierte Reaktionen auf versuchsleiter-induzierte Mißerfolgsereignisse' zur Zeit im Druck. Das Manuskript enthält eine vollständige Darstellung der Methodik und Befundlage der Untersuchung und kann beim Verfasser angefordert werden.

stematische Überlegungen entwickelt wurden. I-A-S wurde zum Beispiel dann verrechnet, wenn Versuchspersonen angaben, daß sie ihre Hypothesen per Zufall ermittelten, und daß sie auf Raten und Glück angewiesen seien.

Fähigkeitsbezogene Kognitionen beinhalteten Gedanken, die sich auf Beurteilungen des intellektuellen Vermögens richteten. Hierbei wurden ‚Selbstbekräftigungen' (S-B) und ‚Selbstzweifel' (S-Z) unterschieden. S-B Verbalisierungen brachten Selbstvertrauen zum Ausdruck, über hinreichende Fähigkeiten zu verfügen, um die Aufgabenlösung ermitteln zu können. Sie zeigten an, daß eine Person davon überzeugt war, die zum Erfolg notwendigen, kognitiven Leistungen aufbringen zu können. S-Z beinhaltete dementsprechend Zweifel, in ausreichendem Maß über lösungsrelevante Fähigkeiten zu verfügen.

Selbstregulatorische Kognitionen wurden als direkte Indikatoren der Handlungskontrolle aufgefaßt. In ‚Selbstinstruktionen' (S-I) forderten sich Personen auf, ihren Anstrengungseinsatz aufrechtzuerhalten oder zu steigern. S-I beinhaltete selbstmotivierende Aussagen, welche auf eine Optimierung des Problemlöseverhaltens zielten. Dabei ging es zum Beispiel darum, die Konzentration zu erhöhen oder trotz wiederholter Fehlschläge am Ball zu bleiben. Die komplementäre Inhaltskategorie wurde als ‚Verlust der kognitiven Kontrolle' (V-K) bezeichnet. V-K Verbalisierungen brachten zum Ausdruck, daß eine Person dabei war, die Kontrolle über lösungsrelevante Leistungen zu verlieren. Typische V-K Aussagen zeigten an, daß sich eine Person nicht mehr konzentrieren konnte, daß sie sich in ihrer Aufmerksamkeit beeinträchtigt fühlte und gedanklich zunehmend konfus wurde.

Neben Gedankenprotokollen wurden in dieser Studie auch Leistungskognitionen vor Beginn und nach Abschluß der Trainingsphase erhoben. Dabei sollte überprüft werden, ob sich handlungsorientierte und lageorientierte Probanden bereits in ihren Erwartungshaltungen und später dann in ihren Leistungsbeurteilungen unterscheiden würden. Vor Beginn der Trainingsphase wurden Fragen zur Leistungserwartung und zur Leistungsbereitschaft gestellt. Fragen zur Leistungserwartung bezogen sich zum einen auf die Höhe der Erfolgserwartung. Dabei schätzten die Probanden ein, wieviele Aufgaben sie tatsächlich lösen würden. Zum anderen wurden die Probanden aufgefordert, ihre strategische Kompetenz zu beurteilen. Sie wurden gefragt, in welchem Maße sie sich in der Lage fühlten, effiziente Lösungsstrategien bei den folgenden Aufgaben zu entwickeln. In den Einschätzungen zur Leistungsbereitschaft wurde der Anstrengungseinsatz und das Anspruchsniveau der Versuchspersonen angesprochen. Zum einen teilten die Probanden mit, in welchem Ausmaß sie bereit seien, sich um die Lösung der Aufgaben zu bemühen. Zum anderen wurden die Probanden nach ihrem persönlichen Leistungsstandard gefragt. Sie sollten angeben, bei welchem Anteil gelöster Aufgaben sie mit ihrer Leistung zufrieden sein würden. Am Ende der Trainingsphase wurden Fragen zur Bewertung und Attribution des Leistungsresultats erhoben. Die Probanden gaben an, ob sie eher zufrieden und erfreut oder eher unzufrieden und enttäuscht seien. Außerdem wurden die Versuchspersonen nach einer Erklärung ihres Leistungsresultats gefragt. Diese Ursachenangabe beurteilten sie anschließend auf den Dimensionen Internalität, Stabilität und Globalität.

Zunächst wurden die Leistungsdaten der Trainingsphase ausgewertet. Brunstein (1984; im Druck) hat in Anlehnung an Levine (1966) ein Verfahren entwickelt, das es gestattet, die Leistung bei Diskriminationsaufgaben objektiv zu messen. Bei diesem Vorgehen kann exakt und unabhängig von den Rückmeldungen des Versuchsleiters bestimmt werden, ob eine Aufgabe gelöst oder nicht gelöst wurde. Ähnlich den bereits berichteten Befunden von Brunstein und Olbrich (1985) erzielten handlungsorientierte Probanden auch in dieser Studie eine deutlich höhere Trainingsleistung als lageorientierte Probanden, $t(70)=4.03$, $p<.001$. Nach objektiven Maßstäben ‚lösten' sie mehr als die Hälfte ($M=5.28$), lageorientierte Teilnehmer hingegen weniger als die Hälfte ($M=3.55$) der Diskriminationsaufgaben. Insgesamt klärte Handlungskontrolle als Persönlichkeitsvariable mit 11.6% einen signifikanten Anteil der Leistungsvarianz auf ($ps<.005$). Bedeutsame Gruppenunterschiede traten aber nicht nur im Niveau, sondern auch im Trend der Leistung auf. Hierbei wurden intraindividuelle Leistungsvergleiche über die beiden Aufgabenphasen durchgeführt. Während die Leistung bei einem Drittel der lageorientierten Probanden im zweiten Trainingsteil zurückging, konnten fast alle (91,7%) handlungsorientierten Versuchspersonen ihr Leistungsniveau beim Übergang zur zweiten Aufgabenphase stabilisieren oder sogar steigern.

Im nächsten Schritt wurden die verbalen Daten der Untersuchung ausgewertet. Es wurden sowohl Gruppenunterschiede zwischen handlungsorientierten und lageorientierten Probanden untersucht als auch korrelative Analysen zwischen der Anzahl der Aufgaben, bei denen spezifische Gedankeninhalte verbalisiert wurden, und der HOM-Skala durchgeführt. Dispositionelle Handlungskontrolle korrelierte $r=.24$ mit ‚effizienten strategischen Plänen', $r=-.48$ mit ‚ineffizienten Aufgabenstrategien', $r=.33$ mit ‚Selbstbekräftigungen', $r=.26$ mit ‚Selbstzweifeln', $r=.29$ mit ‚Selbstinstruktionen' und $r=-.28$ mit ‚Verlust der kognitiven Kontrolle' ($ps<.05$). Auch beim Gruppenvergleich zeigte sich, daß Handlungsorientierte seltener als Lageorientierte ‚ineffiziente

Aufgabenstrategien' und ‚Verlust von kognitiver Kontrolle' verbalisierten. Demgegenüber äußerten sie weit häufiger ‚Selbstbekräftigungen' und ‚Selbstinstruktionen' ($ps<.005$). In den beiden verbleibenden Kategorien, ‚effiziente strategische Pläne' und ‚Selbstzweifel', lagen die Gruppenunterschiede zwar in der erwarteten Richtung, im Vergleich zu den anderen Ergebnissen fielen sie aber weniger deutlich aus.

In einer weiteren Korrelationsanalyse zeigte sich, daß eine Reihe dieser Kognitionsklassen in direkter Beziehung zur Trainingsleistung stand. Erwartungsgemäß korrelierte die Anzahl der gelösten Aufgaben signifikant mit den lösungsbezogenen Kategorien E-S-P ($r=.80$) und I-A-S ($r=-.75$). Unter den fähigkeitsbezogenen und selbstregulatorischen Kognitionen standen nur die positiven, eher mit Handlungsorientierung assoziierten Kategorien in systematischer Beziehung zur Trainingsleistung. ‚Selbstbekräftigungen' ($r=.66$) und ‚Selbstinstruktionen' ($r=.37$, $ps<.001$) waren mit leistungsförderlichen Effekten verbunden.

Bei der Analyse der Selbsteinschätzungen vor Beginn und nach Abschluß der Aufgabenbearbeitung ließen sich keine vergleichbaren Gruppenunterschiede feststellen. Handlungsorientierte und lageorientierte Versuchspersonen unterschieden sich weder in ihren Angaben vor Beginn der Trainingsphase noch in ihren Beurteilungen nach Abschluß der Trainingsphase.

Zusammenfassung

In beiden Untersuchungen zur Hilflosigkeitsgenese waren deutliche Unterschiede im Leistungsverhalten von handlungsorientierten und lageorientierten Probanden zu beobachten. Die Ergebnisse zeigten, daß diese Unterschiede vornehmlich als Reaktion auf negative Leistungsrückmeldungen auftraten. Handlungsorientierte Probanden erzielten im Vergleich zu lageorientierten Probanden klare Leistungsvorteile unter Mißerfolgsbedingungen.

Die Auswertung der Gedankenprotokolle lieferte wichtige Hinweise auf handlungsorientierte Strategien der Mißerfolgsbewältigung. Negativen Leistungsrückmeldungen setzten handlungsorientierte Studenten ihre persönliche Überzeugung entgegen, hinreichende Fähigkeiten zur Bewältigung der Aufgabenanforderungen zu besitzen. Gleichzeitig verbalisierten sie Direktiven, lösungsrelevante Leistungen zu optimieren. Handlungsorientierte Probanden waren in der Lage, ihre Aufmerksamkeit von der momentanen Mißerfolgssituation zu lösen und sie auf das Erreichen zukünftiger Erfolge zu richten. Mit Selbstbekräftigungen und Selbstinstruktionen immunisierten sie sich gegen das Auftreten von Hilflosigkeitsreaktionen. Diese Strategie trug wesentlich zur Stabilisierung und Verbesserung ihres Leistungsniveaus unter Mißerfolgsbedingungen bei.

Demgegenüber verzeichneten lageorientierte Probanden beträchtliche Störungen ihrer kognitiven Funktionstüchtigkeit. Ihre Verbalisierungen enthielten deutliche Hinweise, daß sie die Kontrolle über lösungsrelevante Leistungen verloren hatten. Sie fühlten sich in ihrer Aufmerksamkeit gestört und konnten ihre Konzentration nicht mehr aufrechterhalten. Sie beschäftigten sich intensiv mit ihrem momentanen Versagen und zweifelten an ihren intellektuellen Fähigkeiten. Lageorientierte Probanden fühlten sich nach Mißerfolgen deprimiert und sahen sich außerstande, negative Leistungsergebnisse bei zukünftigen Aufgaben zu verhindern. Demgegenüber stimmten handlungsorientierte und lageorientierte Probanden sowohl in ihrer Leistungserwartung und Leistungsbereitschaft vor Beginn der Trainingsphase als auch in ihrer Bewertung und Attribution des Aufgabenresultats nach Abschluß der Trainingsphase weitgehend überein.

Diskussion

In den beiden berichteten Untersuchungen wurde die Annahme bestätigt, daß Lageorientierung einen Risikofaktor der Hilflosigkeitsgenese darstellt. Lageorientierte Studenten zeigten nach Mißerfolgen nicht nur schlechtere Leistungen als handlungsorientierte Studenten. Vielmehr wurden diese Leistungsdefizite auch von Zweifeln an den eigenen Fähigkeiten und von Störungen der kognitiven Funktionstüchtigkeit begleitet. Diese Befunde unterstützten die Hypothese, daß Hilflosigkeit mit funktionalen Defiziten in der Handlungskontrolle verbunden ist. Gleichzeitig erinnern sie an kognitive Interpretationen der Prüfungsangst. So vertrat zum Beispiel Wine (1971; 1982) die Auffassung, daß Leistungsdefizite in selbstbewertungsrelevanten Situationen dadurch zustandekommen, daß die Aufmerksamkeit stärker auf selbstbezogene als auf aufgabenbezogene Informationen gerichtet wird. In dieser ‚Aufmerksamkeitshypothese' wird unterstellt, daß ‚worry' Kognitionen, in denen Zweifel und Besorgnis um die eigene Leistungsfähigkeit zum Ausdruck kommen, mit lösungsbezogenen Aufgabenaktivitäten interferieren. Bei diesem Vorgang werden Kapazitäten des Arbeitsgedächtnisses blockiert, welche für die Verarbeitung wichtiger Aufgabeninformationen benötigt werden (vgl. Hamilton, 1975; Eysenck 1979; 1982).

Obgleich Zustände der Angst und der Hilflosigkeit von Vertretern der Hilflosigkeitsforschung als inkompatibel betrachtet werden (Garber, Miller & Abramson, 1980), haben Vertreter der Angsttheorie diese kognitive Interpretation auch für die Erklärung von Hilflosigkeitsdefiziten in Mißerfolgssituationen geltend gemacht (Lavelle, Metalsky & Coyne, 1979; Coyne, Metalsky & Lavelle, 1980). Kuhls Modell der Handlungskontrolle und die hier berichteten Befunde gehen jedoch in einem wichtigen Punkt über angsttheoretische Interpretationen hinaus. Kuhl (1983, S. 281f.) hat funktionale Hilflosigkeitsdefizite weniger über das exzessive Auftreten von Lagekognitionen definiert. Vielmehr handelt es sich nach seiner Auffassung um Defizite, die bei der Aktivierung wirksamer Strategien der Handlungskontrolle auftreten.

Handlungsorientierte Probanden immunisierten durch Selbstbekräftigungen und Selbstinstruktionen gegen Hilflosigkeitsreaktionen. Diese Verbalisierungen korrelierten signifikant mit der Trainingsleistung, während sich für ihre komplementären, eher mit Lageorientierung assoziierten Kategorien keine bedeutsamen Zusammenhänge zur Aufgabenlösung ergaben. Lageorientierte Probanden waren über ihre Mißerfolge besorgt und deprimiert. Schlechtere Leistungen erzielten sie aber vor allem deshalb, weil sie über keine geeigneten Strategien der Selbstimmunisierung verfügten. Kognitive Theorien der Prüfungsangst beschäftigen sich zwar ausgiebig mit der Erklärung von Leistungsdefiziten. Sie vernachlässigen aber die Frage, welche Strategien eingesetzt werden, um Leistungsminderungen in Mißerfolgssituationen entgegenzuwirken.

Lageorientierte Studenten entwickelten keine wirksamen Strategien, um sich gegen leistungsbeeinträchtigende Effekte der Mißerfolgsinduktion zu schützen. Demgegenüber enthielten die beiden Studien keine Hinweise, daß motivationale Defizite, wie sie von Seligman (1975) für die Generalisierung der gelernten Hilflosigkeit postuliert wurden, bereits in der Hilflosigkeitsgenese relevant werden. Lageorientierte Probanden arbeiteten genauso lang und ausdauernd an den Trainingsaufgaben wie handlungsorientiere Probanden. Ihre Verbalisierungen wiesen weder darauf hin, daß sie ihren Anstrengungseinsatz reduzierten, noch daß sie ihre selbstgesteckten Leistungsziele aufgaben. Auch in ihren Leistungserwartungen und in ihrer Leistungsbereitschaft stimmten sie mit handlungsorientierten Probanden weitgehend überein. Brunstein (1982) berichtete hierzu ergänzend, daß sich auch bei wiederholter Messung der subjektiven Erfolgswahrscheinlichkeit vor jeder Trainingsaufgabe keine Unterschiede zwischen handlungsorientierten und lageorientierten Probanden ergaben.

Gegen diese Befunde läßt sich zwar einwenden, daß bei ausreichend langer Mißerfolgsinduktion funktionale Defizite in der Handlungskontrolle in motivationale Hilflosigkeitsdefizite umschlagen. Grundsätzlich stellt sich jedoch die Frage, ob motivationale Defizite überhaupt als Symptom der Hilflosigkeit bewertet werden können. Wer unrealistischen Anreizen entsagt, gewinnt auch Möglichkeiten, sich neue Ziele zu setzten und seine Anstrengungen auf realistischere Ansprüche zu konzentrieren (Klinger, 1975). Funktionale Defizite treten gerade dann auf, wenn unerreichbare Ziele persönlich verbindlich bleiben (Kuhl, 1983, S. 281f.). Dementsprechend lassen sich motivationale Defizite als adaptive Reaktion auf unkontrollierbare Mißerfolgssituationen auffassen. Sie schützen die Person nicht nur vor negativen Selbstbewertungsfolgen (vgl. Frankel & Snyder, 1978), sondern sie verhindern auch, daß persönliche Ressourcen angesichts unerreichbarer Ziele blockiert werden.

In den Untersuchungen Brunsteins wurden Mißerfolgsinduktionen jeweils so dosiert, daß möglichst große Unterschiede zwischen handlungsorientierten und lageorientierten Probanden auftreten konnten. Werden solche experimentellen Manipulationen jedoch verstärkt, ist nach den Annahmen des Interaktionismus damit zu rechnen, daß der Einfluß der situativen Bedingung ansteigt und die Bedeutung von Personenunterschieden zurückgeht. Entsprechend ist zu erwarten, daß bei intensiven Mißerfolgserfahrungen auch handlungsorientierte Probanden Hilflosigkeitsreaktionen zeigen. Diese Hypothese wurde in einer Studie von Kuhl und Weiss (1984) bestätigt. Während bei mäßiger Mißerfolgsinduktion nur lageorientierte Probanden Symptome der Hilflosigkeit entwickelten, begannen bei massierter Mißerfolgsinduktion auch handlungsorientierten Probanden, über die Ursachen ihres Versagens zu grübeln. Dieses Resultat verdeutlicht, daß Dispositionen der Handlungskontrolle erst in der Interaktion mit dem Mißerfolgsgehalt einer Leistungssituation verhaltensbestimmend werden. Mit anderen Worten, auch handlungsorientierte Personen können hilflos werden, wenn ihre Immunität durch andauernde Mißerfolgserfahrungen zerstört wird.

Damit wird die Frage aufgeworfen, ob Personenunterschiede, wie sie hier unter experimentellen Bedingungen nachgewiesen wurden, auch in realen Leistungssituationen auftreten. Erste Aufschlüsse zu dieser Fragestellung gab eine Untersuchung von Heckhausen (1982). Heckhausen befragte Studenten, welche ein mündliches Examen absolviert hatten, nach dem Störeinfluß selbstwertbezogener Gedanken. Außerdem wurden kognitive und affektive Motivationsfaktoren erhoben, nach denen beurteilt werden konnte, ob sich die Studenten während der Prüfung eher in einem mißerfolgsängstlichen oder eher in einem erfolgszuversichtlichen Motivationszustand befunden hatten.

Die Ergebnisse zeigten, daß mißerfolgsängstliche Studenten schlechtere Leistungen erzielten als erfolgsmotivierte Studenten. Kognitive Komponenten ihres Motivationszustandes, wie Inkompetenzgefühle, negative Selbstbewertungen und Mißerfolgserwartungen, waren signifikant mit schlechten Prüfungsnoten korreliert. Zudem gaben mißerfolgsängstliche Studenten an, während der Prüfung häufig durch aufgabenirrelevante Kognitionen gestört worden zu sein. Dabei beschäftigten sie sich vor allem mit Gedanken, welche Besorgtheit und Selbstzweifel zum Ausdruck brachten. Demgegenüber setzten erfolgsmotivierte Studenten großes Vertrauen in die eigenen Fähigkeiten. Entsprechend schätzten sie den Störungsgrad selbstwertbezogener Kognitionen weitaus geringer ein, als dies in der Gruppe mißerfolgsängstlicher Studenten der Fall war. Diese Befunde demonstrieren, daß experimentelle Befunde, wie sie hier berichtet wurden, auch im Kontext realer Leistungssituationen bestehen können.

Mikulincer und Caspy (1986a,b) haben eine Serie von Untersuchungen vorgelegt, in der die ökologische Validität von Hilflosigkeitsexperimenten direkt überprüft wurde. Die Autoren explorierten Erlebnismerkmale alltäglicher Hilflosigkeitssituationen. Zunächst befragten sie Studenten zu ihren persönlichen Hilflosigkeitserfahrungen. Anschließend wurden die Angaben der Studenten nach drei Inhaltsgruppen klassifiziert: Merkmale der Situation, Merkmale im subjektiven Erleben und Merkmale in den Verhaltensreaktionen. Zum Schluß ermittelten Mikulincer und Caspy die Erlebnisstruktur alltäglicher Hilflosigkeitserfahrungen, indem sie diese Inhaltskategorien einer mutltidimensionalen Skalierung unterzogen.

Die Resultate zeigten, daß Erfahrungen der Hilflosigkeit vorwiegend mit aversiven Mißerfolgsereignissen assoziiert wurden. Im Mittelpunkt dieser Ereignisse stand die Erfahrung, die Kontrolle über das eigene Handeln verloren zu haben. Hilflosigkeit regte einerseits das Bedürfnis an, die bestehenden Anforderungen doch noch zu meistern und verlorene Kontrolle wiederherzustellen. Gleichzeitig war Hilflosigkeit mit der Einschätzung verbunden, über keine ausreichenden Fähigkeiten zu verfügen, um dieses Ziel tatsächlich realisieren zu können. Damit unterstützten die Befunde Mikulincer und Caspys (1986a) die Annahme, daß Hilflosigkeit eher durch funktionale Defizite in der Handlungskontrolle als durch motivationalen Defizit in der Ausführung instrumenteller Reaktionen verursacht wird.

Mikulincer und Caspy (1986b) gingen aber noch einen Schritt weiter. In einer Anschlußstudie untersuchten sie, ob Erlebnismerkmale alltäglicher Hilflosigkeitserfahrungen auch unter experimentellen Bedingungen aktualisiert werden. Aus ihren Alltagsbefunden entwickelten sie einen postexperimentellen Fragebogen, in dem phänomenologische Korrelate der Hilflosigkeit beschrieben wurden. Besonders aufschlußreich war ein Experiment, in dem sie Probanden entweder kurzfristig oder über längere Zeit mit Mißerfolgsinduktionen konfrontierten. Mikulincer und Caspy (1986b, Exp. 3) stellten fest, daß Gedanken über den Verlust der Selbstkontrolle erst nach einer längeren Trainingsphase auftraten. Bei kurzfristiger Induktion wurde hingegen das Bedürfnis verstärkt, Strategien zur Bewältigung der Aufgabenanforderungen zu entwickeln. Obgleich diese Ergebnisse auf situative Manipulationen im Hilflosigkeitstraining zurückgingen, stimmen sie mit den hier berichteten Befunden über Personenunterschiede in der Hilflosigkeitsgenese gut überein.

Abschließend stellt sich die Frage, welche Implikationen die berichteten Befunde zur Hilflosigkeitsgenese für die Generalisierung der gelernten Hilflosigkeit haben. In der reformulierten Hilflosigkeitstheorie von Abramson, Seligman und Teasdale (1978) wurde angenommen, daß Personen, die hilflos werden, nach den Ursachen ihrer Hilflosigkeit fragen. Diese Ursachenzuschreibung bestimmt dann, ob Hilflosigkeit auch auf neue Situationen übertragen wird. In den Untersuchungen Brunsteins verbalisierten fast alle Versuchspersonen Kognitionen, welche ‚Zweifel an den eignen Fähigkeiten' oder ‚Verlust der kognitiven Kontrolle' anzeigten. Solche Aussagen lassen sich nach Diener und Dweck (1978) als Mißerfolgsattributionen auffassen. Brunsteins Befunde zeigten aber auch, daß lageorientierte Probanden weitaus häufiger ursachenbezogene Kognitionen verbalisierten als dies bei handlungsorientierten Probanden der Fall war. Dieses Ergebnis legt die Schlußfolgerung nahe, daß in den Studien Brunsteins nur die lageorientierten Probanden hilflos geworden waren. Demzufolge würde bereits die Häufigkeit, mit der ursachenbezogene Kognitionen während der Aufgabenbearbeitung auftreten, ein wichtiges Symtom der Hilflosigkeit darstellen.

Dieser diffentialpsychologische Effekt wird in Attributionsstudien vernachlässigt, in denen die Generalisierung von Hilflosigkeit aus der inhaltlichen Erklärung von Mißerfolgsresultaten vorhergesagt wird. So läßt zum Beispiel die Messung von individuellen Attributionsstilen die Frage offen, in welchem Ausmaß sich Personen spontan mit Ursachenerklärungen in realen Mißerfolgssituationen beschäftigen. Unerwartete Mißerfolge stellen zwar nach Wong und Weiner (1981) typische Auslösebedingungen für die Suche nach Ursachenerklärungen dar. Die Resultate Brunsteins zeigten aber auch, daß Attributionen, die nach Abschluß des Hilflosigkeitstrainings erhoben wurden, keine Informationen über das tatsächliche Leistungsverhalten der Probanden enthielten. Unterschiede, welche in der Leistung und in den Verbalisierungen von handlungsorientierten und lageorientierten Probanden festgestellt worden waren, wurden in der anschließenden Bewertung und Attribuierung des Leistungsresultats völlig nivelliert.

KAPITEL 11

HANDLUNGSKONTROLLE UND DIE GENERALISIERUNG VON HILFLOSIGKEITSDEFIZITEN

Welchen Einfluß üben handlungsorientierte und lageorientierte Direktiven der Handlungskontrolle auf das Leistungsverhalten nach einer Mißerfolgssituation aus? Wie reagieren handlungsorientierte und lageorientierte Personen auf eine neue Aufgabensituation, nachdem sie zuvor mit negativen Leistungsrückmeldungen konfrontiert worden sind? Wie beurteilen sie ihre Erfolgschancen, und wie stark ist ihre Bereitschaft, sich erneut um ein hohes Leistungniveau zu bemühen? Wie gut oder schlecht schneiden sie bei neuen Aufgaben tatsächlich ab, und welche gedanklichen Aktivitäten begleiten sie während der Aufgabenbearbeitung? Mit diesen Fragen beschäftigte sich Brunstein (im Druck) in der Fortsetzung seiner Hilflosigkeitsstudie. Nachdem im zehnten Kapitel bereits Befunde zur Trainingsphase berichtet wurden, werden in den folgenden Abschnitten Ergebnisse aus der Testphase dieses Experiments erörtert.

Einführung

In der Theorie der gelernten Hilflosigkeit wird angenommen, daß Leistungsminderungen, die nach einer unbeeinflußbaren Mißerfolgssituation auftreten, durch motivationale Defizite verursacht werden: ‚uncontrollable events undermine the motivation to initiate voluntary responses that control other events' (Seligman, 1975, S. 37). Demgegenüber bleiben Leistungssteigerungen, welche häufig nach Mißerfolgsereignissen beobachtet wurden, in der Theorie der gelernten Hilflosigkeit unbeachtet (vgl. Kapitel 3). Brunstein (im Druck) vertrat den Standpunkt, daß sich solche entgegengesetzten Leistungstrends auf der Grundlage von Kuhls (1983; 1984) Modell der Handlungskontrolle aufklären lassen. Nach Abschluß der Trainingsphase wurden die Versuchspersonen daher mit einer neuen Aufgabenstellung konfrontiert und ihre Leistung mit dem Abschneiden einer unbehandelten Kontrollgruppe verglichen. Brunstein erwartete, daß lageorientierte Probanden in dieser Situation eher Leistungsverschlechterungen, handlungsorientierte Probanden hingegen eher Leistungssteigerungen zeigen würden. Somit wurde angenommen, daß sich die bereits in der Trainingsphase beobachteten Leistungsunterschiede zwischen handlungsorientierten und lageorientierten Studenten in der Testphase wiederholen würden. Dieser Hypothese lag die Auffassung zugrunde, daß die Leistung in einer neuen Testsituation durch die bereits in der ursprünglichen Trainingssituation angeregte Direktive der Handlungskontrolle beeinflußt wird.

Brunstein (im Druck) ging davon aus, daß handlungsorientierte und lageorientierte Studenten unterschiedliche Motivationszustände entwickeln würden, wenn sie bei der Bearbeitung von Testaufgaben erneut auf Lösungsprobleme treffen. Er nahm an, daß handlungsorientierte Studenten solche Schwierigkeiten als Herausforderung auffassen, ihre zuvor erlebten Fehlschläge durch Erfolge bei der neuen Aufgabenstellung zu korrigieren. Daher wurde erwartet, daß handlungsorientierte Probanden auf anspruchsvolle Anforderungen in der Testsituation mit einem überwiegend erfolgszuversichtlichen Motivationszustand reagieren würden. Demgegenüber wurde vermutet, daß lageorientierte Studenten neue Lösungsprobleme in der Testphase als Bedrohung auffassen würden, daß sich die Mißerfolge der Trainingsphase wiederholen könnten. Daher wurde vorhergesagt, daß lageorientierte Probanden während der Testsituation einen überwiegend mißerfolgsängstlichen Motivationszustand entwickeln würden.

Somit wurde erwartet, daß Leistungssteigerungen bei handlungsorientierten Probanden von erfolgszuversichtlichen Motivationszuständen und Leistungsminderungen bei lageorientierten Probanden von mißerfolgsängstlichen Motivationszuständen begleitet werden würden. In der Testphase wurden den Versuchspersonen Problemlöseaufgaben vorgelegt, welche gezielte Mißerfolgsrisiken enthielten. Daß solche Risiken wichtige Auslöser sind, um Leistungseffekte in Hilflosigkeitsexperimenten nachzuweisen, zeigte bereits eine Studie von Pasahow (1980). Pasahow berichtete, daß sich in einer Serie von Anagrammaufgaben nur dann generalisierte Leistungsdefizite feststellen ließen, wenn die schwierigsten Anagramme gleich zu Beginn der Serie dargeboten wurden.

Mit dem Konzept des Motivationszustandes (s.a. Heckhausen, 1982; Kapitel 10) war die Vorstellung verbunden, daß motivationale Defizite im Seligmanschen Sinne keine entscheidende Rolle beim Auftreten von Leistungsbeeinträchtigungen in Hilflosigkeitsexperimenten spielen. Demzufolge werden Leistungsminderungen bei lageorientierten Probanden nicht dadurch verursacht, daß ihre Bereitschaft, sich um eine gute Leistung zu bemühen, reduziert ist. Vielmehr läßt sich Lageorientierung als ein Verarbeitungsstil auffassen, bei dem die Leistungsfähigkeit einer Person durch mißerfolgsbezogene Kognitionen gestört wird. Die Unterscheidung von motivationalem Defizit und mißerfolgsängstlichem Motivationszustand stimmt nicht nur mit Kuhls (1983) Modell der Handlungskontrolle überein, sondern entspricht auch einem Standpunkt, der bereits frühzeitig von Mowrer (1960) vertreten wurde. Mowrer warnte davor, Verhaltensdefizite voreilig darauf zurückzuführen, daß Personen unmotiviert seien, instrumentelle Reaktionen auszuführen. Gerade Situationen der Hilflosigkeit oder Hoffnungslosigkeit sind nach Mowrer dadurch gekennzeichnet, daß die Handlungsfähigkeit einer Person trotz hoher Handlungsbereitschaft eingeschränkt ist: ‚It is not that the individual is unmotivated, driveless; it is rather that so far as he can see no action he can take will better the situation' (Mowrer, 1960, S. 197). Mißerfolgsbezogene Motivationszustände können die Realisierung eines Leistungsziels auch dann behindern, wenn die Motivation, dieses Ziel zu erreichen, hoch ist. Demgegenüber tragen erfolgsbezogene Motivationszustände dazu bei, die Realisierung eines angestrebten Ziels sicherzustellen und gegen auftretende Probleme durchzusetzen.

Diese Hypothesen wurden nicht nur durch einen Vergleich von handlungsorientierten und lageorientierten Studenten überprüft, welche bereits an der Trainingsphase teilgenommen hatten. Vielmehr wurde auch damit gerechnet, daß handlungsorientierte Studenten nach der Trainingsphase beim Test besser abschneiden und auf neue Anforderungen erfolgsmotivierter reagieren würden als handlungsorientierte Studenten ohne Vorbehandlung. Ebenso wurde prognostiziert, daß lageorientierte Studenten nach der Trainingsphase beim Test schlechter abschneiden und auf neue Anforderungen mißerfolgsmotivierter reagieren würden als lageorientierte Studenten ohne Vorbehandlung. Diese Vorhersagen beruhten auf der Annahme, daß Lösungsprobleme in der Testphase nur dann handlungsorientierte versus lageorientierte Verarbeitungsstile auslösen, wenn die entsprechenden Direktiven der Handlungskontrolle bereits in der Trainingsphase angeregt wurden.

Die Untersuchung beruhte auf der Vorstellung, daß die intensiven Mißerfolgsinduktionen der Trainingsphase dazu führen, daß die Hilflosigkeitsschwelle von lageorientierten Probanden in der Testphase abgesenkt wird. Während in einer ursprünglichen Leistungssituation massive Mißerfolgserfahrungen erforderlich sind, um lageorientierte Direktiven anzuregen, reichen in einer neuen Leistungssituation weitaus geringere Mißerfolgsrisiken aus, um lageorientierte Verarbeitungsstile wiederzubeleben. Nach Kuhl (1983) können lageorientierte Zustände auch nach Abschluß einer Mißerfolgssituation perseverieren. Im HOM-Fragebogen werden Symptome dieser Perseveration angesprochen. Die Versuchspersonen werden zum Beispiel gefragt, ob es ihnen schwer fällt, ihre Aufmerksamkeit von negativen Handlungsergebnissen zu lösen, ob sie sich nach Mißerfolgen besonders niedergeschlagen fühlen und fortgesetzt über die Ursachen ihres Versagens nachdenken müssen. Selbst wenn diese grüblerische Tätigkeit durch die Vorgabe neuer Anforderungen vorübergehend unterbrochen wird, und sich lageorientierte Probanden zunächst einmal bemühen, ihre Konzentration auf die Bewältigung dieser Anforderungen zu richten, bleibt ihre Aufgabenorientierung dennoch instabil. Sobald sie anspruchsvollen Problemstellungen begegnen, welche die Möglichkeit signalisieren, erneut zu scheitern und die Kontrolle zu verlieren, wird ihr lageorientierter Zustand auch in der neuen Leistungssituation wiederhergestellt.

Wurde in einer Mißerfolgssituation hingegen ein handlungsorientierter Verarbeitungsstil angeregt, so ist auch zu erwarten, daß neue Anforderungen unter erhöhter Handlungsorientierung bearbeitet werden. Im HOM-Fragebogen beziehen sich handlungsorientierte Alternativen auf die Fähigkeit, sich gedanklich von Mißerfolgsereignissen zu lösen und neue Anliegen in Angriff zu nehmen. Die Vorgabe von anspruchsvollen Anforderungen im Anschluß an eine Mißerfolgssituation bietet gerade handlungsorientierten Personen eine gute Gelegenheit, ihre intellektuellen Fähigkeiten neuerdings unter Beweis zu stellen und zuvor verfehlte Leistungsziele bei einer veränderten Aufgabenstellung zu realisieren.

Da Training und Test in Hilflosigkeitsexperimenten in einen gemeinsamen situativen Kontext eingebettet sind und sich gleichermaßen auf leistungsthematische Anforderungen beziehen, wurde erwartet, daß viele Probanden während der Testphase an ihre Erfahrungen in der Trainingsphase zurückdenken würden. Kuhl (1983, S. 289ff.) beurteilte solche Reminiszenzen als Merkmal der Perseveration von lageorientierten Zuständen. Demzufolge werden lageorientierte Probanden während der Bearbeitung von neuen Aufgaben durch Gedanken an zuvor erlebte Mißerfolge beeinträchtigt. Demgegenüber wurde in dieser Studie angenommen, daß sowohl lageorientierte als auch handlungsorientierte Studenten an ihre Trainingserfahrungen zurückdenken würden. Allerdings wurde erwartet, daß sich diese Retrospektionen nur auf lageorientierte Probanden entmutigend auswirken würden, während sie handlungsorientierte Probanden anspornen sollten, ihre Leistungseffizienz weiter zu verbessern.

Neben der Überprüfung von interindividuellen Differenzen wurde auch untersucht, welchen Einfluß situative Manipulationen auf das Leistungsverhalten im Hilflosigkeitstest ausüben. Abramson, Seligman und Teasdale (1978) unterschieden in diesem Zusammenhang zwischen der Generalisierung von Hilflosigkeitsdefiziten über die Zeit

(Stabilität) und über Situationen (Globalität). Dementsprechend wurde sowohl der zeitliche Abstand als auch die wahrgenommene Ähnlichkeit zwischen der Trainingsphase und der Testphase manipuliert. Die Probanden bearbeiteten die Testaufgaben entweder direkt im Anschluß an die Trainingsphase (unmittelbarer Test) oder erst nach einer eintägigen Pause (verzögerter Test). Außerdem erhielten sie die Instruktion, daß die Testaufgaben weitgehend dieselben Fähigkeiten erforderten wie die Trainingsaufgaben (ähnlicher Test), oder es wurde ihnen mitgeteilt, daß die beiden Aufgabentypen völlig verschiedene Fähigkeiten ansprechen würden (unähnlicher Test).

Brunstein (im Druck) erwartete, daß vor allem handlungsorientierte Studenten von einer zeitlichen Verzögerung der Testphase profitieren würden. Demgegenüber sollten die prognostizierten Leistungsdefizite von lageorientierten Studenten relativ stabil bleiben. Obgleich Kuhl (1981) auch unmittelbar im Anschluß an ein Hilflosigkeitstraining bedeutsame Unterschiede in der Konzentrationsleistung von handlungsorientierten und lageorientierten Studenten fand, vertrat Brunstein die Auffassung, daß die Leistungsüberlegenheit von handlungsorientierten Teilnehmern erst nach einer eintägigen Pause deutlich hervortreten würde. Diese Hypothese begründete er damit, daß auch handlungsorientierte Personen unmittelbar nach einer Mißerfolgserfahrung lagebezogene Informationen verarbeiten. Heckhausen (1984; 1987) hat ein Sequenzmodell des Handlungsstroms vorgeschlagen, in dem die Analyse von Handlungsergebnissen, das Auftreten selbstbezogener Bewertungen und die Suche nach Ursachenerklärungen typische und allgemeine Merkmale der postaktionalen Phase darstellen. Nach Kuhls (1983) Modell der Handlungskontrolle ist allerdings zu erwarten, daß die Verarbeitung ergebnisbezogener Informationen von handlungsorientierten Personen sehr viel schneller abgewickelt wird, als dies bei lageorientierten Personen der Fall ist. Eine verzögerte Vorgabe der Testsituation gibt handlungsorientierten Personen daher die Möglichkeit, ihre Analyse der vergangenen Mißerfolgssituation abzuschließen und sich völlig auf die Bewältigung neuer Anforderungen zu konzentrieren. Demgegenüber wurde erwartet, daß lageorientierte Studenten selbst nach einer eintägigen Pause starke Tendenzen aufweisen würden, neue Leistungsanforderungen mißerfolgsbezogen zu verarbeiten.

Pasahow, West und Boroto (1982) haben in einer Reinterpretation zum Attributionsmodell der gelernten Hilflosigkeit den Standpunkt vertreten, daß Hilflosigkeitsdefizite vor allem auf Situationen generalisiert werden, welche hohe Ähnlichkeit mit der ursprünglichen Hilflosigkeitssituation aufweisen. Demgegenüber argumentierte Kuhl (1981), daß funktionale Defizite, welche als Folge erhöhter Lageorientierung auftreten, selbst dann zu Leistungsbeeinträchtigungen führen, wenn sich eine neue Handlungssituation deutlich von der ursprünglichen Hilflosigkeitssituation unterscheidet. Allerdings räumte auch Kuhl ein, daß die Motivation zur Bearbeitung von Testaufgaben nur dann hoch ist, wenn im Vergleich zur Trainingsphase neuartige Anforderungen vorgelegt werden. Daher wurde in dieser Studie auch die Frage berücksichtigt, ob Leistungssteigerungen in der handlungsorientierten Gruppe und Leistungsminderungen in der lageorientierten Gruppe von der Ähnlichkeit der Aufgabenanforderungen in Training und Test beeinflußt werden.

Zusammenfassend wurde angenommen,

1) daß handlungsorientierte Personen nach dem Hilflosigkeitstraining bessere Testleistungen erzielen würden als lageorientierte Personen;

2) daß die Testleistungen von handlungsorientierten Probanden über dem Niveau der Kontrollgruppe, die Testleistungen von lageorientierten Probanden hingegen unter dem Niveau der Kontrollgruppe liegen würden;

3) daß diese Leistungsunterschiede bei einer zeitlich verzögerten Testvorgabe deutlicher ausfallen würden als bei einem Test, der unmittelbar im Anschluß an die Trainingsphase durchgeführt wird;

4) daß Tendenzen zur Leistungssteigerung bei handlungsorientierten Studenten mit erfolgszuversichtlichen Motivationszuständen, Tendenzen zur Leistungsminderung bei lageorientierten Studenten hingegen mit mißerfolgsängstlichen Motivationszuständen verbunden sein würden;

5) daß Gedanken an die Trainingsphase von handlungsorientierten Probanden mit leistungsförderlichen Effekten, von lageorientierten Probanden jedoch mit leistungsmindernden Effekten assoziiert werden würden.

Neben diesen Hypothesen wurde überprüft, welchen Einfluß Manipulationen der Aufgabenähnlichkeit auf die Test-leistung erzielen.

Handlungsorientierung versus Lageorientierung als Einflußfaktoren der Testleistung

Um diese Hypothesen überprüfen zu können, wurden in der Testphase drei gleichartige Problemaufgaben vorgelegt. Hierbei handelte es sich um verschiedene Versionen des sogenannten ‚Käferzüchtungsproblems' (vgl. Dörner, 1976; Putz-Osterloh, 1974). Die Probanden standen vor der Aufgabe, verschiedene Gattungen von Käfern zu züchten, welche wichtige Funktionen im Bereich des Umweltschutzes erfüllen sollten (Beseitigung von Ölverschmutzungen, Müllzerkleinerung und Luftreinhaltung). Sie sollten sich in die Rolle eines Biologen versetzen, der klare Vorstellungen hat, welche Merkmale diese Käfer aufweisen müssen. Alle Probanden erhielten drei Abbildungen, auf denen die gewünschten Käfergattungen dargestellt wurden. Ebenso wurden ihnen Käferarten vorgelegt, welche für die Züchtung der umweltschutzfreundlichen Käfer zur Verfügung standen. Um Merkmale dieser Käfer verändern zu können, erhielten die Probanden außerdem eine Tabelle mit verschiedenen Bestrahlungstypen. Jede Bestrahlung gestattete gezielte Eingriffe in den genetischen Code eines Käfers und führten daher zu spezifischen Veränderungen seiner äußeren Merkmale.

Bei jeder der drei Aufgaben wurde den Studenten somit ein Ausgangskäfer A und ein Zielkäfer B vorgelegt. Außerdem stand ihnen eine Reihe von Operatoren zur Verfügung, um Käfer vom Typ A per Bestrahlung in Käfer vom Typ B zu transformieren. Dieses Ziel konnte nur erreicht werden, wenn mehrere Operationen hintereinander ausgeführt wurden. Die Probanden hatten die Aufgabe, bei jeder Käferzüchtung mit einer möglichst kleinen Anzahl von Bestrahlungen auszukommen. Dabei mußten sie nicht nur beachten, welche Bestrahlungen erforderlich waren, um die gewünschten Merkmalsveränderungen durchführen zu können. Vielmehr kam es darauf an, auch die Reihenfolge vorauszuplanen, in der die Bestrahlungen angewendet werden sollten. Zum einen waren die meisten Bestrahlungen an Bedingungen geknüpft. Eine Bestrahlung konnte zum Beispiel nur dann ausgeführt werden, wenn bereits ein bestimmtes Käfermerkmal vorlag. Daher mußten häufig Zwischenziele angesteuert werden, um zunächst einmal die Voraussetzungen für eine notwendige Operation herzustellen. Zum anderen veränderten viele Bestrahlung mehrere Käfermerkmale gleichzeitig. Bei diesen Bestrahlungen konnten unerwünschte Nebenwirkungen auftreten, die später durch zusätzliche Bestrahlungen wieder beseitigt werden mußten.

Bei jeder Aufgabe gab es einen optimalen Weg, der zur gewünschten Käfergattung führte. Dieser optimale Weg war durch die kleinstmögliche Anzahl von Bestrahlungen definiert, welche für die Züchtung eines Umweltschutz-Käfers notwendig waren (je nach Aufgabe fünf bis sieben Bestrahlungen). Danach standen den Probanden sechs zusätzliche Bestrahlungen zur Verfügung, um ans Ziel zu gelangen. Die Aufgabenleistung wurde durch die Differenz zwischen der notwendigen und der tatsächlich benötigten Anzahl von Operationen gemessen. Bei jeder Aufgabe variierte die Leistung zwischen 0 (optimal gelöst) und 7 Punktwerten (ungelöst). Die Gesamtleistung wurde durch Addition der drei Aufgabenwerte berechnet (0 bis 21 Punkte), wobei hohe Werte schlechte Leistungen und niedrige Werte gute Leistungen anzeigten.

Die 72 Studenten, welche bereits an der Trainingsphase des Experiments teilgenommen hatten, bearbeiteten die Testaufgaben unter vier verschiedenen Bedingungen. Im ‚unmittelbaren Test' (To) wurden die Testaufgaben nach einer fünfminütigen Pause im Anschluß an die Trainingsphase vorgelegt. Im ‚verzögerten Test' (Td) wurden die Käferprobleme hingegen erst 24 Stunden später bearbeitet. Unter der Bedingung ‚Ähnlichkeit' (A+) erhielten die Probanden die Instruktion, daß die Aufgaben in Training und Test dieselben intellektuellen Fähigkeiten erforderten. Unter der Bedingung ‚Unähnlichkeit' (A−) wurde ihnen hingegen mitgeteilt, daß im Test völlig andersartige Fähigkeiten notwendig seien, als dies im Training der Fall gewesen war. Um die Wirksamkeit dieser Instruktionen überprüfen zu können, wurden die Probanden sowohl vor Beginn als auch nach Abschluß der Aufgabenbearbeitung nach ihrem persönlichen Eindruck zur Aufgabenähnlichkeit gefragt. Die Faktoren ‚Zeit' und ‚Ähnlichkeit' wurden in einem zweifaktoriellen Plan systematisch kombiniert. Unter jeder der vier Bedingungen wurden jeweils 18 Studenten getestet. Weitere 18 wurden der Kontrollgruppe zugewiesen. Sie bearbeiteten die Testaufgaben, ohne zuvor an der Trainingsphase teilgenommen zu haben.

Am Anfang der Testphase wurden die bereits im Training erhobenen Einschätzungen zu den Leistungserwartungen (Erfolgserwartung und Kompetenzeinschätzung) und zur Leistungsbereitschaft (Anspruchsniveau und Anstrengungsbereitschaft) der Probanden wiederholt. Fragen nach der Erfolgserwartung und nach dem Anspruchsniveau bezogen sich hierbei auf die Anzahl von Bestrahlungen, welche zur Lösung der Käferprobleme benötigt werden würden. Nach Abschluß der Testaufgaben erhielten die Probanden einen Fragebogen, in dem unterschiedliche Gedankeninhalte (z.B. fähigkeitsbezogene, affektive, prognostische etc.) beschrieben wurden, mit denen sich Personen während der Bearbeitung von Leistungsaufgaben beschäftigen können. Der Fragebogen bestand aus 16 Items, in denen je zur Hälfte erfolgsbezogene und mißerfolgsbezogene Leistungskognitionen angesprochen wurden (vgl. Brunstein, im Druck). Die Probanden schätzten auf 5-Punkte Skalen ein, wie häufig sie sich mit jedem dieser Gedankeninhalte während der Bearbeitung der Käferprobleme beschäftigt hatten. Ihre Angaben wurden auf zwei Skalen zusammengefaßt, welche als Indikatoren für erfolgszuversichtliche versus mißerfolgsängstliche Motivationszustände aufgefaßt wurden. Als globale Messung des Motivationszustandes wurde der Differenzwert dieser Skalen herangezogen, wobei positive Werte ein Überwiegen erfolgsbezogener Gedanken und negative Werte ein Überwiegen mißerfolgsbezogener Gedanken anzeigten.

Zum Abschluß der Untersuchung wurden die Probanden gefragt, ob sie während der Testphase an ihre Erfahrungen in der Trainingsphase zurückgedacht hatten. Gegebenenfalls legten sie ihre Gedanken schriftlich nieder. Außerdem wurden sie um eine Einschätzung zur Häufigkeit (0 bis 4) trainingsbezogener Gedanken gebeten. Danach beurteilten sie, ob sie sich durch Erinnerungen an die Trainingsphase in ihrer Testleistung ‚eher gestört' (–1), ‚eher gefördert' (+1), oder ‚weder gestört noch gefördert' (0) gefühlt hätten. Aus der Multiplikation dieser beiden Einschätzungen (‚Häufigkeit' × ‚Einfluß') wurde ein Index gebildet (Max. +4, Min. –4), der den subjektiven Einfluß von retrospektiven Gedanken während der Testphase anzeigte.

Befunde

Zunächst wurden die subjektiven Einschätzungen für die Leistungserwartungen und für die Leistungsbereitschaft zu Beginn der Testphase analysiert. Eine multivariate Analyse, bei der die Probanden der vier experimentellen Gruppen mit Probanden der Kontrollgruppe verglichen wurden, führte zu einem signifikanten Resultat, $F(4,85)=6.46$, $p<.001$. Dieses Ergebnis war vor allem darauf zurückzuführen, daß Versuchspersonen, die an der Trainingsphase des Experiments teilgenommen hatten, sowohl in ihren Erfolgserwartungen, als auch in ihrem Anspruchsniveau, deutlich unter dem Niveau der Kontrollgruppe lagen ($ps<.005$). Für Einschätzungen zur persönlichen Kompetenz ergab sich ein Trend in der gleichen Richtung. Unter Berücksichtigung der Gruppenunterteilung zeigte sich allerdings, daß die Mißerfolgsinduktionen des Trainings nur bei lageorientierten Probanden zu abgesenkten Erfolgserwartungen geführt hatten. Ihre Einschätzungen fielen nicht nur beim Vergleich mit der lageorientierten Kontrollgruppe eher pessimistisch aus ($p<.01$). Vielmehr erwarteten sie auch, deutlich mehr Bestrahlungen zur Aufgabenlösung zu benötigen, als dies bei handlungsorientierten Probanden der Fall war, die gleichfalls an der Trainingsphase teilgenommen hatten ($p<.05$).

Bei diesen Analysen hatten weder Manipulationen der Zeit noch der Ähnlichkeit bedeutsame Effekte erzielt. Im Fall der Anstrengungsbereitschaft zeigte sich allerdings, daß die zeitliche Verzögerung der

Testphase zu einer gesteigerten Anstrengungsbereitschaft bei handlungsorientierten Probanden geführt hatte. Im Vergleich zu handlungsorientierten Studenten, die entweder der Kontrollgruppe oder aber der unmittelbaren Testbedingung zugewiesen worden waren, gaben Handlungsorientierte im verzögerten Test an, zu einem erhöhten Anstrengungseinsatz bereit zu sein ($p<.02$). Allerdings traten selbst unter dieser Bedingung keine Unterschiede zwischen handlungsorientierten und lageorientierten Probanden auf. Im Gegensatz zu Anspruchsniveau und Erfolgserwartung zeigten lageorientierte Teilnehmer nach der Trainingsphase keine verminderte Anstrengungsbereitschaft.

Trotz dieser Resultate hatten die subjektiven Einschätzungen der Probanden keine nachhaltigen Auswirkungen auf ihre Testleistung. In einer multiplen Regressionsanalyse klärten die vier Variablen insgesamt nur 8.4% der Varianz in der Leistungsmessung auf. Anschließend wurde die Testleistung als Funktion der experimentellen Manipulationen und der dispositionalen Messung von Handlungskontrolle betrachtet.[1] Abbildung 6 demonstriert, wie gut handlungsorientierte und lageorientierte Probanden in den unterschiedlichen Bedingungen der Testphase abschnitten.

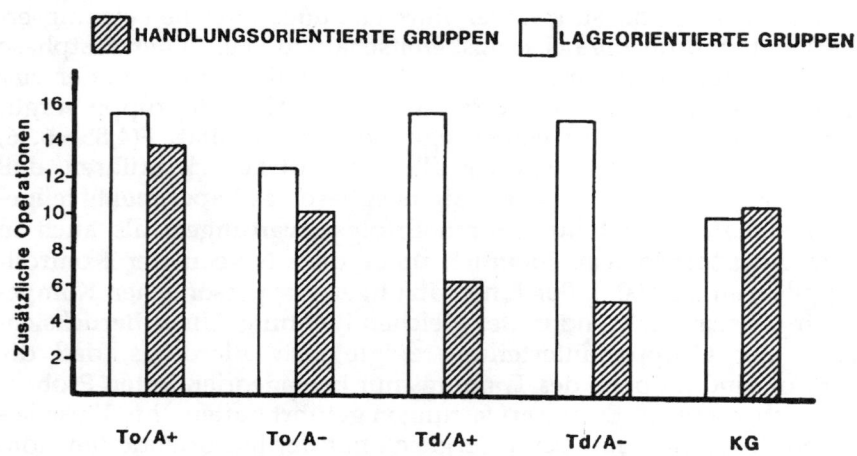

Abb. 6: Testleistungen von handlungsorientierten und lageorientierten Studenten in fünf Versuchsbedingungen (To=unmittelbarer Test; Td=verzögerter Test; A+=ähnlicher Test; A-=unähnlicher Test; KG=Kontrollgruppe).

---

[1] Die Untersuchung erhielt zusätzlich eine Messung individueller Attributionsstile. Weder Globalität noch Stabilität oder Internalität für negative Ereignisse führten zu signifikanten Effekten bei der Vorhersage der Testleistung (s.a. Brunstein, 1986c).

Zunächst wurden die Leistungen verglichen, die handlungsorientierte und lageorientierte Probanden in der Kontrollgruppe und in den vier experimentellen Gruppen erzielt hatten. Die Varianzanalyse führte zu einer signifikanten Interaktion, $F(1,86)=5.58$, $p<.02$. Lageorientierte Probanden, welche an der Trainingsphase teilgenommen hatten, schnitten im Test nicht nur schlechter ab als handlungsorientierte Probanden ($p<.001$), sondern sie blieben auch unter dem Leistungsniveau der lageorientierten Kontrollgruppe ($p<.05$). Während bei lageorientierten Probanden Leistungsdefizite nach der Trainingsphase auftraten, konnten handlungsorientierte Versuchspersonen das Leistungsniveau ihrer Kontrollgruppe sogar geringfügig übertreffen.

Anschließend wurden die Leistungen der experimentellen Gruppen in einem dreifaktoriellen Versuchsplan (Zeit × Ähnlichkeit × Handlungskontrolle) analysiert. Die Varianzanalyse demonstrierte, daß die Faktoren Zeit und Handlungskontrolle signifikant interagierten, $F(1,64)=10.51$, $p<.005$. Außerdem zeigte sich ein signifikanter Trend für die Manipulation der Aufgabenähnlichkeit, $F(1,64)=2.83$, $p<.10$. Probanden, welche die Instruktion erhalten hatten, daß die Aufgaben in Training und Test ähnliche Anforderungen stellten, schnitten tendenziell schlechter ab, als Probanden, die mit unähnlichen Testaufgaben konfrontiert worden waren.

Die signifikante Interaktion zwischen Zeit und Handlungskontrolle wurde in einem regressionsanalytischen Ansatz weiter überprüft. Hierbei wurde Handlungskontrolle als kontinuierliche Variable behandelt. Das Ergebnis bestätigte, daß die Interaktion beider Faktoren einen signifikanten Anteil der Leistungsvarianz aufklärte. Daher wurden getrennte Regressionsgleichungen für die zeitlich unmittelbare und die zeitlich verzögerte Testbedingung berechnet. Abbildung 7 demonstriert die Resultate. Obgleich die meisten handlungsorientierten Studenten auch unmittelbar im Anschluß an die Trainingsphase zu besseren Testleistungen neigten, wurde ihre Überlegenheit gegenüber lageorientierten Teilnehmern erst im verzögerten Test deutlich bemerkbar. Anschließend wurde genauer bestimmt, in welchem Bereich der HOM-Skala die Zuordnung zu unterschiedlichen Zeitbedingungen zu einem differentiellen Effekt auf die Testleistung geführt hatte (Johnson-Neyman-Technik; vgl. Pedhazur, 1982, S. 469ff.). Das Ergebnis zeigte, daß Probanden mit HOM-Werten ab 12 von einer Verzögerung der Testphase profitiert hatten. Demgegenüber erzielte die zeitliche Manipulation bei Probanden mit HOM-Werten unter 12 keinen bedeutsamen Effekt auf das Leistungsniveau.

Ein HOM-Wert von 12 entsprach genau dem Median der Skala. Somit konnten handlungsorientierte Probanden ihre Leistung im zeitver-

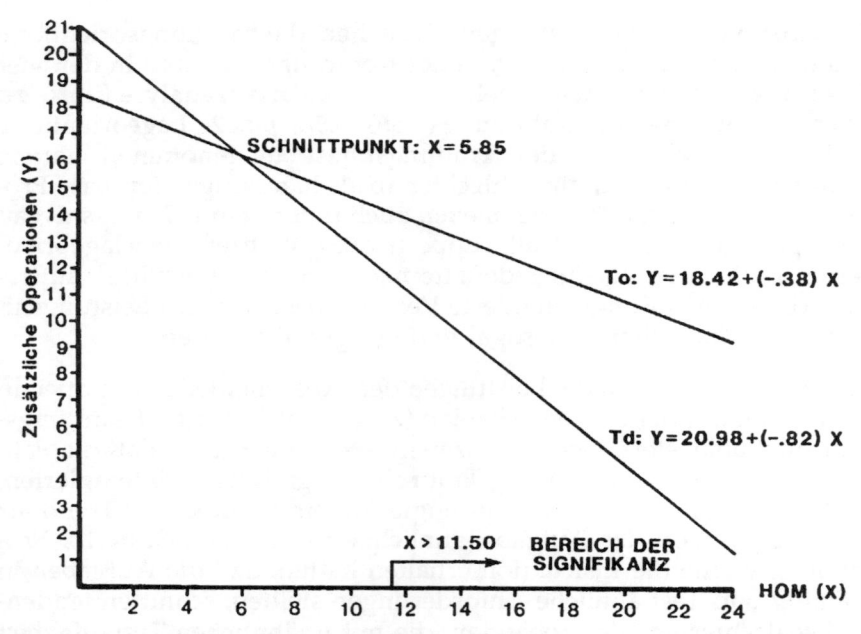

Abb. 7: Getrennte Regressionsgleichungen für Studenten im unmittelbaren (To) und im verzögerten Test (Td) (HOM=Handlungskontrolle in Mißerfolgssituationen).

Im Graph:
- SCHNITTPUNKT: X = 5.85
- To: $Y = 18.42 + (-.38) X$
- Td: $Y = 20.98 + (-.82) X$
- $X > 11.50$ BEREICH DER SIGNIFIKANZ
- Zusätzliche Operationen (Y)
- HOM (X)

schobenen Test deutlich steigern. Dabei schnitten sie nicht nur besser ab als ihre lageorientierte Vergleichsgruppe ($p<.001$). Vielmehr lagen ihre Leistungen auch deutlich über dem Niveau der übrigen handlungsorientierten Gruppen. Sie übertrafen die Leistung von handlungsorientierten Probanden im unmittelbaren Test ebenso ($p<.001$), wie die Leistung von handlungsorientierten Probanden in der Kontrollgruppe ($p<.02$). Im Gegensatz hierzu unterschied sich die Leistung von handlungsorientierten Probanden im unmittelbaren Test weder von der Leistung der handlungsorientierten Kontrollgruppe noch von der Leistung Lageorientierter, welche die Testphase unter derselben Zeitbedingung durchlaufen hatten.

Die Analyse der Testleistung wurde mit der Frage abgeschlossen, ob dispositionelle und experimentelle Effekte bei ganz bestimmten Aufgaben in der Testphase wirksam geworden waren. Hierbei wurden die drei Testaufgaben als wiederholte Leistungsmessungen aufgefaßt. Dementsprechend wurde überprüft, ob die Faktoren Zeit, Ähnlichkeit und Handlungskontrolle mit dieser Meßwiederholung in Interaktion getreten waren. Eine multivariate Analyse, in der die Leistungswerte für jede Testaufgabe standardisiert worden waren, führte zu zwei interessanten Befunden. Zum einen erreichte die Interaktion zwischen

Abb. 8: Standardisierte Leistungswerte in drei Testaufgaben (A1, A2, A3): Effekte für die Faktoren Handlungskontrolle und Ähnlichkeitsinstruktion.

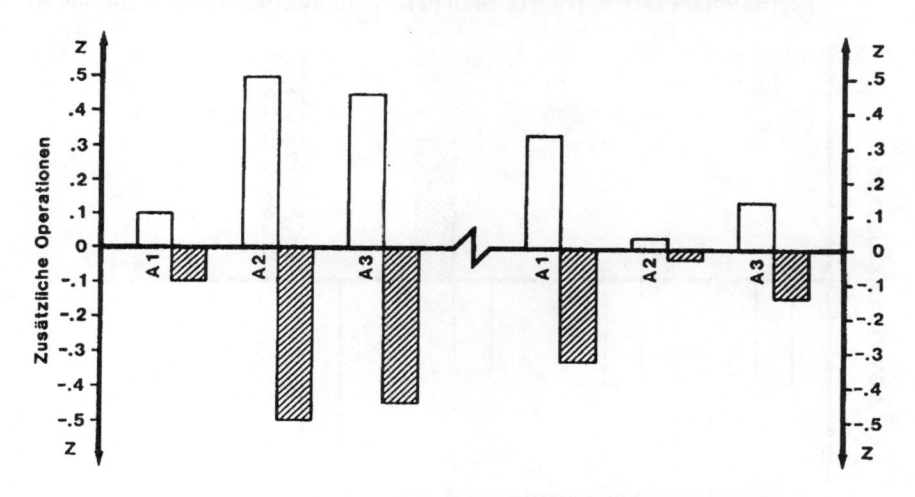

Meßwiederholung und Ähnlichkeitsmanipulation die Signifikanzgrenze, $F(2,63)=3.03$, $p<.06$. Zum anderen interagierte die Meßwiederholung signifikant mit der Handlungs- versus Lageorientierung der Probanden, $F(2,63)=5.42$, $p<.01$. Diese beiden Effekte werden in Abbildung 8 verdeutlicht.

Zunächst wurde die Interaktion mit der Aufgabenähnlichkeit analysiert. Hierbei zeigte sich, daß die Ähnlichkeitsmanipulation nur bei der ersten Aufgabe, nicht aber bei der zweiten und dritten einen signifikanten Effekt auf die Testleistung erzielt hatte. Ihr Einfluß war somit nur kurzfristig wirksam geworden. Einigen Aufschluß, warum dieser Effekt instabil ausfiel, gab die Auswertung der Ähnlichkeitseinschätzungen der Probanden. Die Instruktion zur Aufgabenähnlichkeit erzielte sowohl zu Beginn als auch am Ende der Testphase die beabsichtigten Effekte auf die subjektive Wahrnehmung der Probanden ($ps<.01$). Bei der postexperimentellen Einschätzung zeigte sich jedoch, daß die erzielte Testleistung den stärksten Einfluß auf das Urteil der Versuchspersonen ausübte. Wenngleich der Effekt der Aufgabeninstruktion auch jetzt noch signifikant blieb, klärte die Leistungsmessung allein bereits 16.9% der Varianz in der subjektiven Einschätzung der Probanden auf. Wer schlechte Testleistungen erzielte, der beurteilte auch die Ähnlichkeit mit den Mißerfolgsaufgaben des Trainings

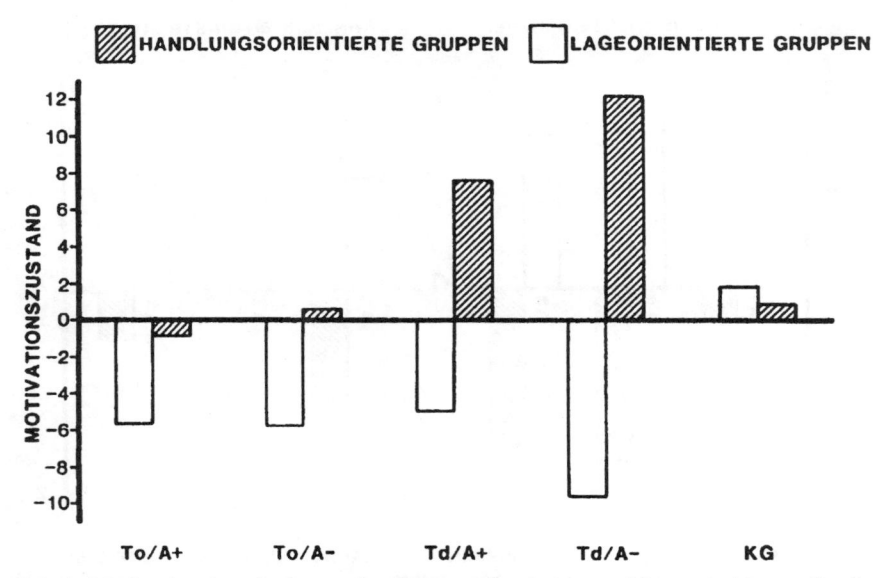

Abb. 9: Motivationszustände von handlungsorientierten und lageorientierten Studenten in fünf Versuchsbedingungen (To=unmittelbarer Test; Td=verzögerter Test; A+=ähnlicher Test; A-=unähnlicher Test; KG=Kontrollgruppe). (Positive Werte demonstrieren das Überwiegen von erfolgsbezogenen Gedanken, negative Werte das Überwiegen von mißerfolgsbezogenen Gedanken.)

hoch, während bei guten Testleistungen deutliche Unterschiede zur Trainingsphase wahrgenommen wurden.

Im Gegensatz zur Aufgabenähnlichkeit erzielte der Faktor Handlungskontrolle erst nach der ersten Aufgabe einen bedeutsamen Effekt auf die Testleistung. Die Gruppendifferenz zwischen handlungsorientierten und lageorientierten Studenten stieg beim Übergang von der ersten zur zweiten Aufgabe sprunghaft an und blieb dann bei der dritten Aufgabe in gleichem Umfang bestehen. Personenabhängige Leistungsunterschiede traten somit erst im Verlauf und nicht bereits zu Beginn der Testphase auf.

Nach Abschluß der Leistungsanalysen wurden die Kognitionsdaten der Probanden ausgewertet. Abbildung 9 demonstriert, in welchem Motivationszustand sich die Probanden während der Testphase befanden. Zunächst wurde festgestellt, daß der Motivationszustand der Studenten hoch mit ihrem Leistungsniveau korreliert war ($r=-.75$). Studenten mit niedrigen Leistungswerten waren während der Aufgabenbearbeitung eher mißerfolgsängstlich, während Studenten, die hohe Leistungen erzielt hatten, sich eher erfolgszuversichtlich gefühlt hatten. Entsprechend ergaben sich bei der Analyse des Motivationszustands ganz ähnliche Effekte, wie sie bereits bei der Überprüfung der Leistungsresultate festgestellt wurden. Während der Motivationszustand bei Studenten der Kontrollgruppe weitgehend ausgeglichen blieb, reagierten lageorientierte Probanden, die an der Trainingsphase des Experimentes teilgenommen hatten, mit einer deutlichen Zunahme ihrer Mißerfolgsängstlichkeit. Demgegenüber hatte die Trainingsphase bei handlungsorientierten Studenten keine nachteiligen Effekte auf ihren Motivationszustand. Im Gegenteil, beim zeitverschobenen Test waren sie sogar weitaus erfolgsmotivierter als ihre handlungsorientierten Kommilitonen in der Kontrollgruppe (alle $ps<.05$).

Zum Schluß wurde das Auftreten von retrospektiven Gedanken an die Trainingsphase getestet. Insgesamt gaben 70.8% der Probanden an, zumindest gelegentlich an ihre Erfahrungen in der Trainingsphase zurückgedacht zu haben. Dieser Anteil war über die handlungsorientierten und lageorientierten Versuchsgruppen gleichmäßig verteilt. Von den Versuchspersonen, die an die Trainingsphase zurückgedacht hatten, fühlte sich mehr als die Hälfte in der Bearbeitung der Testaufgaben gestört, knapp ein Drittel glaubte, durch retrospektive Gedanken nicht beeinflußt worden zu sein, und circa 15% der betroffenen Probanden berichteten sogar, durch Reminiszenzen an die Trainingsphase zu Leistungsverbesserungen angeregt worden zu sein.

Der subjektive Einfluß von retrospektiven Gedanken wurde in einer Varianzanalyse überprüft, die mit dem hierzu gebildeten Index ‚Häufigkeit X Einfluß' durchgeführt wurde. Das Resultat verwies erneut auf eine signifikante Interaktion zwischen dispositioneller Handlungskontrolle und Zeitpunkt der Testvorgabe, $F(1,64)=10.16$, $p<.005$. Nicht nur lageorientierte Versuchspersonen (To: $M=-.83$; Td: $M=-1.16$), sondern auch handlungsorientierte Probanden, die unmittelbar nach der Trainingsphase getestet worden waren ($M=-1.05$), fühlten sich während der Testphase durch Retrospektionen an die Trainingsphase gestört. Von dieser Einschätzung unterschieden sich nur handlungsorientierte Versuchspersonen, die am zeitverschobenen Test teilgenommen hatten. Im Gegensatz zu allen anderen Gruppen beurteilten sie den Einfluß von retrospekiven Gedanken sogar eher positiv ($M=.66$).

Zusammenfassung

Handlungsorientierte und lageorientierte Studenten, welche in der Trainingsphase intensiven Mißerfolgsinduktionen ausgesetzt worden waren, zeigten in der Testphase des Hilflosigkeitsexperiments deutliche Leistungsunterschiede. Nur bei lageorientierten Teilnehmern traten Leistungsdefizite auf, während handlungsorientierte Teilnehmer nach einer eintägigen Pause sogar Leistungssteigerungen verzeichneten. Demgegenüber ließen sich bei Probanden, welche die Testaufgaben ohne Vorbehandlung bearbeitet hatten, keine Leistungsunterschiede zwischen diesen Personengruppen feststellen. Die signifikante Interaktion der Faktoren Handlungskontrolle und Zeit bestätigte die wichtigste Annahme der Untersuchung. Entgegengesetzte Leistungstrends traten bei handlungsorientierten und lageorientierten Studenten erst dann deutlich hervor, wenn die Testphase zeitlich verzögert dargeboten wurde. Nur unter dieser Bedingung konnten sich interindividuelle Unterschiede in der Verarbeitung von Mißerfolgserfahrungen entfalten und damit auch bedeutsamen Einfluß auf die Testleistung nehmen.

Die Befunde zeigten außerdem, daß unterschiedliche Leistungsniveaus bei handlungsorientierten und lageorientierten Studenten erst im Verlauf und nicht bereits zu Beginn der Testphase auftraten. Damit wurde die Hypothese unterstützt, daß sich differentielle Leistungseffekte im Test erst dann ergeben, wenn die Versuchspersonen auf neue Problembarrieren stoßen. Im Vergleich hierzu erzielten die Instruktionen zur Aufgabenähnlichkeit nur mäßigen Einfluß auf die Testleistung. Leistungssteigerungen traten bei handlungsorientierten Studenten ebenso unabhängig von der Ähnlichkeitsmanipulation auf wie Leistungsminderungen bei lageorientierten Studenten. Im Gegensatz zum Einfluß der Handlungskontrolle hatten die Ähnlichkeitsinstruktionen jedoch kurzfristige Effekte auf das Leistungsniveau zur Folge. Die Analyse der wahrgenommenen Aufgabenähnlichkeit zeigte, daß a priorische Ähnlichkeitsurteile, die zu Beginn der Testphase erhoben worden waren, im Verlauf der Aufgabenbearbeitung an das Niveau der eigenen Leistung angepaßt wurden. Dementsprechend verdeutlichten die postexperimentellen Einschätzungen der Probanden, daß die wahrgenomme Ähnlichkeit zwischen Training und Test eher eine abhängige als eine unabhängige Variable der Testleistung darstellte.

Die nachträgliche Befragung über Gedankeninhalte während der Aufgabenbearbeitung demonstrierte, daß Leistungssteigerungen in der handlungsorientierten Gruppe mit erfolgszuversichtlichen Motivationszuständen und Leistungsminderungen in der lageorientierten Gruppe mit mißerfolgsängstlichen Motivationszuständen einhergingen. Im Gegensatz zur Trainingsphase variierte im Test auch die wahrgenommene Aufgabenleistung. Daher ließen sich aus der Kovariation von Leistung und Motivationszustand keine Rückschlüsse über Wirkungszusammenhänge zwischen diesen Variablen ziehen. Die Befunde verdeutlichten jedoch, daß sich handlungsorientierte und lageorientierte Probanden sowohl in ihrer objektiv gemessenen Testleistung als auch in ihrem subjektiv berichteten Motivationszustand deutlich unterschieden.

Auch bei der Auswertung von retrospektiven Gedanken an die Trainingsphase zeigte sich, daß handlungsorientierte und lageorientierte Personen Mißerfolgserfahrungen verschiedenartig verarbeiten. Zumindest beim verzögerten Test erlebten handlungsorientierte Studenten solche Erinnerungen als besonderen Ansporn, ihre Leistung in der neuen Aufgabensituation zu steigern. Demgegenüber gaben lageorientierte Studenten unabhängig vom Zeitpunkt des Tests an, daß ihre Leistungsfähigkeit durch Erinnerungen an die Trainingsphase eher gestört worden sei.

Die Ergebnisse aus der präexperimentellen Befragung der Probanden verdeutlichten, daß die Mißerfolgsinduktionen des Trainings zu einer generellen Absenkung in den Erfolgserwartungen, in den Kompetenzeinschätzungen und in dem Anspruchsniveaus der Versuchsteilnehmer geführt hatten. Diese Effekte waren von der Gruppenzugehörigkeit der Probanden weitgehend unabhängig. Nur bei der Einschätzung der Erfolgserwartung erwiesen sich lageorientierte Studenten noch weitaus pessimistischer als ihre handlungsorientierten Kommilitonen. Die Anstrengungsbereitschaft der Trainingsteilnehmer war demgegenüber ungebrochen. Handlungsorientierte Probanden, die am verzögerten Test teilnahmen, gaben sogar Werte an, die über dem Niveau ihrer Kontrollgruppe lagen. Besonders auffällig war jedoch, daß die präexperimentellen Einschätzungen der Studenten in keinem bedeutsamen Zusammenhang zur Testleistung standen. Ihre Leistungserwartungen und ihre Leistungsbereitschaft gestatteten keine zufriedenstellende Prognose über ihr tatsächliches Leistungsvermögen im Verlauf der Aufgabenbearbeitung.

Diskussion

In der berichteten Studie wurde das Ziel verfolgt, sowohl Leistungssteigerungen als auch Leistungsminderungen in der Testphase eines Hilflosigkeitsexperiments aufzuklären. Die Ergebnisse zeigten, daß solche entgegengesetzten Leistungstrends valide prognostiziert werden können, wenn handlungsorientierte und lageorientierte Direktiven der Mißerfolgsverarbeitung berücksichtigt werden. Wortman und Dintzer (1978) haben die reformulierte Hilflosigkeitstheorie kritisiert, weil sich Abramson, Seligman und Teasdale (1978) einseitig auf die Vorhersage von Verhaltensdefiziten konzentriert haben. Die dargestellten Untersuchungsbefunde demonstrierten, daß Kuhls (1983; 1984) Modell der Handlungskontrolle zu einer umfassenderen Betrachtung unterschiedlicher Formen der Mißerfolgsbewältigung führt. Aus der Gegenüberstellung von handlungsorientierten und lageorientierten Verarbeitungsstilen ließen sich nicht nur differenzierte Vorhersagen ableiten, bei welchen Personen Leistungsdefizite nach unbeeinflußbaren Mißerfolgen auftreten. Vielmehr gestattete diese Unterscheidung auch Schlußfolgerungen darüber, unter welchen Bedingungen und bei welchen Personen Mißerfolgserfahrungen zu Leistungssteigerungen führen. Die dargestellten Befunde werfen aber auch eine Reihe von Fragen auf, die anschließend in vier Punkten zusammengefaßt werden.

Über welche Bandbreite neuartiger Situationen werden handlungsorientierte und lageorientierte Verarbeitungsstile generalisiert? In der vorliegenden Untersuchung wurde die Auffassung vertreten, daß einmal angeregte Direktiven der Handlungskontrolle auch nach Abschluß einer Mißerfolgssituation persistieren. Das Ausmaß, in dem sie die Bewältigung zukünftiger Anforderungen beeinflussen, hängt in erster Linie von der Intensität ihrer Anregung und von der Dauer ihrer Persistenz ab. Damit stellt sich die Frage, ob handlungsorientierte und lageorientierte Verarbeitungsstile, die in einer ursprünglichen Mißerfolgssituation angeregt wurden, auch auf völlig neuartige Handlungssituationen übertragen werden können.

In dieser Untersuchung erzielten Instruktionen zur Aufgabenähnlichkeit einen nur geringen und zudem instabilen Einfluß auf die Testleistung. Umgekehrt wurde die Ähnlichkeitswahrnehmung der Probanden ganz entscheidend von der erzielten Aufgabenleistung beeinflußt. Gegen diese Befunde läßt sich allerdings einwenden, daß die Ähnlichkeit von Training und Test so hoch war, daß fiktive Aufgabeninstruktionen kaum mehr einen signifikanten Effekt auf die Leistung erzielen konnten. In beiden Situationen wurden intellektuelle Anforderungen gestellt, die mit einem hohen leistungsthematischem Anreizgehalt verbunden waren.

Um überprüfen zu können, über welche Bandbreite neuer Situationen handlungsorientierte und lageorientierte Direktiven nach Mißerfolgserfahrungen generalisiert werden, müßte die situative Gestaltung von Hilflosigkeitsexperimenten stärker als bisher variiert werden. Würde zum Beispiel ein lageorientierter Student, der gerade in einer Mathematik-Prüfung versagt hat, auch dann in Schwierigkeiten geraten, wenn er anschließend eine soziale Konfliktsituation lösen soll (vgl. Kuhl, 1981, S. 160)? Und würde ein anderer Student, der denselben Mißerfolg handlungsorientiert verarbeitet, gerade jetzt versuchen, besonders selbstsicher und kompetent aufzutreten? Oder würde sich sein Fehlschlag im Mathematik-Test nur auf solche Situationen positiv auswirken, in denen er die Möglichkeit hätte, seine intellektuellen Fähigkeiten bei anderen Leistungsaufgaben unter Beweis zu stellen?

Nach Kuhls (1981; 1983; 1984) Auffassung sind funktionale Defizite, welche als Folge erhöhter Lageorientierung auftreten, stets global und situationsunspezifisch. Damit wird im Gegensatz zum Generalisierungsmodell von Abramson, Seligman und Teasdale (1978) bestritten, daß sich die Globalität von Hilflosigkeitsdefiziten differentialpsychologisch vorhersagen läßt. Lageorientierte Zustände, welche in leistungsthematischen Situationen gebildet werden, werden im Sinne Kuhls nicht nur auf völlig verschiedenartige Leistungsanforderungen generalisiert, sondern sie beeinflussen auch die Effizienz in Situationen, die nicht mehr auf leistungsthematische Zielsetzungen bezogen sind.

Demgegenüber vermutete Kuhl (1981; 1983; 1984), daß Leistungssteigerungen nach Mißerfolgserfahrungen nur dann auftreten, wenn (a) eine Mißerfolgserfahrung handlungsorientiert verarbeitet wird, und wenn (b) eine neue Handlungssituation als Ersatzmöglichkeit betrachtet wird, die in der Mißerfolgssituation verfehlten Zielsetzungen doch noch zu realisieren (vgl. Atkinson & Birch, 1974). Alternativ wäre zu prüfen, ob handlungsorientierte Direktiven, die in einer ursprünglichen Mißerfolgssituation angeregt wurden, ebenso wie lageorientierte Zustände auf völlig verschiedenartige Situationen übertragen werden können. Dies sind Streitfragen, die sich nur empirisch abklären lassen. Dazu wäre es allerdings notwendig, beim Übergang von der Trainingsphase zur Testphase auch die Thematik, den Aufforderungsgehalt und den situativen Kontext der experimentellen Bedingungen zu verändern.

Wie können lageorientierte Zustände verhindert oder aufgelöst werden? In der berichteten Untersuchung zeigten lageorientierte Studenten im Gegensatz zu handlungsorientierten Teilnehmern keine Leistungsveränderungen nach einer eintägigen Trainingspause. Ihre Leistungsdefizite blieben gegenüber dieser zeitlichen Manipulation stabil. Zudem hatten lageorientierte Probanden bereits im Training schlechter abgeschnitten als handlungsorientierte Probanden. Hier liegt die Schlußfolgerung nahe, daß nur lageorientierte Personen in der Trainingsphase hilflos geworden waren, und daß diese Hilflosigkeit unabhängig von den experimentellen Manipulationen auf die Testphase übertragen wurde. Somit enthalten die dargestellten Resultate keine Informationen, wodurch das Auftreten von Leistungsdefiziten bei lageorientierten Personen verhindert werden kann.

Prinzipiell wäre es möglich, die eingesetzten Manipulationen weiter auszudehnen oder zu verschärfen. So ist zum Beispiel bekannt, daß Hilflosigkeitsprozesse einer zeitlichen Remission unterliegen (Seligman, 1975). Vielleicht würde man eine Woche nach der Trainingsinduktion auch bei lageorientierten Personen keine Defizite in der Testleistung festellen können. Weitaus interessanter ist jedoch die Frage, auf welche Weise das Auftreten von lageorientierten Zuständen durch präventive Maßnahmen verhindert oder durch nachträgliche Interventionen aufgelöst werden kann.

Die berichteten Befunde zum lauten Denken und zum Motivationszustand zeigten, daß Leistungsdefizite bei lageorientierten Studenten systematisch mit mißerfolgsbezogenen Gedanken in Verbindung standen. Im Hilflosigkeitstraining unterschieden sich ihre Leistungskognitionen deutlich von denen handlungsorientierter Teilnehmer, obgleich alle Probanden dieselben Leistungsrückmeldungen erhielten. Daher sollte untersucht werden, ob lageorientierte Personen von einer Veränderung ihres internen Dialogs profitieren würden. Meichenbaum (1977) und Mahoney (1974) haben Verfahren der kognitiven Verhaltensmodifikation vorgestellt, in deren Mittelpunkt der Abbau mißerfolgsängstlicher Selbstverbalisierungen und der Erwerb problemorientierter Bewältigungsfertigkeiten steht. Eine wichtige Komponente dieser Trainingsprogramme besteht im Erlernen von Selbstinstruktionen und Selbstverstärkungen in streßvollen Situationen. Solche Techniken, die Brunstein in den spontanen Aussagen von handlungsorientierten Personen wiederfand, sollen die Person dabei unterstützen, ihre Aufmerksamkeit auf die momentane Problemstellung zu richten und ihre Fähigkeiten beim Problemlösen optimal einzusetzen. Altmaier und Happ (1985) haben kürzlich gezeigt, daß sich Personen, die ein derartiges Trainingsprogramm durchlaufen haben, erfolgreich gegen Hilflosigkeitsreaktionen behaupten können.

Neben direktiven Verfahren hat sich mittlerweile eine Vielzahl anderer Techniken als tauglich erwiesen, um das Auftreten von Leistungsdefiziten in Hilflosigkeitssituationen zu verhindern. Die Palette reicht von Erfolgsinduktionen (Klein & Seligman, 1976), über Entspannungsinstruktionen (Coyne, Metalsky & Lavelle, 1980), bis hin zum Erzählen stimmungsaufhellender Witze (Trice, 1985). Hier wäre zu überprüfen, ob der Erfolg dieser Interventionen darauf beruht, daß sie zur Zerstreuung lageorientierter Gedanken beitragen. Ein besonders drastisches Beispiel wurde von Riskind (1984) berichtet. Riskind stellte fest, daß sich Symptome der Hilflosigkeit auflösen lassen, wenn Personen nach Mißerfolgserfahrungen bedrückte Körperhaltungen einnehmen. Körperhaltungen, die mit der momentanen, eher depressiven

Stimmungslage übereinstimmen, helfen nach Auffassung Riskinds (1984, S. 479f.) dabei, sich gedanklich von enttäuschenden Handlungsresultaten zu lösen und sich auf neue Aufgabenstellungen vorzubereiten. Solche Aussagen stellen eine Anregung dar, die Tragfähigkeit von Kuhls (1983; 1984) Modell der Handlungskontrolle auch im Bereich der Prävention und Intervention bei Hilflosigkeitssymptomen zu erproben.

Wodurch wird die Übertragung von handlungsorientierten und lageorientierten Verarbeitungsstilen auf neue Situationen ausgelöst? Unterschiedliche Testleistungen bei handlungsorientierten und lageorientierten Studenten traten erst im Verlauf und nicht bereits zu Beginn der Testphase auf. Dieses Ergebnis stimmte mit Pasahows (1980) Beobachtung überein, daß sich Leistungsdefizite nach Hilflosigkeitsinduktionen nur dann nachweisen lassen, wenn die ersten Aufgaben einer Serie von Anagrammen besonders schwierig gestaltet werden. Damit stellt sich die Frage, in welchem Ausmaß das Auftreten von Leistungssteigerungen versus Leistungsminderungen in Hilflosigkeitsexperimenten davon abhängt, daß Personen in der Testphase erneut mit Mißerfolgsrisiken konfrontiert werden.

In Brunsteins Untersuchung wurde bei der Analyse der Testleistung eine signifikante Interaktion zwischen dispositioneller Handlungskontrolle und wiederholten Leistungsmessungen festgestellt. Dieser Befund unterstützte die Hypothese, daß unterschiedliche Leistungstrends im Test durch eine Reaktivierung von handlungsorientierten versus lageorientierten Direktiven der Handlungskontrolle verursacht wurden. Demzufolge führten die Mißerfolgsinduktionen der Trainingsphase nicht nur zur Anregung von handlungsorientierten und lageorientierten Verarbeitungsstilen. Vielmehr resultierten sie auch in einer Absenkung der situativen Auslöseschwelle, bei der es zu einer erneuten Aktivierung dieser Direktiven kommt. Vermutlich wurde diese Funktion in der berichteten Studie durch die erste Testaufgabe erfüllt, bei der die Teilnehmer mit einem noch ungewohnten und daher auch besonders schwierigen Problem konfrontiert wurden. Erst nach der Bearbeitung dieser Aufgabe traten dann bei handlungsorientierten und lageorientierten Probanden völlig entgegengesetzte Leistungstrends auf.

Seligman (1975) nahm an, daß Leistungsdefizite in Hilflosigkeitssituationen durch Erwartungen der Unkontrollierbarkeit verursacht werden. Diese Erwartungen bestimmen die Testleistung bereits a priori und verursachen nach dem Prinzip einer sich selbst erfüllenden Prophezeihung motivationale und kognitive Hilflosigkeitsdefizite. Demgegenüber regen die Befunde Brunsteins die Schlußfolgerung an, daß Leistungsdefizite nach Mißerfolgserfahrungen erst dann auftreten, wenn persistierende Tendenzen zur lageorientierten Informationsverarbeitung durch neue Mißerfolgsgefahren wiederbelebt werden. Mit quantitativen Begriffen ausgedrückt bedeutet dies, daß je stärker der im Hilflosigkeitstraining angeregte Zustand der Lageorientierung ausfällt, desto geringer sind die Mißerfolgsrisiken, die im Hilflosigkeitstest zu einer Reintegration dieses Kontrollmodus führen.

Soweit extreme Dispositionen zur Lageorientierung vorliegen, mögen vorauslaufende Mißerfolgserfahrungen nicht einmal notwendig sein, um Leistungsdefizite im Hilflosigkeitstest zu verursachen. In diesem Fall wäre die individuelle Hilflosigkeitsschwelle bereits so niedrig ausgeprägt, daß anspruchsvolle Anforderungen spontan mit persönlichem Versagen assoziiert werden. Kuhl (1981; 1984; Kuhl & Helle, 1986) hat darauf hingewiesen, daß gerade depressive Personen zu einer exzessiven Verarbeitung von lagebezogenen Informationen prädestiniert sind. Daher könnte durch diese Hypothese erklärt werden, warum depressive Personen in Hilflosigkeitstests ähnliche Defizite zeigen, wie nicht-depressive Personen, die an einem Hilflosigkeitstraining teilgenommen haben.

Um die Auslösebedingungen für Transfereffekte in Hilflosigkeitsstudien explorieren zu können, ist es zunächst erforderlich, die von Brunstein (im Druck) und Pasahow (1980) berichteten Befunde auf experimentellem Weg zu replizieren. Vor allem sollte die Aufgabenschwierigkeit und damit das Mißerfolgsrisiko zu Beginn der Testphase systematisch variiert werden. Weiterhin wäre zu überprüfen, durch welche Prozesse die Reintegration von handlungsorientierten oder lageorientierten Kontrolldirektiven vermittelt wird. Brunstein (1986c) stellte die Vermutung an, daß hierbei emotionale Stimmungslagen und dadurch begünstigte Erinnerungen an prototypische Erfolgs- oder Mißerfolgserlebnisse eine wichtige Funktion erfüllen (s.a. Teasdale, 1983).

Beeinflussen handlungsorientierte und lageorientierte Verarbeitungsstile die Motivation zur Bearbeitung von neuen Aufgabenstellungen? Kuhl (1981; 1983; 1984) hat darauf hingewiesen, daß die Annahme eines motivationalen Hilflosigkeitsdefizits schon deshalb unplausibel sei, weil gerade nach negativen Leistungsresultaten die Motivation ansteige, Erfolge bei neuen Aufgaben anzustreben. Nach seiner Auffassung führen Mißerfolge in der Trainingsphase sowohl bei handlungsorientierten als auch bei lageorientierten Personen zu einer erhöhten Motivation für die Bearbeitung von Testaufgaben. Allerdings sind nur handlungsorientierte Personen in der Lage, ihre erhöhte Motivation auch in bessere Leistungen umzusetzen.

Eine wichtige Voraussetzung dieser Motivationshypothese besteht in der Annahme, daß reduzierte Erfolgserwartungen, die im Training als Reaktion auf negative Leistungsrückmeldungen gebildet werden, nicht auf neue Aufgaben im Test übertragen werden. Nach Kuhl (1981) ziehen Personen, die Mißerfolge bei einem Aufgabentyp erlebt haben, noch lange nicht die Schlußfolgerung, auch bei einem anderen Aufgabentyp versagen zu müssen. Brunsteins Befunde zeigten jedoch, daß Probanden, die am Hilflosigkeitstraining teilgenommen hatten, im Vergleich zur Kontrollgruppe deutlich reduzierte Erfolgserwartungen aufwiesen. Zudem lagen die Erfolgserwartungen von lageorientierten Studenten unter dem Niveau der handlungsorientierten Teilnehmer. Damit stellt sich die Frage, ob lageorientierte Probanden eine vergleichsweise geringere Motivation zur Bearbeitung der Testaufgaben hatten als handlungsorientierte Probanden. Immerhin kommt die Vorgabe neuer Anforderungen nach Mißerfolgserfahrungen eher einem handlungsorientierten Verarbeitungsstil entgegen. Handlungsorientierte Personen können sich nach Kuhl (1983, S. 262) relativ schnell von negativen Handlungsergebnissen lösen und wenden sich schon bald wieder neuen Dingen zu.

Die dargestellten Ergebnisse zeigten aber auch, daß Einschätzungen zur Leistungserwartung und zur Leistungsbereitschaft in keiner bedeutsamen Beziehung zur Testleistung standen. Motivationale Tendenzen spielen in Hilflosigkeitsexperimenten schon deshalb keine entscheidende Rolle, weil die Probanden mit Anforderungen konfrontiert werden, die nach den Maßgaben des Versuchsplans unvermeidbar sind. In dieser respondenten Situation werden keine Freiheitsgrade eingeräumt, in denen individuelle Präferenzen für unterschiedliche Tätigkeiten und Ziele zum Ausdruck kommen könnten. Ein Student, der in einer Prüfung schlecht abgeschnitten hat, mag zwar den Wunsch hegen, eine weitere Prüfung am nächsten Tag zu verschieben. Wird ihm diese Möglichkeit aber gar nicht eingeräumt, und hält er zudem an seiner Absicht fest, eine gute Prüfungsleistung erzielen zu wollen, so bleibt ihm kaum etwas anderes übrig, als sich so gut wie möglich auf das neue Prüfungsfach vorzubereiten.

In Untersuchungen, die im Rahmen des traditionellen Hilflosigkeitsparadigmas durchgeführt werden, muß die Frage offen bleiben, ob sich handlungsorientierte und lageorientierte Personen nicht nur bei der Realisierung vorgegebener Zielsetzungen, sondern auch bei der selbständigen Bildung neuer Absichten unterscheiden. Fassen zum Beispiel handlungsorientierte Personen nach Mißerfolgserfahrungen früher als lageorientierte Personen den Entschluß, sich mit neuen Dingen zu beschäftigen? Suchen handlungsorientierte Personen dabei auch von sich aus nach neuen Gelegenheiten, um sich ihrer intellektuellen Fähigkeiten zu vergewissern? Und neigen lageorientierte Personen eher dazu, neue Leistungssituationen erst einmal zu vermeiden? Um diese Fragen beantworten zu können, müßten in der Testphase von Hilflosigkeitsexperimenten größere Freiräume für operante Reaktionen eingeräumt werden. Hierzu gehören Optionen wie zum Beispiel (a) zwischen verschiedenen Aufgaben unterschiedlicher Schwierigkeit wählen zu können, (b) den Zeitpunkt, zu dem neue Aufgaben in Angriff genommen werden, selbst bestimmen zu können, oder (c) leistungsthematischen Anforderungen zugunsten anderer Handlungsalternativen gänzlich aus dem Weg gehen zu können. Unter Umständen werden solche Verhaltenskriterien eher von Erwartungen und Motivationstendenzen beeinflußt, als dies bei der Messung von Leistungen in bereits verbindlich gewordenen Aufgabensituationen der Fall ist.

SCHLUSSBEMERKUNG

Im ersten Teil dieses Buches wurde Seligmans Theorie der gelernten Hilflosigkeit als wissenschaftliches Forschungsprogramm rekonstruiert. Die Theorie der gelernten Hilflosigkeit wurde dabei als ein bereits entfaltetes, derzeit aber auch stagnierendes Forschungsprogramm ausgewiesen. Gegenwärtig sind starke Bemühungen zu erkennen, die Attraktivität der Theorie zu erhöhen, indem immer neue Anwendungsbereiche für die Hilflosigkeitsforschung erschlossen werden (z.B. Hilflosigkeit und Gesundheit bei Peterson & Seligman, 1987). Die Aussagen der Theorie werden dabei unverändert übernommen. Es geht vor allem darum, die empirische Bewährung der Hilflosigkeitstheorie zu demonstrieren und die Gültigkeit des Attributionsmodells anhand weiterer Anwendungsfälle unter Beweis zu stellen. Dieses Vorgehen ist aber mit keinen theoretischen Fortschritten im Forschungsprogramm verbunden. Es werden keine neuen Tatsachen vorhergesagt, sondern zusätzliche Verhaltenskorrelate für Wahrnehmungen, Attributionen und Erwartungen der Kontrolle gesucht.

Im zweiten Teil dieses Buches wurde Kuhls Modell der Handlungskontrolle als alternative Erklärung für das Phänomen der gelernten Hilflosigkeit diskutiert. Obgleich dieses Modell erst am Beginn seiner Entwicklung steht, beinhaltet es eine Reihe wichtiger und empirisch gut fundierter Aussagen über das Auftreten von Hilflosigkeitssymptomen in unkontrollierbaren Leistungssituationen. Die berichteten Untersuchungsbefunde zeigten, daß Fragestellungen, welche in der Hilflosigkeitsforschung bislang unbeantwortet blieben (z.B das Auftreten von Leistungssteigerungen nach unbeeinflußbaren Mißerfolgsereignissen) oder gänzlich ignoriert wurden (z.B. die Genese von Hilflosigkeitssymptomen) im Rahmen dieses Modells fruchtbar bearbeitet werden können.

Mit der Gegenüberstellung dieser beiden Ansätze wurde das Ziel verfolgt, konkurrierende Positionen zwischen einer bereits etablierten, aber auch erstarrten Theorie und einer noch jungen, aber sich dynamisch entwickelnden Theorie aufzubauen. Durch dieses Spannungsgefüge kann nach Auffassung des Verfassers die Bereitschaft angeregt werden, sich von unterschiedlichen Grundpositionen ausgehend um ein vertieftes Verständnis der gelernten Hilflosigkeit beim Menschen zu bemühen. Im Sinne der Methodologie wissenschaftlicher Forschungsprogramme bedeutet dies vereinfacht, daß sich Konkurrenz nicht nur im Geschäftsleben, sondern auch in der Wissenschaft belebend und nutzbringend auswirken kann. ‚Die Geschichte der Wissenschaften war und sollte eine Geschichte des Wettstreits von Forschungsprogrammen sein; ... Je früher der Wettstreit beginnt, desto besser ist es für den Fortschritt' (Lakatos, 1982a, S. 68).

LITERATURVERZEICHNIS

Abramson, L. Y., Garber, J., Edwards, N. B. & Seligman, M. E. P. (1978). Expectancy changes in depression and schizophrenia. *Journal of Abnormal Psychology, 87,* 102–109.

Abramson, L. Y. & Sackheim, H. A. (1977). A paradox in depression: Uncontrollability and self-blame. *Psychological Bulletin, 84,* 838–851.

Abramson, L. Y. & Seligman, M. E. P. (1977). Modeling psychopathology in the laboratory: History and rationale. In J. D. Maser & M. E. P. Seligman (Eds.), *Psychopathology: Experimental models.* San Francisco: Freeman.

Abramson, L. Y., Seligman, M. E. P., & Teasdale, J. D. (1978). Learned helplessness in humans: Critique and reformulation. *Journal of Abnormal Psychology, 87,* 49–79.

Allen, J. L., Walker, L. D., Schroeder, D. A. & Johnson, D. E. (1987). Attributions and attribution-behavior relations: The effect of level of cognitive development. *Journal of Personality and Social Psychology, 52,* 1099–1109.

Alloy, L. B. (1982). The role of perceptions and attributions for response-outcome noncontingency in learned helplessness: A commentary and discussion. *Journal of Personality, 50,* 443–479.

Alloy, L. B. & Abramson, L. Y. (1979). Judgement of contingency in depressed and nondepressed students: Sadder but wiser? *Journal of Experimental Psychology: General, 108,* 441–485.

Alloy, L. B. & Abramson, L. Y. (1980). The cognitive component of human helplessness and depression: A critical analysis. In J. Garber & M. E. P. Seligman (Eds.), *Human helplessness: Theory and applications.* New York: Academic Press.

Alloy, L. B. & Abramson, L. Y. (1982). Learned helplessness, depression, and the illusion of control. *Journal of Personality and Social Psychology, 42,* 1114–1126.

Alloy, L. B., Peterson, C., Abramson, L. Y., & Seligman, M. E. P. (1984). Attributional style and the generality of learned helplessness. *Journal of Personality and Social Psychology, 46,* 681–687.

Alloy, L. B. & Seligman, M. E. P. (1979). On the cognitive component of learned helplessness and depression. In G. H. Bower (Ed.), *The psychology of learning and motivation* (Vol. 13). New York: Academic Press.

Alpert, R. & Haber, R. N. (1960). Anxiety in academic situations. *Journal of Abnormal and Social Psychology, 61,* 207–215.

Altmaier, E. M. & Happ, D. A. (1985). Coping skills training's immunization effects against learned helplessness. *Journal of Social and Clinical Psychology, 3,* 181–189.

Anderson, C.A. & Arnoult, L.H. (1985a). Attributional models of depression, lonelines, and shyness. In J.H. Harvey & G. Weary (Eds.), *Attribution: Basic issues and applications*. New York: Academic Press.

Anderson, C. A. & Arnoult, L. H. (1985b). Attributional style and everday problems in living: Depression, loneliness, and shyness. *Social Cognition, 3*, 16–35.

Atkinson, J. W. & Birch, D. (1974). The dynamics of achievement-oriented activity. In J. W. Atkinson & J. O. Raynor (Eds.), *Motivation and achievement*. Washington, D.C.: Winston.

Bandura, A. (1977). Self-efficacy: Toward a unifying theory of behavioral change. *Psychological Review, 84*, 191–215.

Bar-On, D. (1987). Causal attributions and the rehabilitation of myocardial infarction victims. *Journal of Social and Clinical Psychology, 5*, 114–122.

Barker, P. & Gholson, B. (1984a). The history of psychology of learning as a rational process: Lakatos versus Kuhn. In H. W. Reese (Ed.), *Advances in child development and behavior* (Vol. 18). Orlando: Academic Press.

Barker, P. & Gholson, B. (1984b). From Kuhn to Lakatos to Laudan. In H. W. Reese (Ed.), *Advances in child development and behavior* (Vol. 18). Orlando: Academic Press.

Beck, A. T. (1967). *Depression: Clinical, experimental, and theoretical aspects*. New York: Hoeber.

Beilin, H. (1984). Functionalist and structuralist research programms in developmental psychology: Incommensurability or synthesis? In H. W. Reese (Ed.), *Advances in child development and behavior* (Vol. 18). Orlando: Academic Press.

Benson, J. S. & Kennelly, K. J. (1976). Learned helplessness: The result of uncontrollable reinforcements or uncontrollable aversive stimuli? *Journal of Personality and Social Psychology, 34*, 138–145.

Blaney, P. H., Behar, V. & Head, R. (1980). Two measures of depressive cognitions: Their association with depression and with each other. *Journal of Abnormal Psychology, 89*, 678–682.

Bolles, R. C. (1972). Reinforcement, expectancy, and learning. *Psychological Review, 79*, 394–409.

Brehm, J. W. (1972). *Responses to loss of freedom: A theory of psychological reactance*. Morristown, N. J.: General Learning Press.

Brewin, C. R. (1985). Depression and causal attributions: What is their relation? *Psychological Bulletin, 98*, 297–309.

Bruner, J. S., Goodnow, J. J. & Austin, G. A. (1956). *A study of thinking*. New York: Wiley.

Brunstein, J. C. (1982). *Personal helplessness and achievement behavior: An analysis of dispositions, cognitions, and self ratings.* Unveröffentlichtes Manuskript, Psychologisches Institut der Justus-Liebig-Universität Gießen.

Brunstein, J. C. (1984). *Diskriminationsaufgaben in Hilflosigkeitsexperimenten.* Unveröffentlichtes Manuskript, Psychologisches Institut der Justus-Liebig-Universität Gießen.

Brunstein, J. C. (1986a). Attributionsstil und Depression: Erste Befunde zur Reliabilität und Validität eines deutschsprachigen Attributionsstil-Fragebogens. *Zeitschrift für Differentielle und Diagnostische Psychologie, 7,* 45–53.

Brunstein, J. C. (1986b). *Gelernte Hilflosigkeit, Depression und Leistungsverhalten in Mißerfolgssituationen: Theoretische und empirische Beiträge zu einem wissenschaftlichen Forschungsprogramm.* Unveröffentlichte Dissertation, Psychologisches Institut der Justus-Liebig-Universität Gießen.

Brunstein, J. C. (1986c). Cognitions during stressful achievement situations: Analysis of facilitation and learned helplessness. In J. H. L. v. d. Bercken, E. E. J. DeBruyn & Th. C. M. Bergen (Eds.), *Achievement and task motivation.* Lisse: Swets & Zeitlinger.

Brunstein, J.C. (in Druck). Handlungsorientierte versus lageorientierte Reaktionen auf versuchsleiter-induzierte Mißerfolgsereignisse. *Zeitschrit für Experimentelle und Angewandte Psychologie.*

Brunstein, J. C. & Olbrich, E. (1985). Personal helplessness and action control: Analysis of achievement-related cognitions, self-assessments, and performance. *Journal of Personality and Social Psychology, 48,* 1540–1551.

Carver, C. S. (1979). A cybernetic model of self-attention processes. *Journal of Personality and Social Psychology, 37,* 1251–1281.

Carver, C. S., Blaney, P. H. & Scheier, M. F. (1979). Reassertion and giving up: The interactive role of self-directed attention and outcome expectancy. *Journal of Personality and Social Psychology, 37,* 1859–1870.

Chapman, L. & Chapman, J. (1969). Illusory correlation as an obstacle to the use of valid psychodiagnostic signs. *Journal of Abnormal Psychology, 74,* 271–280.

Church, R. M. (1964). Systematic effect of random error in the yoked control design. *Psychological Bulletin, 62,* 122–131.

Cochran, S. D. & Hammen, C. L. (1985). Perceptions of stressful life events and depression: A test of attributional models. *Journal of Personality and Social Psychology, 48,* 1562–1571.

Cofer, C. N. & Appley, M. H. (1964). *Motivation: Theory and Research.* New York: Wiley.

Cohen, S., Rothbart, M. & Phillips, S. (1976). Locus of control and the generality of learned helplessness in humans. *Journal of Personality and Social Psychology, 34,* 1049–1056.

Cole, C. S. & Coyne, J. C. (1977). Situation specificity of laboratory-induced ‚learned helplessness'. *Journal of Abnormal Psychology, 86*, 615–623.

Collins, D. L., Baum, A. & Singer, J. E. (1983). Coping with chronic stress at Three Mile Island: Psychological and biochemical evidence. *Health Psychology, 2*, 149–166.

Costello, C. G. (1978). A critical review of Seligman's laboratory experiments on learned helplessness and depression in humans. *Journal of Abnormal Psychology, 87*, 21–31.

Coyne, J. C. & Gotlib, I. H. (1983). The role of cognition in depression: A critical appraisal. *Psychological Bulletin, 94*, 472–505.

Coyne, J. C. & Lazarus, R. S. (1980). Cognitive style, stress perception, and coping. In I. L. Kutash & L. B. Schlesinger (Eds.), *Handbook on stress and anxiety*. San Francisco: Jossey-Bass.

Coyne, J. C., Metalsky, G. I. & Lavelle, T. L. (1980). Learned helplessness as experimentator-induced failure and its alleviation with attentional redeployment. *Journal of Abnormal Psychology, 89*, 350–357.

Cutrona, C. E. (1983). Causal attributions and perinatal depression. *Journal of Abnormal Psychology, 92*, 161–172.

Cutrona, C. E., Russell, D. & Jones, R. D. (1985). Cross-situational consistency in causal attributions: Does attributional style exist? *Journal of Personality and Social Psychology, 47*, 1043–1058.

Dar, R. (1987). Another look at Meehl, Lakatos, and the scientific practices of psychologists. *American Psychologist, 42*, 145–151.

Depue, R. A. & Monroe, S. M. (1978). Learned helplessness in the perspective of the depressive disorders: Conceptual and definitional issues. *Journal of Abnormal Psychology, 87*, 3–20.

Diener, C. I. & Dweck, C. S. (1978). An analysis of learned helplessness: Continuos changes in performance, strategy, and achievment cognitions following failure. *Journal of Personality and Social Psychology, 36*, 451–462.

Diener, C. I. & Dweck, C. S. (1980). An analysis of learned helplessness: II. The processing of success. *Journal of Personality and Social Psychology, 39*, 940–952.

Dörner, D. (1976). *Problemlösen als Informationsverarbeitung*. Stuttgart: Kohlhammer.

Douglas, D. & Anisman, H. (1975). Helplessness or expectation incongruency: Effects of aversive stimulation on subsequent performance. *Journal of Experimental Psychology: Human Perception and Performance, 1*, 411–417.

Dweck, C. S. (1975). The role of expectations and attributions in the alleviation of learned helplessness. *Journal of Personality and Social Psychology, 31*, 674–685.

Dweck, C. S. & Bush, E. S. (1976). Sex differences in learned helplessness: I. Differential debilitation with peer and adult evaluators. *Developmental Psychology, 12,* 147–156.

Dweck, C. S., Davidson, W., Nelson, S. & Enna, B. (1978). Sex differences in learned helplessness: II. The contingencies of evaluative feedback in the classroom and III. An experimental analysis. *Developmental Psychology, 14,* 268–276.

Dweck, C. S. & Licht, B. (1980). Learned helplessness and intellectual achievement. In J. Garber & M. E. P. Seligman (Eds.), *Human helplessness: Theory and applications.* New York: Academic Press.

Dweck, C. S. & Reppucci, N. D. (1973). Learned helplessness and reinforcement responsibility in children. *Journal of Personality and Social Psychology, 25,* 109–116.

Dweck, C. S., & Wortman, C. B. (1982). Learned helplessness, anxiety, and achievment motivation: Neglected parallels in cognitive, affective, and coping responses. In H. Krohne & L. Laux (Eds.), *Achievment, stess, and anxiety.* Washington, D.C.: Hemisphere.

Eaves, G. & Rush, A. J. (1984). Cognitive patterns in symptomatic and remitted unipolar major depression. *Journal of Abnormal Psychology, 93,* 31–40.

Eysenck, M. W. (1979). Anxiety, learning, and memory: A reconceptualization. *Journal of Research in Personality, 13,* 363–385.

Eysenk, M. W. (1982). *Attention and arousal: Cognition and performance.* New York: Springer.

Feather, N. T. & Barber, J. G. (1983). Depressive reactions and unemployment. *Journal of Abnormal Psychology, 92,* 185–195.

Feather, N. T. & Davenport, P. R. (1981). Unemployment and depressive affect: A motivational and attributional analysis. *Journal of Personality and Social Psychology, 41,* 422–436.

Fincham, F. D. & Cain, K. M. (1985). Laboratory-induced learned helplessness: A critique. *Journal of Social and Clinical Psychology, 3,* 238–254.

Folkman, S. (1984). Personal control and stress and coping processes: A theoretical analysis. *Journal of Personality and Social Psychology, 46,* 839–852.

Follette, V. M. & Jacobson, N. S. (1987). Importance of attributions as a predictor of how people cope with failure. *Journal of Personality and Social Psychology, 52,* 1205–1211.

Ford, C. E. & Neale, J. M. (1985). Learned helplessness and judgements of control. *Journal of Personality and Social Psychology, 49,* 1330–1336.

Fosco, E. & Geer, J. H. (1971). Effects of gaining control over aversive stimuli after differing amounts of no control. *Psychological Reports, 29,* 1153–1154.

Frankel, A. & Snyder, M. L. (1978). Poor performance following unsolvable problems: Learned helplessness or egotism? *Journal of Personality and Social Psychology, 36,* 1415–1423.

Garber, J., Miller, S. M. & Abramson, L. Y. (1980). On the distinction between anxiety and depression: Perceived control, certainty, and probability of goal attainment. In J. Garber & M. E. P. Seligman (Hg.), *Human helplessness: Theory and application.* New York: Academic Press.

Gholson, B. & Barker, P. (1985). Kuhn, Lakatos, and Laudan: Applications in the history of physics and psychology. *American Psychologist, 40,* 755–769.

Gholson, B., Levine, M. & Phillips, S. (1972). Hypotheses, strategies, and stereotypes in discrimination learning. *Journal of Experimental Child Psychology, 13,* 423–446.

Glass, D. C. & Singer, J. E. (1972). *Urban stress: Experiments on noise and several stresses.* New York: Academic Press.

Glazer, H. I. & Weiss, J. M. (1976). Long-term interference effect: An alternative to ‚learned helplessness'. *Journal of Experimental Psychology: Animal Behavior Processes, 2,* 201–213.

Golin, S., Sweeney, P. D. & Shaeffer, D. E. (1981). The causality of causal attributions in depression: A cross-lagged panel correlational analysis. *Journal of Abnormal Psychology, 90,* 14–22.

Gong-Guy, E. & Hammen, C. (1980). Causal perceptions of stessful events in depressed and nondepressed outpatients. *Journal of Abnormal Psychology, 89,* 662–669.

Griffith, M. (1977). Effects of noncontingent success and failure on mood and performance. *Journal of Personality, 45,* 442–457.

Halberstadt, L. J., Andrews, D., Metalsky, G. I. & Abramson, L. Y. (1984). Helplessness, hopelessness, and depression: A review of progress and future directions. In N. S. Endler & J. McV. Hunt (Ed.), *Personality and the behavioral disorders* (2nd ed., Vol. 1). New York: Wiley.

Hamilton, E. W. & Abramson, L. Y. (1983). Cognitive patterns and major depressive disorders: A longitudinal study in hospital setting. *Journal of Abnormal Psychology, 92,* 173–184.

Hamilton, V. (1975). Socialization anxiety and information processing: A capacity model of anxiety-induced performance deficits. In I. G. Sarason & C. D. Spielberger (Eds.), *Stress and anxiety* (Vol. 2). New York: Wiley.

Hammen, C. & de Mayo, R. (1982). Cognitive correlates of teacher stress and depressive symptoms: Implications for attributional models of depression. *Journal of Abnormal Psychology, 91,* 96–101.

Hammen, C., Krantz, S. & Cochran, S. D. (1981). Relationships between depression and causal attributions about stressful life events. *Cognitive Therapy and Research, 5,* 351–358.

Hammen, C. L. & Cochran, S. D. (1981). Cognitive correlates of life stress and depression in college students. *Journal of Abnormal Psychology, 90,* 23–27.

Hanusa, B. H. & Schulz, R. (1977). Attributional mediators of learned helplessness. *Journal of Personality and Social Psychology, 35,* 602–611.

Harvey, D. M. (1981). Depression and attributional style: Interpretations of important personal events. *Journal of Abnormal Psychology, 90,* 134–142.

Heckhausen, H. (1980). *Motivation und Handeln.* Berlin: Springer.

Heckhausen, H. (1982). Task irrelevant cognitions during an exam: Incidence and effects. In H. Krohne & L. Laux (Eds.), *Achievement, stress, and anxiety.* Washington, D.C.: Hemisphere.

Heckhausen, H. (1984). *Motivationspsychologische Metaprozesse in den verschiedenen Handlungsphasen.* Unveröffentlichtes Manuskript, Max-Planck-Institut für Psychologische Forschung München.

Heckhausen, H. (1986). Achievement and motivation through the life span. In A. B. Sörensen, F. E. Weinert & L. R. Sherrod (Eds.), *Human development and the life course: Multidisciplinary perspectives.* Hillsdale, N.J.: Lawrence Erlbaum.

Heckhausen, H. (1987). Perspektiven einer Psychologie des Wollens. In H. Heckhausen, P. M. Gollwitzer & F. E. Weinert (Hrsg.), *Jenseits des Rubikon: Der Wille in den Humanwissenschaften.* Berlin: Springer.

Hiroto, D. S. (1974). Locus of control and learned helplessness. *Journal of Experimental Psychology, 102,* 187–193.

Hiroto, D. S. & Seligman, M. E. P. (1975). Generality of learned helplessness in man. *Journal of Personality and Social Psychology, 31,* 311–327.

Janoff-Bulman, R. & Wortman, C. B. (1977). Attributions of blame and coping in the ‚real world': Severe accident victims react to their lot. *Journal of Personality and Social Psychology, 35,* 351–363.

Jenkins, H. M. & Ward, W. C. (1965). Judgement of contingency between response and outcome. *Psychological Monographs, 79,* (1, Whole No.594).

Jones, S. L., Nation, J. R. & Massad, P. (1977). Immunization against learned helplessness in man. *Journal of Abnormal Psychology, 86,* 75–83.

Kahneman, D. & Tversky, A. (1973). On the psychology of prediction. *Psychological Review, 80,* 237–251.

Kelley, H. H. (1967). Attribution theory in social psychology. In D. Levine (Ed.), *Nebraska Symposium on Motivation.* Lincoln: University of Nebraska Press.

Kelley, H. H. (1973). The process of causal attribution. *American Psychologist, 28,* 107–128.

Kenny, D. A. (1975). Cross-lagged panel correlation: A test for spuriousness. *Psychological Bulletin, 82,* 887–903.

Kenny, D. A. & Harackiewicz, J. M. (1979). Cross-lagged panel correlation: Practice and promise. *Journal of Applied Psychology, 64,* 372–379.

Klein, D. C., Fencil-Morse, E. & Seligman, M. E. P. (1976). Learned helplessness, depression, and the attribution of failure. *Journal of Personality and Social Psychology, 33,* 508–516.

Klein, D. C. & Seligman, M. E. P. (1976). Reversal of performance deficits and perceptual deficits in learned helplessness and depression. *Journal of Abnormal Psychology, 85,* 11–26.

Klinger, E. (1975). Consequences of commitment to and disengagement from incentives. *Psychological Review, 82,* 1–25.

Krantz, D. S., Glass, D. C. & Snyder, M. L. (1974). Helplessness, stress level, and coronary prone behavior pattern. *Journal of Experimental Social Psychology, 10,* 281–300.

Kuhl, J. (1981). Motivational and functional helplessness: The moderating effect of state versus action orientation. *Journal of Personality and Social Psychology, 40,* 155–171.

Kuhl, J. (1983). *Motivation, Konflikt und Handlungskontrolle.* Berlin: Springer.

Kuhl, J. (1984). Volitional aspects of achievement motivation and learned helplessness. In B. A. Maher (Ed.), *Progress in experimental personality research* (Vol. 13). New York: Academic Press.

Kuhl, J. (1987). Motivation und Handlungskontrolle: Ohne guten Willen geht es nicht. In H. Heckhausen, P. Gollwitzer & F. E. Weinert (Hrsg.), *Jenseits des Rubikon: Der Wille in den Humanwissenschaften.* Berlin: Springer-Verlag.

Kuhl, J. & Helle, P. (1986). Motivational and volitional determinants of depression: The degenerated-intention hypothesis. *Journal of Abnormal Psychology, 95,* 247–251.

Kuhl, J. & Weiß, M. (1984). *Performance deficits following uncontrollable failure: Impaired action control or global attributions and generalized expectancy deficits.* Unveröffentlichtes Manuskript, Max-Plank-Institut für psychologische Forschung München.

Lakatos, I. (1982a). Falsifikation und die Methodologie wissenschaftlicher Forschungsprogramme. In I. Lakatos (Hrsg.), *Die Methodologie wissenschaftlicher Forschungsprogramme* (Bd. 1). Braunschweig: Vieweg & Sohn.

Lakatos, I. (1982b). Die Geschichte der Wissenschaft und ihre rationalen Rekonstruktionen. In I. Lakatos (Hrsg.), *Die Methodologie wissenschaftlicher Forschungsprogramme* (Bd. 1). Braunschweig: Vieweg & Sohn.

Langer, E. J. (1975). The illusion of control. *Jornal of Personality and Social Psychology, 32*, 311–328.

Lavelle, T. L., Metalsky, G. I. & Coyne, J. C. (1979). Learned helplessness, test anxiety, and acknowledgement of contingencies. *Journal of Abnormal Psychology, 88*, 381–387.

Lazarus, R. S. & Folkman, S. (1984). *Stress, appraisal, and coping.* New York: Springer.

Levine, M. (1966). Hypothesis behavior by humans during discrimination learning. *Journal of Experimental Psychology, 71*, 331–338.

Levine, M. (1971). Hypothesis theory and nonlearning despite ideal S-R-reinforcement contingencies. *Psychological Review, 78*, 130–140.

Levine, M., Rotkin, L., Jankovic, I. N. & Pitchford, L. (1977). Impaired performance by adult humans: Learned helplessness or wrong hypothesis? *Cognitive Therapy and Research, 1*, 275–285.

Levis, D. J. (1976). Learned helplessness: A reply and an alternative S-R interpretation. *Journal of Experimental Psychology: General, 103*, 47–63.

Lewinsohn, P. M., Steinmetz, L., Larson, D. W. & Franklin, J. (1981). Depression-related cognitions: Antecedent or consequence? *Journal of Abnormal Psychology, 90*, 213–219.

Luborsky, L. & Auerbach, A. H. (1969). The symptom-context method: Quantitative studies of symptom formation in a psychotherapy. *Journal of American Psychoanalytic Association, 17*, 68–99.

Luchins, A. S. (1942). Mechanization in problem solving — The effect of Einstellung. *Psychological Monographs, 54*, (6, Whole No.248)

Mahoney, M. J. (1974). *Cognition and behavior modification.* Cambridge, Mass.: Ballinger.

Maier, S. F. & Jackson, R. L. (1979). Learned helplessness: All of us were right (and wrong): Inescapable shock has multiple effects. In G. H. Bower (Ed.), *The psychology of learning and motivation* (Vol. 13). New York: Academic Press.

Maier, S. F. & Seligman, M. E. P. (1976). Learned helplessness: Theory and evidence. *Journal of Experimental Psychology: General, 105*, 3–46.

Maier, S. F., Seligman, M. E. P. & Solomon, R. L. (1969). Pavlovian fear conditioning and learned helplessness. In B. A. Campbell & R. M. Church (Eds.), *Punishment.* New York: Appleton.

Manly, P. C., McMahon, R. J., Bradley, C. F. & Davidson, P. O. (1982). Depressive attributional style and depression following child birth. *Journal of Abnormal Psychology, 91*, 245–154.

Maser, J. D. & Seligman, M. E. P. (1977). *Psychopathology: Ex perimental models.* San Francisco: Freeman.

McNitt, P. C. & Thornton, D. W. (1978). Depression and perceived reinforcement: A reconsideration. *Journal of Abnormal Psychology, 87*, 137–140.

Meichenbaum, D. (1977). *Cognitive behavior modification: An integrative approach.* New York: Plenum.

Metalsky, G. I., Abramson, L. Y., Seligman, M. E. P., Semmel, A. & Peterson, C. (1982). Attributional style and life events in the classroom: Vulnerability and invulnarability to depressive mood reactions. *Journal of Personality and Social Psychology, 43*, 612–617.

Metalsky, G. I., Halberstadt, L. J. & Abramson, L. Y. (1987). Vulnerability to depressive mood reactions: Toward a more powerful test of the diathesis-stress and causal mediation components of the reformulated theory of depression. *Journal of Personality and Social Psychology, 52*, 386–393.

Mikulincer, M. (1986). Attributional processes in learned helplessness paradigm: Behavioral effects of global attributions. *Journal of Personality and Social Psychology, 51*, 1248–1256.

Mikulincer, M. & Caspy, T. (1986a). The conceptualization of helplessness: I. A phenomenological-structural analysis. *Motivation and Emotion, 10*, 263–278.

Mikulincer, M. & Caspy, T. (1986b). The conceptualization of helplessness: II. Laboratory correlates of phenomenological definition of helplessness. *Motivation and Emotion, 10*, 279–294.

Miller III, I. W., Klee, S. H. & Norman, W. H. (1982). Depressed and nondepressed inpatients' cognitions of hypothetical events, experimental tasks, and stessful life events. *Journal of Abnormal Psychology, 91*, 78–81.

Miller III, I. W. & Norman, W. H. (1979). Learned helplessness in humans: A review and attribution-theory model. *Psychological Bulletin, 86*, 93–118.

Miller III, I. W. & Norman, W. H. (1981). Effects of attributions for success on the alleviation of learned helplessness and depression. *Journal of Abnormal Psychology, 90*, 113–124.

Miller, W. R., Rosellini, R. A. & Seligman, M. E. P. (1977). Learned helplessness and depression. In J. D. Maser & M. E. P. Seligman (Eds.), *Psychopathology: Experimental models.* San Francisco: Freeman.

Miller, W. R. & Seligman, M. E. P. (1973). Depression and the perception of reinforcement. *Journal of Abnormal Psychology, 82*, 62–73.

Miller, W. R. & Seligman, M. E. P. (1975). Depression and learned helplessness in man. *Journal of Abnormal Psychology, 84,* 228–238.

Miller, W. R. & Seligman, M. E. P. (1976). Learned helplessnes, depression and the perception of reinforcement. *Behavior Research and Therapy, 14,* 7–17.

Miller, W. R., Seligman, M. E. P. & Kurlander, H. M. (1975). Learned helplessness, depression, and anxiety. *Journal of Nervous and Mental Disease, 161,* 347–357.

Moore, B. S., Sherrod, D. R., Liu, T. J. & Underwood, B. (1979). The dispositional shift in attribution over time. *Journal of Experimental Social Psychology, 15,* 553–569.

Mowrer, O. H. (1939). A stimulus-response analysis of anxiety and its role as a reinforcing agent. *Psychological Review, 46,* 553–565.

Mowrer, O. H. (1947). On the dual nature of learning: A reinterpretation of ‚conditioning' and ‚problem solving'. *Harvard Educational Review, 17,* 102–148.

Mowrer, O. H. (1960). *Learning theory and behavior.* New York: Wiley.

Mowrer, O. H. & Viek, P. (1948). An experimental analogue of fear from a sense of helplessness. *Journal of Abnormal and Social Psychology, 43,* 193–200.

Nisbett, R. E. & Wilson, T. D. (1977). Telling more than we know: Verbal reports on mental processes. *Psychological Review, 84,* 231–259.

Nolen-Hoeksema, S., Girgus, J. S. & Seligman, M. E. P. (1986). Learned helplessness in children: A longitudinal study of depression, achievement, and explanatory style. *Journal of Personality and Social Psychology, 51,* 435–442.

O'Hara, M., Rehm, L. P. & Campbell, S. B. (1982). Predicting depessive symptomatology: Cognitive-behavioral models and portpartum depression. *Journal of Abnormal Psychology, 91,* 457–461.

Overmier, J. B. & Seligman, M. E. P. (1967). Effects of inescapable shock upon subsequent escape and avoidance learning. *Journal of Comparative and Physiological Psychology, 63,* 23–33.

Overton, W. F. (1984). World views and their influence on psychological theory and research: Kuhn-Lakatos-Laudan. In H. W. Reese (Ed.), *Advances in child development and behavior* (Vol. 18). New York: Academic Press.

Pasahow, R. J. (1980). The relation between an attributional dimension and learned helplessness. *Journal of Abnormal Psychology, 89,* 358–367.

Pasahow, R. J., West, S. G. & Boroto, D. R. (1982). Predicting when uncontrollability will produce performance deficits: A refinement of the reformulated learned helplessness hypothesis. *Psychological Review, 89,* 595–598.

Pearlin, L. I. (1980). Life strains and psychological distress among adults. In Smelser, N. J. & Erikson, E. H. (Eds.), *Themes of work and love in adulthood.* Cambridge: Harvard University Press.

Pedhazur, E. J. (1982). *Multiple regression in behavioral research: Explanation and prediction* (2nd ed.). New York: Holt, Rinehart and Winston.

Persons, J. B., & Rao, P. A. (1985). Longitudinal study of cognitions, life events, and depression in psychiatric inpatients. *Journal of Abnormal Psychology, 94,* 51–63.

Peterson, C. (1978). Learning impairment following insoluble problems: Learned helplessness or altered hypothesis pool? *Journal of Experimental Social Psychology, 14,* 53–68.

Peterson, C., Luborsky, L. & Seligman, M. E. P. (1983). Attribution and depressive mood shifts: A case study using the symptom-context method. *Journal of Abnormal Psychology, 92,* 96–103.

Peterson, C., Schwartz, S. M. & Seligman, M. E. P. (1981). Self-blame and depressive symptoms. *Journal of Personality and Social Psychology, 41,* 253–259.

Peterson, C. & Seligman, M. E. P. (1980). *Helplessness and attributional style in depression*. Paper presented at the Heidelberg Symposium ‚On the development of metacognition, attributional style, and learned helplessness'.

Peterson, C. & Seligman, M. E. P. (1984). Causal explanations as a risk factor for depression: Theory and evidence. *Psychological Review, 91,* 347–374.

Peterson, C., Semmel, A., Baeyer, C. v., Abramson, L. Y., Metalsky, G. I. & Seligman, M. E. P. (1982). The attributional style questionnaire. *Cognitive Therapy and Research, 6,* 287–300.

Peterson, C., Villanova, P. & Raps, C. S. (1985). Depression and attributions: Factors responsible for inconsistent results in the published literature. *Journal of Abnormal Psychology, 94,* 165–168.

Popper, K. R. (1976). *Logik der Forschung* (6. Aufl.). Tübingen: Mohr.

Putz-Osterloh, W. (1974). Über die Effektivität von Problemlösungstraining. *Zeitschrift für Psychologie, 182,* 253–276.

Raps, C. S., Peterson, C., Reinhard, K. E., Abramson, L. Y. & Seligman, M. E. P. (1982). Attributional style among depressed patients. *Journal of Abnormal Psychology, 91,* 102–108.

Rholes, W. S., Blackwell, J., Jordan, C. & Walters, C. (1980). A developmental study of learned helplessness. *Developmental Psychology, 16,* 616–624.

Riskind, J. H. (1984). They stoop to conquer: Guiding and self-regulatory functions of physical posture after success and failure. *Journal of Personality and Social Psychology, 47,* 479–493.

Rogner, O. , Frey,D. & Havemann, D. (1987). Der Genesungsverlauf von Unfallpatienten aus kognitionspsychologischer Sicht. *Zeitschrift für klinische Psychologie, 16,* 11–28.

Roth, S. (1980). A revised model of learned helplessness in humans. *Journal of Personality, 48,* 103–133.

Roth, S., & Bootzin, R. R. (1974). Effects of experimentally induced expectancies of experimental control: An investigation of learned helplessness. *Journal of Personality and Social Psychology, 29,* 253–264.

Roth, S. & Kubal, L. (1975). Effects of noncontingent reinforcement on tasks of differing importance: Faciliation and learned helplessness. *Journal of Personality and Social Psychology, 32,* 680–691.

Rothbaum, F., Weisz, J. R. & Snyder, S. S. (1982). Changing the world and changing the self: A two-process model of perceived control. *Journal of Personality and Social Psychology, 42,* 5–37.

Rotter, J. B. (1954). *Social learning and clinical psychology.* Englewood Cliffs, N.J.: Prentice-Hall.

Rotter, J. B. (1966). Generalized expectancies for internal versus external control of reinforcement. *Psychological Monographs, 80,* (1, Whole No. 609).

Rotter, J. B., Liverant, S. & Crowne, D. P. (1961). The growth and extinction of expectancies in chance controlled and skilled tasks. *Journal of Psychology, 52,* 161–177.

Seligman, M. E. P. (1972). Learned helplessness. *Annual Review of Medicine, 23,* 407–412.

Seligman, M. E. P. (1973). Fall into helplessness. *Psychology Today, June,* 43–48.

Seligman, M. E. P. (1975). *Helplessness: On depression, development, and death.* San Francisco: Freeman.

Seligman, M. E. P. (1978). Comment and integration. *Journal of Abnormal Psychology, 87,* 165–179.

Seligman, M. E. P., Abramson, L. Y., Semmel, A. & Bayer, C. v. (1979). Depressive attributional style. *Journal of Abnormal Psychology, 88,* 242–247.

Seligman, M. E. P. & Elder, G. (1986). Learned helplessness and life-span development. In A. B. Sörensen, F. E. Weinert, & L. R. Sherrod (Eds.), *Human development and the life course: Multidisciplinary perspectives.* Hillsdale, N.J.: Lawrence Erlbaum.

Seligman, M. E. P. & Maier, S. F. (1967). Failure to escape traumatic shock. *Journal of Experimental Psychology, 74,* 1–9.

Seligman, M. E. P., Maier, S. F. & Solomon, R. L. (1971). Unpredictable and uncontrollable aversive events. In F. R. Brush (Ed.), *Aversive learning and conditioning.* New York: Academic Press.

Seligman, M. E. P., Peterson, C., Kaslow, N. J., Tanenbaum, R. L., Alloy, L. B. & Abramson, L. (1984). Attributional style and depressive symptoms among children. *Journal of Abnormal Psychology, 93*, 235–238.

Seligman, M. E. P., Rosellini, R. A. & Kozak, M. J. (1974). Learned helplessness in the rat: Time course, immunization, and reversibility. *Journal of Comparative and Physiological Psychology, 88*, 542–547.

Seligman, M. E. P. & Schulman, P. (1986). Explanatory style as a predictor of productivity and quitting among life insurance sales agents. *Journal of Personality and Social Psychology, 50*, 832–838.

Serlin, R. C. & Lapsley, D. K. (1985). Rationality in psychological research: The good-enough principle. *American Psychologist, 40*, 73–83.

Silver, R. L. & Wortman, C. B. (1980). Coping with undesirable life events. In J. Garber & M. E. P. Seligman (Eds.), *Human helplessness: Theory and applications*. New York: Academic Press.

Silver, R. L., Wortman, C. B. & Klos, D. S. (1982). Cognitions, affect and behavior following uncontrollable outcomes: A response to human helplessness research. *Journal of Personality, 50*, 480–514.

Smolen, R. C. (1978). Expectancies, mood, and performance of depressed and nondepressed psychiatric inpatients on chance and skill tasks. *Journal of Abnormal Psychology, 87*, 91–101.

Snyder, M.L. (1982). A helpful theory. *Contemporary Psychology, 27*, 11-12.

Sweeney P. D., Anderson, K. & Bailey, S. (1986). Attributional style in depression: A meta-analytic review. *Journal of Personality and Social Psychology, 50*, 974–991.

Taylor, S. E., Lichtman, R. R. & Wood, J. V. (1984). Attributions, beliefs about control, and adjustment to breast cancer. *Journal of Personality and Social Psychology, 46*, 489–502.

Teasdale, J. D. (1983). Negative thinking in depression: Cause, effect, or reciprocal relationship? *Advances in Behavior Research and Therapy, 5*, 3–25.

Tennen, H. (1982). A review of cognitive mediators in learned helplessness. *Journal of Personality, 50*, 526–541.

Tennen, H., Drum, P. E., Gillen, R. & Stanton, A. (1982). Learned helplessness and the detection of contingency: A direct test. *Journal of Personality, 50*, 426–442.

Tennen, H. & Eller, S. J. (1977). Attributional components of learned helplessness and facilitation. *Journal of Personality and Social Psychology, 35*, 265–271.

Tennen, H., Gillen, R. & Drum, P. E. (1982). The debilitating effect of exposure to noncontingent escape: A test of the learned helplessness model. *Journal of Personality, 50*, 409–425.

Thornton, J. W. & Jacobs, P. D. (1971). Learned helplessness in human subjects. *Journal of Experimental Psychology, 87,* 369–372.

Thornton, J. W. & Jacobs, P. D. (1972). The facilitating effects of prior inescapable/unavoidable stress on intellectual performance. *Psychonomic Science, 26,* 185–187.

Thornton, J. W. & Powell, G. D. (1974). Immunization to and alleviation of learned helplessness in man. *American Journal of Psychology, 87,* 351–367.

Tiggemann, M., Barnett, A. & Winefield, A. H. (1983). Uncontrollability versus perceived failure as determinants of subsequent performance deficits. *Motivation and Emotion, 7,* 257–268.

Tolman, E. C. (1926). A behavioristic theory of ideas. *Psychological Review, 33,* 352–369.

Tolman, E. C. (1932). *Purposive behavior in animal and men.* New York: Century.

Trice, A. D. (1985). Alleviation of helpless responding by a humorous experience. *Psychological Reports, 57,* 474.

Turner, L. & Solomon, R. L. (1962). Human traumatic avoidance learning: Theory and experiments on the operant-respondent distinction and failures to learn. *Psychological Monographs, 76,* (40, No. 559).

Weiner, B. (1972). *Theories of motivation.* Chicago: Markham.

Weiner, B. (1979). A theory of motivation for some classroom experience. *Journal of Educational Psychology, 71,* 3–25.

Weiner, B. (1985a). An attributional theory of achievement motivation and emotion. *Psychological Review, 92,* 548–573.

Weiner, B. (1985b). ‚Spontaneous' causal thinking. *Psychological Bulletin, 97,* 74–84.

Weiner, B., Heckhausen, H., Meyer, W. U. & Cook, R. E. (1972). Causal ascriptions and achievement behavior: A conceptual analysis of effort and reanalysis of locus of control. *Journal of Personality and Social Psychology, 21,* 239–248.

Weiner, B., Nierenberg, R. & Goldstein, M. (1976). Social learning (locus of control) versus attributional (causal stability) interpretations of expectancy of success. *Journal of Personality, 44,* 52–68.

Weiss, J. M. (1971). Effects of coping behavior in different warning signal conditions on stress pathology in rats. *Journal of Comparative and Physiological Psychology, 77,* 1–13.

Weiss, J. M, Glazer, H. I. & Pohorecky, L. A. (1976). Coping behavior and neurochemical changes: An alternative explanation for the original ‚learned helplessness' experiments. In G. Serban & A. Kling (Eds.), *Animal models of human psychobiology.* New York: Plenum Press.

Williams, J. M. G. (1985). Attributional formulation of depression as a diathesis-stress model: Metalsky et al. reconsidered. *Journal of Personality and Social Psychology, 48*, 1572–1575.

Willis, M. H. & Blaney, P. H. (1978). Three tests of the learned helplessness model of depression. *Journal of Abnormal Psychology, 87*, 131–136.

Wine, J. (1971). Test anxiety and direction of attention. *Psychological Bulletin, 76*, 92–104.

Wine, J. D. (1982). Evaluation anxiety: A cognitive-attentional construct. In H. W. Krohne & L. Laux (Eds.), *Achievment, stress, and anxiety*. Washington, D.C.: Hemisphere.

Winefield, A. H., Barnett, A. & Tiggemann, M. (1985). Learned helplessness deficits: Uncontrollable outcomes or perceived failure? *Motivation and Emotion, 9*, 185–195.

Wong, P. T. P. & Weiner, B. (1981). When people ask ,why' questions, and the heuristics of attributional search. *Journal of Personality and Social Psychology, 40*, 630–663.

Wortman, C. B. & Brehm, J. W. (1975). Responses to uncontrollable outcomes: An interpretation of reactance theory and the learned helplessness model. In L. Berkowitz (Ed.), *Advances in experimental social psychology* (Vol. 8). New York: Academic Press.

Wortman, C. B. & Dintzer, L. (1978). Is an attributional analysis of the learned helplessness phenomen viable?: A critique of the Abramson-Seligman-Teasdale reformulation. *Journal of Abnormal Psychology, 87*, 75–90.

Wortman, C. B., Panciera, L., Shusterman, L. & Hibscher, J. (1976). Attributions of causality and reactions to uncontrollable outcomes. *Journal of Experimental Social Psychology, 12*, 301–316.

Zautra, A. J., Guenther, R. T. & Chartier, G. M. (1985). Attributions for real and hypothetical events: Their relation to self-esteem and depression. *Journal of Abnormal Psychology, 94*, 530–540.

Zimmerman, M., Coryell, W. & Corenthal, C. (1984). Attribution style, the dexamethasone suppression test, and the diagnosis of melancholia in depressed inpatients. *Journal of Abnormal Psychology, 93*, 373–377.

Sachverzeichnis

Ad hoc Hypothesen 4
- in der Hilflosigkeitsforschung 96–104

Angsttheorie
- Aufmerksamkeitshypothese 121ff.
- und Hilflosigkeit 8, 122
- Zwei-Phasen-Theorie 6f.

Attribution
- und Bewältigungstrategien 67–75
- und Depression 42–52, 54–61, 85f., 88–97
- und Emotion 57f.
- und Handeln 64, 69–73
- und Hilflosigkeit 39–48, 52–54, 65–67
- und Kontrolle (s. dort)
- für Lebensereignisse 91f.
- und Leistung 52–54, 86f., 96
- nach Mißerfolg 34–37
- spontane Suche nach 63

Attributionsmodell
- der Depression 42–48
- Evidenz für 49–61
- der gelernten Hilflosigkeit 34–48, 101–107
- Kritik am 62–97

Attributionsstil 43–47, 49–52, 83f., 88–90

Cross-lagged Analyse 56

Depression
- bei Arbeitslosigkeit 92f.
- und Attribution (s. dort)
- und kognitive Defizite 20–22, 79–82
- und gelernte Hilflosigkeit 19–22, 42–61
- post-partale 88–90

Diathese-Streß Modell 47, 57f., 83

Empirische Anomalien 23, 37f., 98, 106

Erwartung von Unkontrollierbarkeit 11, 15, 77–84, 96, 99–103, 107

- Adaptivität von 74f.
- und Hoffnungslosigkeit 45f.
- Messung der 21f., 29–31, 100

Forschungsprogramme (s.a. gelernte Hilflosigkeit) 1–5

Gelernte Hilflosigkeit
- und Angstkonditionierung 7f.
- Attributionsmodell (s. dort)
- und Aufgabenanforderungen 31–33
- und Depression (s. dort)
- vs. Egotismus 31f.
- vs. Einstellungseffekte 32
- Erwartungsmodell 6–17
- als Forschungsprogramm 14–16, 37f., 47f., 105–107, 151f.
- funktionale Bedeutung der 73–75
- Generalisierung der 18, 40f., 52–54, 73, 127–150
- Genese der (s. Hilflosigkeitsgenese)
- und Geschlechtsunterschiede 51
- und Handlungskontrolle (s. dort)
- Immunisierung gegen (s. Immunisierungshypothese)
- im Lebenslauf 60f.
- vs. mastery-orientation 111
- persönliche vs. universale 41f.
- phänomenologische Analyse der 124f.
- bei Schülern, Jugendlichen und Kindern 24, 51f., 56f., 86, 111
- Symptome der (s. Hilflosigkeitsdefizite)

Handlungskontrolle
- und Attribution 125f.
- und selektive Aufmerksamkeit 113
- und funktionale Defizite (s. Hilflosigkeitsdefizite)
- und gelernte Hilflosigkeit 109–150
- und Leistungskognitionen (s. dort)
- in Mißerfolgssituationen 109–126
- nach Mißerfolgssituationen 127–150
- Modell der 112f., 129f.
- und Motivation 148–150
- und Prüfungsangst 121f.
- Reaktivierung von 147f.

Harter Kern 2ff.
- des Hilflosigkeitsmodells 14, 95, 99–101, 105

Hilflosigkeitsdefizite
- emotionale 13
- funktionale 113, 122–124, 131, 145
- Globalität von 40f., 52–54, 85, 87, 102, 130f.
- kognitive 13, 21, 80-82, 99–101
- motivationale 13, 99f., 122–124, 128f.
- selbstwertbezogene 41, 85
- Stabilität von 41, 85, 130f.

Hilflosigkeitsforschung
- Beginn der 6–16
- empirische Fortschritte in der 77–97
- theoretische Fortschritte in der 37f., 47f., 62–76, 105–107
- methodische Inkonsistenz in der 24ff.
- beim Menschen 17ff.
- tierexperimentelle 9–11

Hilflosigkeitsgenese 65–67, 109–126

Heuristik
- in Forschungsprogrammen 2f.
- des Hilflosigkeitsmodells 15f., 47, 105f.

Illusorische Kontrolle 78

Immunisierungshypothese (s.a. Selbstimmunisierung) 12, 19, 60f., 111

Käferzüchtungsproblem 132ff.

Kontingenz (s. Kontrolle)

Kontrolle (s.a. Unkontrollierbarkeit)

- und Attribution 62–73, 83f.
- und Kontingenz 62–65, 77–84

Lautes Denken 115–118

Leistungskognitionen 110, 114, 116ff., 125, 146

Leistungssteigerung
- und Attribution 36f., 71f., 87
- und Handlungskontrolle 127ff., 141, 143f.
- und Reaktanz 33f.

Locus of control 29–31, 42

Motivationszustand 123, 128f., 134f., 142

Schutzgürtel 2ff.
- des Hilflosigkeitsmodells 14f., 96, 101, 105

Selbstimmunisierung 111, 120–122, 146f.

Shuttle box 7, 18

Triadischer Versuchsplan 9–11
- systematische Fehler im 25f.

Unkontrollierbarkeit
- adaptive Bedeutung von 67–69
- Definition der 8f.
- bei Erfolg vs. Mißerfolg 28
- Erwartung der Unkontrollierbarkeit (s. dort)
- in Lernparadigmen 8f.
- und Mißerfolg 26ff., 82–84
- und Nonkontingenz 9, 96
- Wahrnehmung von 11–14, 32, 67–69, 77–84, 95

Pädagogische Psychologie bei Hogrefe

Psychologie in Unterricht und Erziehung
Einführung in die Pädagogische Psychologie für Pädagogen und Psychologen
3., völlig neu gestaltete Auflage der „Pädagogischen Psychologie"
von Prof. Dr. GERD MIETZEL, unter Mitarbeit von CHRISTA RÜSSMANN-STÖHR, Duisburg
1986, 424 Seiten, DM 48,–
ISBN 3-8017-0255-3

Sozialpsychologie erzieherischen Handelns
von Prof. Dr. MANFRED HOFER, Mannheim
1986, 476 Seiten, DM 93,–
ISBN 3-8017-0247-2

Psychologie des Schulvandalismus
von Prof. Dr. RUTH KLOCKHAUS, Nürnberg, und Dipl.-Psych. BRIGITTE HABERMANN-MORBEY, München
1986, 117 Seiten, DM 34,–
ISBN 3-8017-0250-2

Die empirischen Grundlagen der Unterrichtsforschung
Eine kritische Analyse der deskriptiven Leistungsfähigkeit von Beobachtungsmethoden
von Prof. Dr. KLAUS BECK, Oldenburg
1987, 218 Seiten, DM 60,–
ISBN 3-8017-0289-8

Erziehungsvorstellungen von Eltern
Ein Beitrag zur subjektiven Theorie der Erziehung
von Prof. Dr. GEORG DIETRICH, München
1985, 188 Seiten, DM 38,–
ISBN 3-8017-0230-8

Lernschwierigkeiten und Einzelfallhilfe
Schritte im diagnostischen und therapeutischen Prozeß
(Ergebnisse der Pädagogischen Psychologie, Band 5)
von Dr. JENS HOLGER LORENZ, Bielefeld
1987, XI/184 Seiten, DM 58,–
ISBN 3-8017-0268-5

Handlungsleitende Kognitionen von Lehrern
Instrumentalitätstheoretische Vorhersagen pädagogischer Präferenzen
(Studien zur Pädagogischen Psychologie, Band 24)
von PD Dr. GÜNTER KRAMPEN, Trier
1986, 229 Seiten, DM 38,–
ISBN 3-8017-0257-X

Das Beobachtungssystem BAVIS
Ein Beobachtungsverfahren zur Analyse von aggressionsbezogenen Interaktionen im Schulunterricht
von Dr. WINFRIED HUMPERT, Konstanz, und Prof. Dr. HANNS DIETRICH DANN, Nürnberg, unter Mitarbeit von TIL VON KÜGELGEN und WOLFGANG RIMELE
1988, 84 Seiten, DM 32,–
ISBN 3-8017-0292-8

Kriminalität bei Schülern
hrsg. von Dr. SIEGFRIED BÄUERLE, Waldbronn
Band 1: Ursachen und Umfeld von Schülerkriminalität
1989, X/211 Seiten, DM 36,–
ISBN 3-87844-009-X
Band 2: Der Umgang mit Schülerkriminalität in der Praxis
1989, ca. 228 Seiten, ca. DM 36,–
ISBN 3-87844-013-8

Verlag für Psychologie · Dr. C.J. Hogrefe
Göttingen · Toronto · Zürich